Herausgegeben von

Markus Abraham | Jan Christoph Bublitz | Julia Geneuss

Paul Krell | Kilian Wegner

Junges Strafrecht e.V.

7. Symposium Junger Strafrechtlerinnen und Strafrechtler

Hamburg 2019

Markus Abraham | Jan Christoph Bublitz | Julia Geneuss
Paul Krell | Kilian Wegner [Hrsg.]

Verletzte im Strafrecht

Nomos

Onlineversion
Nomos eLibrary

Die Deutsche Nationalbibliothek verzeichnet diese Publikation in der Deutschen Nationalbibliografie; detaillierte bibliografische Daten sind im Internet über http://dnb.d-nb.de abrufbar.

ISBN 978-3-8487-5465-6 (Print)
ISBN 978-3-8452-9619-7 (ePDF)

1. Auflage 2020

Vorwort

Vom 28. bis 30. März 2019 fand an der rechtswissenschaftlichen Fakultät der Universität Hamburg und an der Bucerius Law School das 7. Symposium des Jungen Strafrechts statt. Der vorliegende Band enthält die auf dem Symposium vorgetragenen Referate.

Übergeordnetes Thema der Veranstaltung war „Verletzte im Strafrecht". Wir haben damit ganz bewusst ein breites Thema gewählt, das die gesamte junge Strafrechtswissenschaft anspricht, sei sie primär am materiellen Strafrecht, dem Strafverfahrensrecht oder der Kriminologie interessiert. Dem entspricht auch die Bandbreite der einzelnen Beiträge. Vorgetragen wurden Referate zu der strafrechtsdogmatischen Stellung des Verletzen (Philipp-Alexander Hirsch), dem Verhältnis von Opferschutz und Verjährung im Spiegel der EGMR-Judikatur (Lukas Staffler), dem Opfer im Strafanwendungsrecht unter Berücksichtigung kriminalpolitischer, strafrechtsdogmatischer und völkerrechtlicher Bezüge (Pauline Schmitt), der Verantwortungsverteilung bei Opfermitwirkung unter einem psychosozialen Blickwinkel (Georgia Stefanopoulou), dem Verhältnis von subjektiven Tätervorstellungen und objektivem Opferschutz bei Rücktritt und tätiger Reue (Felix Ruppert), der Opferbeteiligung bei Verfahren vor dem Internationalen Strafgerichtshof (Gurgen Petrossian), dem Opferschutz im Strafverfahren (Amina Hoppe), der Akteneinsicht des Verletzten (Constantin Lauterwein) sowie der Beteiligung des Verletzten bei den praktisch so bedeutsamen verfahrensbeendenden Absprachen (Oliver Harry Gerson). Alle in den Beiträgen zitierten Internetseiten wurden zuletzt am 1. November 2019 aufgerufen.

Unser Dank gilt zunächst allen Referentinnen und Referenten des Symposiums sowie den Teilnehmerinnen und Teilnehmern, die jene spannenden und zugleich immer sachlichen Diskussionen ermöglicht haben, die das Junge Strafrecht inzwischen schon traditionell auszeichnen.

Ein besonderer Dank gebührt Herrn Prof. Dr. Dr. h.c. mult. Jan Philipp Reemtsma, der sich nicht nur bereit erklärt hat, den Eröffnungsvortrag zum Thema „Täterstrafrecht und der Anspruch des Opfers auf Beachtung" auf der Tagung zu halten, sondern uns seinen Beitrag auch für den Tagungsband bereitgestellt hat. Unter diesen Umständen hatten wir keine Bedenken, mit einer gewissen Tradition zu brechen und den Beitrag eines gestandenen Wissenschaftlers zu drucken. Der Vortragsstil wurde beibehalten.

Bedanken möchten wir uns ferner bei den Mitgliedern der beiden Fakultäten, die auf verschiedenste Weise die Tagung unterstützt haben, namentlich Prof. Dr. Karsten Gaede, Prof. Dr. Florian Jeßberger, Prof. Dr. Dr. Milan Kuhli und Prof. Dr. Thomas Rönnau.

Dankbar sind wir sodann den zahlreichen Helferinnen und Helfern, die uns tatkräftig unter die Arme gegriffen und einen reibungslosen Ablauf der Tagung ermöglicht haben: Julia Heß, Rebecca Kruse, Christopher Liniewski, Maximilian Pohl, Svenja Schwartz.

Und schließlich bedanken wir uns für die finanzielle Unterstützung, ohne die eine solche Tagung nicht hätte stattfinden können, bei Prof. Dr. Werner Beulke, C.F. Müller, C.H. Beck, Dannecker Rechtsanwälte, Duncker & Humblot, Ignor & Partner, der Hamburgischen Wissenschaftlichen Stiftung, Mohr Siebeck, Nomos, Tsambikakis Rechtsanwälte und der ZEIT-Stiftung.

Hamburg, im Mai 2020
Markus Abraham, Christoph Bublitz,
Julia Geneuss, Paul Krell & Kilian Wegner

Inhalt

Verzeichnis der Autor/-innen und Herausgeber/-innen

Dr. Markus Abraham | Wissenschaftlicher Mitarbeiter am Lehrstuhl für Strafrecht und Rechtsphilosophie (Prof. Dr. Jochen Bung) der Universität Hamburg.

Dr. Jan Christoph Bublitz | Wissenschaftlicher Mitarbeiter an der Fakultät für Rechtswissenschaft der Universität Hamburg, Young Fellow am Zentrum für Interdisziplinäre Forschung (ZiF) in Bielefeld.

Dr. Julia Geneuss, LL.M. (NYU) | Akademische Rätin a.Z. am Lehrstuhl für Strafrecht, Strafprozessrecht, Internationales Strafrecht und Juristische Zeitgeschichte (Prof. Dr. Florian Jeßberger) der Universität Hamburg.

Dr. Oliver Harry Gerson | Wissenschaftlicher Mitarbeiter und Habilitand am Lehrstuhl für Deutsches, Europäisches und Internationales Strafrecht, Strafprozessrecht sowie Wirtschaftsstrafrecht (Prof. Dr. Robert Esser) der Universität Passau.

Dr. Philipp-Alexander Hirsch, M.A. | Wissenschaftlicher Mitarbeiter am Lehrstuhl für Strafrecht und Strafprozessrecht (Prof. Dr. Uwe Murmann) der Georg-August-Universität Göttingen sowie Lehrbeauftragter am Philosophischen Seminar der Georg-August-Universität Göttingen.

Dr. Amina Hoppe | Postdoktorandin am Lehrstuhl für Strafrecht, Kriminologie, Strafvollzugsrecht und Jugendstrafrecht (Prof. Dr. Florian Knauer) der Friedrich-Schiller-Universität Jena.

Prof. Dr. Paul Krell | Juniorprofessor für Strafrecht an der Bucerius Law School Hamburg.

Dr. Constantin Lauterwein, LL.M. (Sydney), Dipl. sc. pol. Univ. | Rechtsanwalt bei Hengeler Mueller, Berlin.

Dr. Gurgen Petrossian, LL.M. | Wissenschaftlicher Mitarbeiter am Lehrstuhl für Strafrecht, Strafprozessrecht, Internationales Strafrecht und Völkerrecht (Prof. Dr. Christoph Safferling, LL.M.) der Friedrich-Alexander-Universität Erlangen-Nürnberg.

Prof. Dr. phil. Dr. h.c. Jan Philipp Reemtsma | Gründer und Vorstand der Hamburger Stiftung zur Förderung von Wissenschaft und Kultur und der Arno Schmidt Stiftung, Gründer und bis März 2015 Leiter des Hamburger Instituts für Sozialforschung.

Dr. Felix Ruppert, Wirtschaftsjurist (Univ. Bayreuth) | Wissenschaftlicher Mitarbeiter am Lehrstuhl für Strafrecht, Strafprozessrecht und Medizinstrafrecht (Prof. Dr. Brian Valerius) der Universität Bayreuth.

Pauline Schmitt | Wissenschaftliche Mitarbeiterin an der Professur für Strafrecht, Strafprozessrecht, Internationales Strafrecht und Rechtsvergleichung (Prof. Dr. Stefanie Bock) der Philipps-Universität Marburg.

Dr. Lukas Staffler | Wissenschaftlicher Mitarbeiter und Habilitand am Lehrstuhl für Strafrecht und Strafprozessrecht unter Einschluss des internationalen Strafrechts (Prof. Dr. Frank Meyer) der Universität Zürich.

Dr. Georgia Stefanopoulou | Akademische Rätin am Lehrstuhl für Strafrecht, Strafprozessrecht, Strafrechtsvergleichung und Rechtsphilosophie (Prof. Dr. Susanne Beck) der Leibniz Universität Hannover.

Kilian Wegner, LL.B. (Bucerius) | Wissenschaftlicher Mitarbeiter am Lehrstuhl für Strafrecht, Wirtschaftsstrafrecht und Strafprozessrecht (Prof. Dr. Thomas Rönnau) der Bucerius Law School.

Täterstrafrecht und der Anspruch des Opfers auf Beachtung

Jan Philipp Reemtsma, Hamburg

Sehr geehrte Damen und Herren,

es macht Vorträge leichter, wenn man mit ihnen auf etwas abzielen kann, wie ein Problem, das zur Lösung ansteht, und man gar einen konkreten Vorschlag hat, wie etwas zu bewerkstelligen wäre. Vielleicht erwarten Sie das auch von mir in irgendeiner Hinsicht. Wenn das so sein sollte, muss ich Sie enttäuschen. Ich meine, dass im deutschen Recht, so wie ich es zurzeit überblicke – denken Sie immer mit: Ich bin kein Jurist, kein Experte in dieser Hinsicht, vor allem aber kein Praktiker – an der „Rolle des Opfers im Strafrecht" nichts grundsätzlich verbessert werden muss. Gleichwohl ist es immer von Nutzen, einmal (noch einmal, einmal wieder) grundsätzlich zu werden in dieser Hinsicht, und zwar aus einem bestimmten Grunde. Es gibt eine notwendige Spannung zwischen dem „Opfer" als theoretischer Größe im Straf- und Strafprozessrecht – dem „Verletzten" – und dem Opfer, wie es empirisch vorhanden ist, wenn Sie mir erlauben, mich etwas krude auszudrücken, und als Stimme in der Öffentlichkeit, real und als imaginierte Größe in der Kriminalpolitik.

Teil des Strafverfahrens ist die Definition der Tat. Das Verfahren macht den Angeklagten, wird er schuldig gesprochen, zum Täter und definiert, was für ein Täter er ist. Der Verletzte wird so zum Opfer einer bestimmten Tat. Man könnte meinen, das Verhältnis sei symmetrisch, die Tat definiere beide, den Täter wie das Opfer. Aber der Begriff „Tat" ist täterlastig. Ob sich der Verletzte am Ende des Prozesses als Opfer einer schweren Körperverletzung oder als Opfer eines Mordversuchs wiederfindet, hat mit Zuschreibungen zu tun, die den Angeklagten sive Täter betreffen, nicht den Verletzten/das Opfer. Sehr simpel: Ob etwas eine Körperverletzung oder eine schwere Körperverletzung ist, darüber befindet das Gericht in Hinsicht auf den Täter; das Empfinden dessen, der verletzt worden ist, hat keine Definitionsmacht. Obwohl natürlich das, was der Verletzte sagt, seinen Teil zur abschließenden Tatdefinition beiträgt. Der Angeklagte bzw. sein Verteidiger kann sich in den Definitionsprozess einmischen, und zwar durch Selbstdarstellung und Selbstbewertung. Er kann sagen „Ich habe nicht ..." oder „Ich bin anders ..." oder Ähnliches, es geht um ihn, seine Selbstdarstellungsmöglichkeiten sind umfangreich. Der Verletzte tritt als Zeuge auf, als Teil des Tatgeschehens. Darüber hat er – wahrheitsgemäß – zu berichten. Im Grunde hat es sich damit. – Nota bene, ich spreche darüber, wie es „rein theoretisch" ist.

Wir wissen, dass die Erwartungen von „Opfern" und „Opferanwälten" zuweilen weit darüber hinausgehen. Und wir wissen, dass da vieles unberücksichtigt auf der Strecke bleiben muss. Wie auch immer – es betrifft zumeist das Strafverfahren und das Strafverfahrensrecht, manchmal aber werden auch das Strafrecht und seine Grundsätze infrage gestellt, jedenfalls in Teilen, aber auch dann manchmal so, dass es auf einmal ums Ganze geht. Der extremste Fall ist, wenn die Frage erhoben wird, ob bei bestimmten Delikten die Beweispflicht nicht umzukehren sei, sprich: nicht dem Angeklagten seine Schuld zu beweisen sei, sondern der Angeklagte seine Unschuld zu beweisen habe, zuweilen in Verbindung mit der Überlegung, ob der Grundsatz, der Zweifel habe zugunsten des Angeklagten den Ausschlag zu geben, bei manchen Delikten nicht aufgegeben werden müsse. Es liegt auf der Hand, dass, käme man solchem Wunsch nach, dessen Motiv ist, dass dem Verbrechensopfer irgendwie Genugtuung werden müsse, auch wenn ein Unschuldiger verurteilt werde – ich lasse die verdutzte Frage beiseite, worin in aller Welt denn hier die „Genugtuung" liege – unser Rechtsdenken einfach auf den Kopf gestellt würde. In dieser Überlegung liegt schon ein Gutteil der Antwort auf die Frage, was es heiße, dass unser Strafrecht ein Täterstrafrecht sei.

Es ist nicht so, wie gern gesagt wird, dass das Strafrecht so, wie wir es kennen, den Täter auf diese Weise schützt. Es schützt uns davor, ohne zureichende Verfahren zu Tätern gemacht zu werden. Es schützt den Bürger vor dem Staat; es schützt jeden von uns davor, dass die staatlichen Organe in den Dienst von Verdachtsträgern genommen werden.

Zunächst aber verstehen wir als ein Verbrechen die mit Strafe sanktionierte Verletzung einer Verhaltensnorm. Die Verletzung zieht die Strafe ebenso nach sich wie die Strafe (die Strafandrohung) die Verletzung zum Verbrechen macht. Manchmal wird Letzteres als Kritik an der Praxis des Strafens vorgebracht, aber aus der Formel, die Strafe mache das Verbrechen, folgt ja nicht die Beliebigkeit der verbrechensdefinierenden Strafsetzung.

„Täterstrafrecht" heißt, dass es um diese *Verletzung* geht (und zunächst nur um diese) und um den *Verletzenden*. Wir müssen nicht fragen, was es mit der Norm auf sich hat, dass wir ihre Verletzung nicht hinnehmen möchten – das ist Politik, Gesetzgebung und alles, was da hineinspielt. Und die Verletzung interessiert uns zunächst auch nur als solche. Darum ist der § 211 Strafgesetzbuch mit der Formulierung „Mörder ist, wer …" auch ein Fremdkörper in unserem Recht. Nicht, wann und wie diese Formulierung ins Gesetzbuch gekommen ist, nicht die Differenzierung zwischen Totschlag und Mord ist das Problem, sondern die Kennzeichnung eines Täters statt einer Tat. Man kann alles lassen, wie es ist, und müsste nur anders formulieren (und den Personalbezug in § 212 ändern).

Durch die Tat charakterisieren, besser: definieren wir den Täter, nicht durch Annahmen über den Täter die Tat. Damit sprechen wir nur über das, was er hinsichtlich der Tat ist. Das gilt auch dann, wenn wir nach etwas wie „Tatmotiven" fragen. Es geht immer um die Analyse der Tat und ihrer Umstände, ihrer Vor- und Nachgeschichte, aus der – irgendwie – das Bild des Täters gewonnen wird. Verurteilt wird der Täter nicht, weil er so oder so ist, sondern weil er dies (und nicht jenes) getan hat. Das ist die gedankliche Systematik, die hinter unserer Idee von Strafrecht steht.

Diese aus einer Moraltheorie abzuleiten, wie es nicht selten geschieht, ist insofern problematisch, als die Unterscheidung von Recht und Moral zu unserem Rechtsverständnis gehört (wenn das auch sehr vielen Leuten nicht bewusst ist). Aber trotzdem kann man sagen, dass in unserem Rechtsverständnis die *Normverletzung selbst der Schaden* ist, *nicht der Schaden*, der aus ihr folgt. Sagen wir es drastischer: Ein Mörder (jemand, der einen Mord begangen hat) wird nicht verurteilt, weil er Leid zugefügt hat – einem Menschen, seinen Angehörigen –, sondern weil er nicht durfte, was er tat. Man kann anderen Menschen sehr viel Leid zufügen und dabei keine strafbewehrte Norm übertreten.

Was unter Strafe stehen soll und wie, ist eine Frage der Politik, der politischen Kultur, der Moralauffassung, die sich in der Öffentlichkeit durchsetzt und politisch wirksam wird. Instruktiv ist, was man da „Wandel der Rechtsauffassung" nennt. Lange war in juristischen Seminaren der Fall des fiktiven Körperverletzers, der zu seinem Opfer umkehrt und ihm die Brieftasche raubt, weshalb ihm nun erst eine empfindliche Strafe droht, ein gern belachtes Beispiel dafür, dass Vermögensdelikte unter Umständen höhere Strafen nach sich zogen als Übergriffe auf den Körper. Da hat sich allerlei geändert, und wir können auch sagen, warum. Eine Nachkriegsgesellschaft, eher gewöhnt an körperliches Leid, sucht, wieder zu Wohlstand zu kommen, und Vermögensdelikte wirken, sagen wir: schmerzhafter. Ist man zu Wohlstand gelangt, wirken Vermögensdelikte nicht mehr existenzgefährdend – sei es nun tatsächlich, sei es als Angriffe auf die individuelle oder kollektive Werthierarchie –, Angriffe auf den Körper werden aber zunehmend als fremd, gar barbarisch wahrgenommen. Die Strafandrohung passt sich den geänderten Wahrnehmungen an. – Denken Sie daran, wie lange die Vergewaltigung in der Ehe nicht nur straffrei war, sondern das, was wir heute so nennen, so nicht bezeichnet und verstanden wurde – außer von Außenseitern/Außenseiterinnen, deren Ansichten irgendwann aber mehrheitsfähig wurden.

Die Debatten, die zu solchen Veränderungen führen, spielen sich wie gesagt in der Öffentlichkeit und in der Politik ab, es sind letztlich moralische Debatten. Aus solchen Debatten werden eventuell politische Entscheidungen und sie ziehen Gesetzgebungsverfahren nach sich, und am Ende werden deren Resultate Gesetz (oder eben nicht). Sind sie das einmal geworden, spielt ihre Entstehungsgeschichte keine Rolle mehr. (Wie alles leidet das gewisse Ausnahmen. Zuweilen kann bei Urteilsbegründungen auf etwas wie den „Geist des Gesetzes" oder die „Intentionen des Gesetzgebers" zurückgegriffen werden, um eine bestimmte Gesetzesauslegung so oder so zu begründen. Aber das sind Plausibilitätskonstruktionen, die mit der tatsächlichen Empirie des Zustandekommens eines Gesetzes wenig zu tun haben [müssen]. Aber auch das können wir beiseitelassen.)

Die Idee eines Strafrechts, d.h. die Verweisung von gewaltsamen oder gewaltheischenden Konflikten an das staatliche Gewaltmonopol, zielt auf innergesellschaftlichen Frieden. Der Strafprozess löst die Praxis der Vergeltung durch das Verbrechensopfer oder durch seine Angehörigen ab. Dass sich ein Verbrechensopfer um seine eigene Angelegenheit – vorzugsweise gewalttätig – kümmert, steht seinerseits unter der Androhung staatlicher Gewalt. Das weiß man, damit lässt sich in der Regel leben, aber trotzdem gibt es immer mal wieder Fälle, wo der Versuch, „das Recht in eigene Hand zu nehmen", mit einer gewissen Sympathie betrachtet wird. Das kann seine Ursache in einem Misstrauen gegen „den Staat" generell haben, vor allem aber liegt es an der Konstruktion des Täterstrafrechts schlechthin. Es ist eben nicht dazu da, dem Opfer „sein Recht werden zu lassen", weil ein Rechtsanspruch des Opfers gar nicht zur Verhandlung steht.[1] Pointiert ausgedrückt: zur Verhandlung steht die Tat, nicht das Leid.

Dazu kommt, dass das Strafverfahren wie alle Verfahren dazu da ist, das Tatgeschehen durch die Art und Weise, wie es verhandelt wird, den Beteiligten, wenn man so möchte: durch Abstraktion zu entfremden. Das liegt nicht nur daran, dass der Laie, wenn er vor Gericht steht – in welcher Rolle auch immer: als Angeklagter, als Zeuge, als Zeuge und Verletzter –, oft gar nicht weiß, wie ihm geschieht. Das ist immer so. Aber im Strafprozess wird dieser Umstand für das Opfer – den Verletzten – gewissermaßen auf die Spitze getrieben. Seine Rolle ist die eines Zeugen und nicht einmal „in eigener Sache", weil eben eine „eigene Sache" gar nicht zur Verhandlung steht. Daran ändern alle Überlegungen zum „Opferschutz" etc. nichts.

Gleichwohl ist es natürlich nicht nur gut und richtig, sondern auch geboten, Menschen auf ihre mögliche Rolle als Teilnehmer/Teilnehmerinnen in einem Verfahren vorzubereiten. Es könnte Teil der Staatsbürgerkunde werden, falls es so etwas an Schulen und nicht nur an Gymnasien noch gibt. Jedenfalls aber sollte, wenigstens als Möglichkeit, so eine Belehrungsmöglichkeit angeboten werden. Ich weiß: noch mehr Betreuungsangebote, noch mehr Informationspflichten, noch mehr Komplikationen aller Arten. Gleichwohl …

Ich will die Sache nicht zu sehr ausweiten. Jedenfalls sollte, wer als Verletzter, als Opfer (als Zeuge in eigener Sache, als Nebenkläger) vor Gericht steht, wissen, dass seine Belange nicht primär zur Verhandlung stehen. Als Nebenkläger hat er oder sie die Möglichkeit, im Rahmen der Strafprozessordnung eigene Belange einzubringen in ein Verfahren, dessen Zweck es nicht ist, diese Belange zu verhandeln, sondern sie nur zu berücksichtigen. Das ist mitunter, erlauben Sie mir die Formulierung, nicht immer leicht zu schlucken. Wir haben es in den sogenannten NSU-Verfahren erlebt, wir haben es, wenn es zu Verfahrenseinstellungen kommt, wo man gern Menschen zur Verantwortung gezogen hätte. Einige Nebenklägerinnen und Nebenkläger wollten eine möglichst komplette Aufklärung des Geschehens: Was war geschehen, wie konnte es dazu kommen, dass sie den Tod Verwandter zu beklagen hatten? Dieser Wunsch nach Aufklärung-was-ge-

1 Ich spreche nicht von den (Anspruchs-)Rechten des Opfers im Rahmen des Täterstrafrechts.

schehen-ist ist nicht derselbe wie die Klärung dessen, was in diesem Geschehen als Tat, als strafrechtliche Verantwortlichkeit zu identifizieren ist.

Dass diese, sagen wir: institutionell eingebaute Frustration der eigentliche Sinn des Strafverfahrens sei, ist Niklas Luhmanns Deutung, die er in seinem berühmten „Legitimation durch Verfahren" erläutert. Diese Auffassung steht in einer gewissen Spannung zur Auffassung des (Straf-)Rechts als einer Problemlösung, die (jedenfalls prinzipiell) jedem Beteiligten einleuchten müsse (eine Auffassung, wie sie etwa Winfried Hassemer in seinem Kommentar zum Strafrecht vertritt). Man könnte meinen, beide Auffassungen schlössen einander aus, aber das ist, meine ich, nicht der Fall. Man kann Hassemer folgen und gleichzeitig einräumen, die Problemlösung, die der konkrete Strafprozess nebst Urteil bildet, könne sehr wohl rechtlich gültig und befriedigend sein, auch wenn sie keinem der dem Urteil Unterworfenen – oder sagen wir: allen, die damit leben müssen – einleuchtet.

Dass ein Verurteilter mit seiner Verurteilung nicht zufrieden ist, damit rechnen wir. Wir sind keine Hegelianer, die die Würde des Verurteilten in seiner Zustimmung zum Urteil erblicken. Dass ein Verletzter, „das Opfer", mit einem Urteil nicht zufrieden ist, war lange kein Umstand, um den man sich groß gekümmert hat. Nun geht es nicht darum, ob ein verurteilter Täter oder ein Verletzter am Ende des Verfahrens „zufrieden" sind. Gut, darum kann es nicht gehen, aber der Verletzte und sein Befinden ist seit Langem eine Größe geworden, auf die man achtet. Darum gibt es Tagungen wie diese. Der Satz von Winfried Hassemer, „[d]as Opfer ist aus dem Schatten herausgetreten, im dem ein auf den Täter konzentriertes Strafrecht es über Jahrzehnte, ja über Jahrhunderte, festgehalten hatte",[2] ist nunmehr auch schon bald zwanzig Jahre alt. Das Problem, auf das Hassemer im Buch, in dem das steht, hingewiesen hat, das nämlich „das Opfer" eine kriminalpolitische Größe geworden sei, mit der man Öffentlichkeitsarbeit betreibe, war damals augenfällig und ist es heute nicht weniger. Auch darauf will ich nicht im Einzelnen eingehen.

Ich möchte heute auf ein Problem hinweisen, das die Idee unseres Strafrechts mit sich herumschleppt und das es nicht loswerden kann, weil es eben eine „Idee" ist. Das Strafrecht, die Praxis der Rechtsfindung und des Strafens hat zwar ungeheure gesellschaftliche Auswirkungen, aber es ist an

---

2 *Hassemer/Reemtsma*, Verbrechensopfer. Gesetz und Gerechtigkeit (2002), 13.

diesen Auswirkungen nur minimal orientiert, im Grunde gar nicht. Ich möchte das an den traditionellen Strafzwecken erläutern.

Erstens die negative Generalprävention. Vertritt man diesen Strafzweck, weil man an seinen *Erfolg* (jedenfalls in nennenswertem Maße) glaubt? Wird gefordert, ein bestimmtes Delikt härter zu bestrafen, als dies bisher der Fall ist, so ist da doch meist eine diffuse Vorstellung von nicht zureichender Gerechtigkeit, meinethalben Vergeltung ausschlaggebend, als die Hypothese, veränderte Strafandrohungen würden quantitative Auswirkungen haben. Aber, wie gesagt, das ist nicht immer gut auseinanderzuhalten. Oft, wenn in der Öffentlichkeit von einer (angeblich) neuen Quantität von Delikten die Rede ist, gibt es die Vorstellung/Rhetorik vom „Eindämmen“ (oder wie die Metaphern heißen). Es gibt immer wieder mal öffentliche Impulse, bestimmte Delikte härter zu bestrafen als das gerade üblich ist, und irgendwie ist damit die Vorstellung verbunden, nun werde es weniger solche Delikte geben. Aber auch wenn man nach, sagen wir fünf Jahren eine Statistik befragte, ob die Strafverschärfung erfolgreich gewesen sei oder nicht, ist es doch unwahrscheinlich, dass man bei negativem Befund mit einem resignierenden „Das hat also nicht geklappt“ wieder zum vorherigen Strafmaß zurückkehrte. – Woran liegt das? Wir *hoffen* zwar, dass eine verschärfte Strafandrohung mehr Menschen vom Begehen der Straftat abhält, aber wir *begründen* die Verschärfung nicht damit, auch wenn sich die Rhetorik manchmal so ausnimmt. Die Begründung für die Strafandrohung (und ihr Maß) liegt stets in dem Maß, in dem wir das Ausbleiben einer Strafpraxis für unerträglich halten. Es handelt sich um einen Affekt, der sich in den Ausdruck „Es darf doch nicht sein, dass …!“ kleidet.

Erfahren tun wir bekanntlich fast nur von Verbrechen, vor deren Begehung eine Strafandrohung *nicht* abgeschreckt hat. Auch wenn manche, die das Strafrecht, wie wir es kennen und praktizieren, grundsätzlich ablehnen, dies als Argument anführen, sind wir doch nicht bereit, das als solches anzuerkennen. Intuitiv wissen wir – auch, wenn Sie mir das erlauben: aus Introspektion –, dass es bestimmte Delikte gibt, die man nur darum nicht begeht, weil sie unter Sanktionsdrohung stehen. Was nicht heißt, dass, wenn es keine Strafandrohungen gäbe, jeder alles täte, natürlich nicht. Aber es hätte Auswirkungen – das wird niemand ernstlich bestreiten. Gleichwohl ist der Strafzweck der Generalprävention nur sehr locker mit einer gelingenden Empirie verknüpft.

Das gilt auch für – zweitens – die Spezialprävention. Wäre es anders, gäbe es keine Wiederholungstäter. Dennoch mag Strafe in manchen, warum nicht vielen Fällen vor Wiederholungstaten abschrecken. Aber in welchem Umfange das der Fall ist, wissen wir nicht. Sogar wenn wir annähmen, eine spezialpräventive Wirkung von Strafen gäbe es kaum, würden wir doch meinen, dass die Wiederholung einer schon einmal bestraften Tat eine höhere Sanktion rechtfertigt. Auch wenn eine solche Meinung – vielleicht: ein solcher Impuls – das streift, was man so „Charakterstrafrecht" nennt, und im Grunde zurecht ablehnt.

Hier berühren wir den Teil des individualpräventiven Strafzwecks, der mit dem Umgang mit dem Verurteilten zu tun hat, sprich: Resozialisierung. Hier ist die Spannung Strafzweck/Empirie besonders groß. Was ist gegen den Satz, es gebe kaum schlechtere Einrichtungen als Gefängnisse, wenn es darum geht, Menschen von kriminellen Lebensläufen abzubringen, einzuwenden? – Es gibt einen zweiten Einwand, und der ist anderer Art. Der Strafzweck der Resozialisierung ist vom Gedanken staatlicher Menschenformung getragen. Ein Blick auf das Recht, wie ich ihn favorisiere, sieht den Staat nicht in der Rolle des Erziehers. Es darf nicht darum gehen, Menschen zu besseren Menschen zu machen. Menschen dürfen sein, wie sie wollen, wir dürfen auch von ihnen nicht verlangen, dass wir die Sanktionen, denen wir sie unterwerfen, als moralisch gut akzeptieren. Die Aufgabe des Resozialisierungsbemühens ist anders fundiert. Eine Haftstrafe ist eine harte Maßnahme, eine sehr lange Haftstrafe ist ein dramatischer Eingriff in ein Leben. (Warum wir überhaupt mit Haft bestrafen, werde ich nachher noch diskutieren.) Haft ist eine leere Zeit – wenigstens ein Angebot zu machen, wie diese leere Zeit zu füllen sein könnte – Lernen im weiteren Sinne, wozu ebenso Ausbildung wie Therapie gehören kann bzw. sollte – muss die Pflicht dessen sein, der eine solche Strafe verhängt. Eine Pflicht dem Inhaftierten – und eine Pflicht der Öffentlichkeit gegenüber, um der Wirklichkeit des Gefängnisses als „Schule des Verbrechens" entgegenzuwirken. – Erwähnt werden sollte allerdings, dass die räumliche Entfernung von einem bestimmten Milieu – etwa einem ideologisch aufgeladenen – eine erheblich spezialpräventive Wirkung haben kann – jedenfalls spricht manches dafür.

So viel dazu. Wir kommen schließlich drittens zur positiven Generalprävention, der Normenbestätigung durch Rechtsprechung. Diese Idee hat sich herausgebildet, um den angedeuteten Schwierigkeiten mit anderen

Strafzwecken zu entgehen, oder sagen wir: So hat es an Popularität gewonnen. Genau besehen ist mit ihm die Idee, warum es überhaupt Strafen gibt/geben soll, umrissen. Ein gemeinschaftliches, staatliches verfasstes Leben ist (lassen wir alles andere beiseite) auf Regeln und Normen gegründet, und Normenverletzungen werden geahndet. Warum? Weil sie sonst keine wären. So wie einem gegebenen Versprechen die Erwartung, dass es gehalten werde, entgegengebracht wird. Warum? Weil es sonst kein Versprechen wäre. Das Maß, in dem eine Normenverletzung geahndet wird, sagt etwas darüber aus, wie sehr eine politische Gemeinschaft meint, dass ihr Zusammenleben tangiert wird (bis hin zum Unmöglichwerden), wenn die in Frage stehende Normenverletzung nicht geahndet würde, sprich: systematisch nicht geahndet würde –, man sagt dann: nicht das Papier wert wäre, auf das sie geschrieben ist. Um solche Hierarchien imaginierter Beeinträchtigung geht die politische Debatte, ob bestimmte Delikte – wir hatten oben schon einen Hierarchiewechsel von bestimmten Eigentums- und Gewaltdelikten – künftig schärfer oder weniger scharf (oder neu – Vergewaltigung in der Ehe – oder überhaupt nicht mehr – homosexueller Geschlechtsverkehr, Cannabiskonsum in gewisser Größenordnung) bestraft werden sollen.

Die positive Generalprävention als Strafzweck tendiert so ein wenig zur Tautologie. Ein Delikt wird mit Strafe bedroht, weil es eine Norm verletzt, die zu bewahren (d.h. ihre Verletzung mit Strafe bedrohen) wir für die Verfassung unseres Gemeinwesens für wichtig oder unerlässlich halten. – Hier muss ich innehalten. Es gibt, wie Sie wissen, durchaus Meinungen, die hier dissentieren. Sie sind zweierlei Art. Einmal gibt es die, die das vorhandene Täterstrafrecht aus seinem historischen Herkommen kritisieren. Dieser Form der Kritik liegt die Vorstellung zugrunde, dass etwas die Umstände, unter denen es in die Welt geriet – auch die Formen, die es früher einmal hatte – nie wirklich loswird, mehr noch: eigentlich ewig im Banne seiner (Vor-)Geschichte steht. Das ist magisches Denken. Ob es nun den Girardschen Sündenbock wirklich gab (wohl eher nicht) – hätte es ihn als Befriedungspraxis gegeben, bedeutet das keineswegs, dass jeder, der heute bestraft wird, solche Sündenbockfunktion erfüllt. Im Grunde sind solche historisch-magischen Argumentationen Projektionen in eine phantasierte Vorwelt. Man versucht, in einer so oder so imaginierten Vergangenheit jene Züge klarer zu erkennen, die man in der Gegenwart verschwommen zu sehen meint, und anstatt in der Gegenwart klarer zu sehen, dichtet man sich eine Ursprungserzählung und sagt: daher kommt's. Damit ist nicht viel anzufangen.

Die zweite Form der Kritik kritisiert das Strafen nicht nur als eine Praxis, die nicht leistet, was man sich von ihr verspricht, sondern als eine schädliche. Diese Kritiker haben weitgehend Recht. Im Falle der negativen Generalprävention haben wir das schon erörtert; auch dass das Gefängnis kein wirklich guter Ort ist, Menschen vom kriminellen Milieu zu entfremden. Es kommt leicht dahin, dass derjenige, der die Praxis des Strafens – nicht unbedingt die jeweils gegebene, aber doch, dass es eine Praxis des Strafens gibt – gutheißt, sagt: Was sollen wir denn sonst machen? Die Kritiker des Strafrechts (einige von ihnen) meinen, man könne und solle das Strafrecht ganz aufgeben und in zivilrechtliche Verfahren auflösen. Sie tun das gern mit Blick auf das Opfer. Was habe das Opfer vom Strafen? Das stimmt ja. In einem gewissen Sinne „hat" das Opfer „nichts davon". Eventuelle Ansprüche muss es sowieso zivilrechtlich geltend machen.

Wenn man auf *diese* Frage eingehen möchte, dann ist es doch ganz nützlich, historisch zu werden. Nicht, um aus der Geschichte zu lernen, wie etwas „wirklich" ist, sondern im Gegenteil: um zu sehen, wie kontingent unsere Bräuche sind. Denn auch wenn man immer schon gestraft hätte, müsste man es in der Zukunft nicht tun. Es ist so gekommen, wie es jetzt ist, es hätte anderes kommen können, es könnte anders sein. Aber dass etwas historisch kontingent ist, ist kein Einwand dagegen, an dem festzuhalten, wie es nun einmal gekommen ist. „Ein Mann, wie du, bleibt da nicht stehen, wo der Zufall der Geburt ihn hingeworfen", sagt Lessings Saladin zu Nathan, jedoch, „wenn er bleibt, bleibt er aus Einsicht, Gründen".

Die römischen Rechtsbräuche, Sie wissen das, waren andere als unsere. Wie wunderlich genau waren die Regeln, nach denen zum Beispiel Konflikte um Verletzungen von Grundstücksgrenzen geschlichtet wurden. Rom war (vom Ursprung her) eine Bauernrepublik und in einer solchen geht es darum, wo die Grenze zwischen Mein und Dein ist, und wem der Apfel gehört, der vom überhängenden Zweig fällt, und wie es mit verirrtem Vieh zu halten ist, das Schaden anrichtet. Im Gegensatz zu dem, was in unserem Rechtsdenken „Gewaltkriminalität" wäre. Derlei regelte man möglichst selbst, ja, man kann sagen, es war, anders als die Frage nach der Festlegung von Grundstücksgrenzen und damit verbundenen Rechten, keine eigentliche „Rechtsfrage". Man erwartete übrigens auch, dass man gewaltsame Auseinandersetzungen privat, individuell regelte, indem man an ihnen teilnahm. Den Tod eines Verwandten zu rächen – gewaltsam – war eine sittliche Pflicht. Mit Recht hatte das nichts zu tun. Etwas wie ein Offizialdelikt gab es in dieser Hinsicht nicht, es sei denn, hier wurde die religiöse Sphäre tangiert (wie etwa beim Vatermord). Aber wenn jemand den Mörder eines Verwandten (vorzugsweise an dessen Grab) umbrachte, war die Sache comme il faut geregelt. – Aber dass es auch hier etwas gab, wo die Obrigkeit (in der Regel jedenfalls) einzuschreiten hatte, zeigt die Grenze, hinter der das Private aufhörte, privat zu sein. Die Belange des Gemeinwesens als solchem sind durch *bestimmte* Gewalttaten tangiert. Warum durch diese und nur durch diese, muss uns nicht kümmern. Ob man meinte, ein Vatermord, bliebe er ungesühnt, bedrohe die Gemeinschaft aller – die Römer waren, wie etwa manche Griechen amüsiert notierten, ein abergläubisches Volk – oder ob nun einfach vor religiösem Hintergrund, aber nur noch traditionell motiviert, der Vatermord als so empörend angesehen wurde, dass eine Reaktion des Gemeinwesens nötig wurde, kann man auch dahingestellt sein lassen.

Das Strafen kommt dann ins Spiel, wo eine Gemeinschaft der Ansicht ist, ein Delikt betreffe nicht nur den Einzelnen, sondern eben die Gemeinschaft, es sei eben nicht „privat“, und die Vorstellung, es gebe bei bestimmten Delikten eine Pflicht des Staates, sie sogar gegen den Willen des Opfers zu verfolgen, zeigt das. – Man muss hier auseinanderhalten, ob jemand das bestehende Strafrecht kritisiert, weil *bestimmte* Konflikte nicht mehr strafrechtlicher Beurteilung überantwortet werden sollten, oder ob man sagen will, dass es *überhaupt* keine Delikte geben sollte, die *nicht* als Konflikte zwischen zwei Personen, *die nur sie etwas angehen*, angesehen werden sollten. Denn darum geht es. Die Idee des Strafens bedeutet uns nicht weniger, als dass eine Gemeinschaft bestimmte Delikte für so gravierend hält, dass sie nicht mehr Ereignisse zwischen zwei Personen sind, sondern eine Normverletzung darstellen, die das gesamte Gemeinwesen etwas angeht.

Man ginge fehl, hier das Echo einer abergläubischen Vorwelt zu sehen. Die Ursache ist die in der Moderne gewachsene Empfindlichkeit gegen Gewaltkriminalität, genauer: die im Zuge der Herausbildung des staatlichen Gewaltmonopols gewachsene Neigung, Gewalt zunehmend zu kriminalisieren. Es gehört zu unserer Moderne – ich meine damit die europäisch-atlantische Zivilisationsform wie sie aus den Krisen des 16. und 17. Jahrhunderts hervorgegangen ist –, Gewalt zunehmend als Problem anzusehen, mit dem nicht nur zu leben ist, sondern das im anzustrebenden Idealfall aus der Gesellschaft verschwinden sollte. Man denke daran, wie Gewalt aus dem öffentlichen Raum verschwunden ist und auch im privaten zunehmend geächtet wird. Der Bürger läuft, anders als im 17. Jahrhundert, nicht mehr mit einem (einsatzfähigen!) Degen an der Seite herum, die Folter ist abgeschafft, wo die Todesstrafe noch existiert, ist ihr Anwendungsbereich extrem beschränkt und sie wird nicht mehr öffentlich vollzogen. Schlägereien – etwa Wirtshausschlägereien –, die im 19. Jahrhundert noch akzeptierte Sonnabendvergnügen waren, sind heute ein Fall für die Polizei. Vergewaltigung in der Ehe, etwas, das bis vor noch nicht so langer Zeit als Ausdrucksform des Rechts des Ehemanns auf den Beischlaf aufgefasst wurde, ist nun ein Straftatbestand. Eltern dürfen ihre Kinder seit ein paar Jahren nicht mehr schlagen. Über diese kulturelle Evolution ließe sich lange reden, hier sollen ein paar Hinweise genügen.

In diesen Zusammenhang gehört auch, dass Strafen nur noch entweder durch Geldzahlungen abgegolten oder durch Haft verbüßt werden. Die Frage, warum das so ist, kann man nicht positiv beantworten, sondern nur negativ: weil es zu unserer Kultur gehört, Leibesstrafen als abscheulich zu empfinden. Die Haft ist, was übriggeblieben ist. Wir haben nichts anderes, und wo uns etwas anderes einfällt, wie etwa Sozialdienst, greifen wir darauf zurück. Dass Haftanstalten keine Besserungsanstalten sind, wissen wir auch, und die Zeiten, wo Zuchthäuser – daher der Name – so aufgefasst wurden, haben wir hinter uns gelassen. Wir empfinden Haftstrafen als hart, wir bieten etwas an, die aufgezwungene leere Zeit sinnvoll zu füllen.

Die Karriere, die die Beachtung der Belange des Opfers in den letzten Jahrzehnten erfahren hat, gehört in diesen Zusammenhang kultureller Evolution. Das Interessante ist, dass sie einem sozialen Grundaffekt zuwiderläuft. Das Opfer, zumal einer Gewalttat, hat per se keinen guten sozialen Stand. Es erinnert seine Mitmenschen an ihre Verletzlichkeit. Auch trägt es die Aura mit sich herum, an seinem Schicksal selbst schuld zu sein, gar es auf sich gezogen zu haben. Wir hören das noch aus den harmlos-scherzhaften Erkundigungen heraus, die etwa jemandem zuteilwerden, der einen Unfall überstanden hat: „Was machst du denn für Sachen?“ Keine TV-Krankenhausserie, die ohne diese Formel auskommt. Was einer, dem Gewalt widerfuhr, zu erzählen hat, mag eigentlich keiner hören. Kriegsheimkehrer wurden traditionellerweise geehrt, aber durch die Heldengeschichten, die andere von ihnen erzählten. Wo diese wegfielen, wie in Deutschland nach 1945, blieb nur Schweigen.

Das änderte sich, wie gesagt, und es änderte sich weltweit. Das bekannteste und in vielerlei Hinsicht besonders instruktive Beispiel dafür war die TV-Serie „Holocaust". Die Geschichte einer Familie, die zum beispielhaften Opfer eines Jahrhundertverbrechens wurde. Man verfolgt ihr Leben über die Episoden der Diskriminierung, Schikanierung, Deportation bis zum Mord. Aber es gibt natürlich eine Figur, die verhindert, verhindern soll, dass hier eine reine Opfergeschichte erzählt wird, der Sohn, der zum Partisan wird und überlebt. Am Ende (vor allem in den dann doch verworfenen Schlussepisoden) ist er derjenige, der doch etwas wie ein Sinnstifter ist.

Aber abgesehen davon, dass gar nichts dagegen einzuwenden ist, dass auf die Existenz und die möglichen Schicksale solcher Widerstandskämpfer hingewiesen wird, bleibt in „Holocaust" diese Figur doch etwas wie ein ästhetischer Vorbehalt: Kann man etwas erzählen, das eine reine Opfergeschichte ist? Widerspricht das nicht unserer Vorstellung eines „Helden"? Ich meine nicht den heldischen Helden, sondern die Rolle der Hauptfigur in einem erzählten Geschehen. In der Tat sind Helden in diesem dramaturgischen Sinne, die Opfer sind und sonst nichts, etwas Neues, so etwas gibt es vor dem 20. Jahrhundert nicht oder wenigstens kaum. Sie kommen auf mit dem, was ich „Opfermemoiren" genannt habe. Berichte in Ich-Form von Überlebenden der Shoa, dann des Gulag. Diese Berichte haben etwas Merkwürdiges mit sich gebracht. Erstens hat es eine Weile gedauert, bis sie zur Kenntnis genommen wurden, aber es passierte Dann aber wurden sie nicht nur als Zeugnisse für entsetzliche Verbrechen gelesen, sondern als mehr, als besondere Auskünfte über die conditio humana. Ihre Verfasser berichteten nicht nur etwas über extreme menschliche Schicksale, die eben nur die betrafen, die so etwas erlebt hatten, und das von anderen mit Interesse (oder nicht) zur Kenntnis genommen werden konnte, sondern berichteten in dem, was sie über sich berichteten, irgendwie über uns als Menschen. Sie wussten mehr, nicht nur etwas mehr über das, wie es Menschen auch gehen kann unter extremen Umständen, sondern mehr über uns als Menschen schlechthin.

Und das färbte ab, wenn ich so sagen darf, auf Menschen, die Alltäglicheres, wenn auch glücklicherweise nicht Alltägliches zu berichten hatte. Menschen, die Opfer von Verbrechen geworden waren, spektakulären – gerade ist das Buch eines der Überlebenden des Anschlags auf „Charlie Hebdo" erschienen – und weniger spektakulären wie Überfällen, Entführungen, Vergewaltigungen. Die Geschichten von vergewaltigten Kindern, erzählt von den Erwachsengewordenen, sind im Zuge dieser sozial-kulturellen Veränderung geworden, was sie vorher nie gewesen waren: nicht verschwiegene, peinliche Schicksale, sondern bedeutungsvolle Erzählungen. Bedeutungsvoll nicht nur in einem instrumentellen Sinne, dass sie Zeugnis ablegen über Verbrechen. Das tun sie auch, das hätten sie immer getan, aber als man sie als in sich und für sich bedeutungsvolle Geschichten nicht hören wollte, hätten sie auch nur ausnahmsweise diese Funktion erfüllen können. Erst als ihnen *der Öffentlichkeitsrang einer bedeutsamen Stimme* zuwuchs, wurden sie auch forensisch so bedeutungsvoll wie sie nun sind.

Forensisch bedeutungsvoll, wir sind beim Thema. Wir wissen, oder wir wissen es gar nicht mehr so genau, was für einen schweren Stand Verbrechensopfer vor Gericht haben konnten. Denken Sie an die Opfer einer Vergewaltigung; denken Sie an die Opfer-Zeugen in den Auschwitzprozessen. Es war vor Gericht vieles üblich, was nun, da der gesellschaftliche Ort eines Verbrechensopfers sich – im Vergleich zum kulturell bis zur zweiten Hälfte des vorigen Jahrhunderts Üblichen – spektakulär geändert hatte, nicht mehr möglich ist. Es ist eine Veränderung der *Sittlichkeit des Strafverfahrens* eingetreten.

Diese Veränderung hat ein Problem mit sich gebrachtund das mag uns hier interessieren. Das Strafverfahren kann zwar das Opfer in der Prozessgestalt des Verletzten anders behandeln als dies früher üblich war, es kann der Stimme des Opfers anders Gehör geben als dies zuvor üblich war, aber eben nur in der Prozessgestalt des Verletzten und dessen Rolle hat sich systematisch nicht geändert. Der Verletzte ist, sehen wir von seiner möglichen Rolle als Nebenkläger einmal ab, Zeuge – nicht: Zeuge in eigener Sache. Denn diese eigene Sache gibt es nicht. Er hat seinen Teil zur Aufklärung und rechtlichen Bestimmung der Tat beizutragen, und seine Aussage steht neben anderen Aussagen, hat per se nicht mehr Gewicht. Das hat eine subjektive Seite. Dass, was er über die Tat zu sagen hat, ebenso viel – das heißt: nicht mehr – zählt als das, was ein anderer sagt, ein Augenzeuge, ein Sachverständiger und so weiter, kann eine schmerzliche Erfahrung sein. Eine schmerzliche Erfahrung, die sich in Empörung wandeln kann. Das „Ich-weiß-es-doch-wohl-am-allerbesten!" bekommt vor dem Hintergrund der kulturell gewandelten Rolle „des Opfers" eine ganz andere Resonanz. Ein Verletzter, der sich durch das Gerichtsverfahren in seiner Rolle als „Opfer“ verletzt fühlt, trägt ein Unrechtsempfinden mit sich, das er mit einer gewissen Zuversicht, Aufmerksamkeit und Anteilnahme zu erregen, nach außen trägt.

Dabei kann – und soll – das Strafverfahren ihm nicht mehr Raum geben als es ihm eben von der Verfahrensidee her gibt. Das ist hinzunehmen. Durch den Verletzten, durch die Öffentlichkeit. „Das Opfer“ in seiner sozial gewandelten Rolle als Sprecher für Belange, die im Grunde über sein spezielles Schicksal hinausgehen, als stellvertretende Deutungsautorität, hat im Strafverfahren keinen Ort. Es ist wichtig, sich dieses Umstands bewusst zu sein. Aber, bewusst oder unbewusst, es entsteht eine Spannung, und diese Spannung spiegelt sich *in* der Rolle, die der Verletzte als Opfer im Strafprozess spielt – und wird *durch* die *Rolle, die ihm* auf diese Weise *in der Strafzwecktheorie der positiven Generealprävention* zufällt, deutlich.

Erlauben Sie mir, hier etwas länger zu zitieren. Ich zitiere Winfried Hassemer aus dem Buch „Verbrechensopfer“ von 2002, an dem ich mitgewirkt habe. „Die Unterschiede der Strafrahmen verdanken sich – neben anderen Kriterien, welche Unrecht und Schuld qualifizieren, wie etwa gewohnheitsmäßiges Handeln oder besondere Gefährlichkeit – vor allem einer ‚Hierarchie‘ der Rechtsgüter: Annahmen des Gesetzgebers, die bei bestimmten Rechtsgütern (wie etwa Leben) einen Anlaß zu schärferer Strafdrohung sehen als bei andere (wie etwa Vermögen). Diese Annahmen kommen alltagstheoretisch zustande; sie können sich nicht auf saubere empirische Beobachtung berufen (etwa über den normativen Wandel in der Bevölkerung), ja noch nicht einmal auf einen strengen Diskurs über Maßstäbe und Kriterien, die ein bestimmtes Rechtsgut in einer bestimmten Quantität über ein anderes setzen. Sie verdichten sich, wenn die Zeiten günstig sind, bisweilen zu Argumenten, die sich in der kriminalpolitischen Auseinandersetzung beider Reform von Straftatbeständen und Strafrahmen durchsetzen. – Solche Annahmen zur Schwere einer Rechtsgutverletzung wirken nicht nur auf der Ebene der Gesetzgebung, sondern sicherlich auch auf der Ebene der Rechtsprechung. Da die gesetzlichen Strafrahmen dem Strafrichter in der Regel weite Räume zur konkreten Bestimmung der Strafe eröffnen, ist die Strafzumessung ein komplexes Geschehen, das nicht vollständig axiomatisiert und nicht rein deduktiv abgebildet werden kann. Strafzumessung ist ein Einfallstor verschwiegener, unbewußt bleibender und schwebender Entscheidungsgründe und ein Musterbeispiel der Differenz von Herstellung und Darstellung rechtlicher Entscheidungen, von Rechtsfindung und Rechtfertigung. Man wird folglich annehmen dürfen, daß Schwereeinschätzungen zur Rechtsgutverletzung auch zu den tragenden Gründen von Strafzumessung gehören – seien sie nun gesagt oder ungesagt. Und man wird annehmen dürfen, daß dies nicht nur für die Einzelfallentscheidung gilt, sondern vielmehr auch langfristig Veränderungsprozesse steuert." Und nun, pointiert: „Annahmen zur Schwere einer Rechtsgutverletzung sind Annahmen zu Graden des Leids. Grade des Leids sind Erfahrungen von Verbrechensopfern. Gerade sie können für Schwereeinschätzung, wie sie dem Strafgesetzgeber und dem Strafrichter obliegen, die treffendste Auskunft geben."[3]

Was ist mit dem auf der Hand liegenden Einwand anzufangen, Auskünfte über erlittenes Leid seien doch „subjektiv", individuell von Konstitution, Vor- und Nachgeschichte etc. geprägt, dass sie schwer mit der Idee einer Art von Gradmessung zusammenzubringen seien? Natürlich ist das so. Aber gleichwohl ist Hassemer zuzustimmen, wenn man es so fasst: Die Erzählungen von Verbrechensopfern sind Auskünfte von einer Welt, die der bloß anteilnehmenden Phantasie – nun, ich will nicht sagen: nicht zugänglich sind, das wäre übertrieben, aber doch nicht „einfach so" in ihrem Erfassungsbereich liegen. Welchen Einbruch ins Leben ein Einbruch in eine Wohnung bedeutet, weiß man aus den Erzählungen von Einbruchsopfern und der Art und Weise, wie sie sich, oft mühsam, von dieser Erfahrung wieder erholen. Was für eine Erfahrung Hunger ist, nämlich eine, die das Leben lange prägt, auch wenn man wieder satt ist und sich wieder regelmäßig ernähren kann, wissen wir aus dem Leben von Lagerhäftlingen, die ihre Mitmenschen irritierende Verhaltensweisen (etwa Brot betreffend) an den Tag gelegt haben. – Ich darf eine eigene Erfahrung hinzufügen. Eine typische Reaktion von Menschen, die meinen Bericht über die 33 Tage meiner Entführung gelesen hatten, war, sich besonders darüber zu entsetzen, dass man gedroht hatte, mir einen Finger abzuschneiden und ihn meiner Familie zu schicken, um der Lösegeldforderung Nachdruck zu verleihen. Gewiss war das eine scheußliche Drohung. Da ist die Angst vor dem Schmerz; gewiss – aber irgendwie noch mehr, dass sich da jemand die Verfügungsmacht über einen Teil meines Körpers anmaßt. Er kann davon etwas abschneiden, wenn er mag. Aber sie war weniger fatal als die lange Zeit der Überlebensungewissheit selbst und die Tatsache, vollständig der

---

3 *Hassemer/Reemtsma* (Fn. 3), 167 f.

Willkür eines anderen ausgeliefert zu sein. Das Leben hängt nicht, wie die Redensart will, an einem seidenen Faden, sondern an der Laune eines Unbekannten. Lassen Sie mich das illustrieren. Ich bekam in jenen Tagen regelmäßig Nahrung und Wasser, morgens um acht und abends um acht, mal ein wenig später. Und einmal passierte am Morgen nichts. Es wurde halb neun, neun, halb zehn … Was war los? Hatten die Täter das Haus, in dessen Keller ich angekettet lag und saß, verlassen? Würde ich hier verhungern oder verdursten? Musste ich jetzt sehen, ob ich mich irgendwie würde befreien können? Die Chance war, wie der Augenschein zu zeigen schien, gering, aber trotzdem. Was aber, wenn die Täter doch noch da waren, es war nur irgendetwas geschehen, was die ganze Angelegenheit verzögert hatte, nun würden sie den Ausbruchsversuch bemerken und einen künftigen dadurch zu verhindern suchen, dass ich an Händen und Füßen gefesselt würde, mich nicht mehr würde rühren können – oder? Was noch? Phantasien dieser Art. Phantasien, die ausufernder werden, zusammen mit der Angst vor Tagen, in denen ich dem Tod entgegenwarten würde. Es dauerte dann bis halb zwölf, glaube ich. Dann kam die Ration. Es war, wie ich später, erst im Prozess gegen den Haupttäter erfuhr, einfach so, dass der gerade dran war mit der Betreuung dessen, den sie sich da im Keller hielten, und gerne lang schlief – seine Untergebenen hatte er zu Pünktlichkeit verdonnert. Eine Facette dessen, was heißt, existenziell von Launen abhängig zu sein. – Solche Erzählungen gehören dazu, um zu erfassen, was ein bestimmtes Verbrechen bedeutet. Ein Einbruch ist nicht nur ein Vermögensschaden und eine Entführung auch nicht nur ein Vermögensschaden.

Gleichwohl bleibt das „Subjektive“, Unmessbare. Der „Grad“ an Leid ist ja auf keiner Skala angebbar. Darum geht es nicht allein um den Bericht eines Verletzten in einem *bestimmten* Strafprozess, sondern darum, dass man *überhaupt* gelernt hat, den Berichten, wie sie in solchen Verfahren abgegeben worden sind – und anderswo niedergelegt – zuzuhören und daraus Wissen zu schöpfen und Sensibilität zu gewinnen. Dennoch sind da ja die *besonderen* Zeugenaussagen der Verletzten in den Strafverfahren und die Auskünfte darüber, was ihnen widerfuhr. Denen muss das Gericht Rechnung tragen. Aber, und da liegt das Problem, diese Zeugenaussage hat keine Definitionsmacht. Das Gericht muss sich das Bild der Tat zusammensetzen und der Bericht des Verletzten dient dazu, aber eben nicht ausschließlich. Der Verletzte im Strafprozess hat den berechtigten Anspruch, dass ihm Anerkennung zuteilwerde, man ihn hört, seine Subjektivität von Belang ist. Dieser Anspruch auf Anerkennung, die Berechtigung des Ansinnens, dass es auf seine Subjektivität bei der Definition der Tat ankomme, ist ein Teil jener gewachsenen Rolle, die die Stimmen von Gewaltopfern in der Öffentlichkeit spielen.

Aber der Strafprozess ist – siehe das, was ich zuvor zum Stichwort „Täterstrafrecht" gesagt habe – nicht dazu da, die Ansprüche des Verletzten zu befriedigen. Denn die können so oder so beschaffen sein. Sie können in der Illusion bestehen, das Gerichtsverfahren heile Wunden. Das tut es nicht. Sie können in dem Wunsch bestehen, das Urteil werde Vergeltungswünsche befriedigen. Es ist unwahrscheinlich, dass es das tut, und wenn es das nicht tut, ist das kein Einwand gegen das Urteil. Der Strafprozess ist nicht nur nicht dazu da, Vergeltungswünsche zu befriedigen, das Strafrecht selbst ist nicht dazu da, stellvertretend Vergeltung zu üben. – Ich betone das, weil der Blick der Öffentlichkeit auf Strafverfahren – und man kann sagen: also – auch der Blick des Verletzten anders ist. – Es geht dabei nicht darum, dass Vergeltungswünsche illegitim wären. Das sind sie nicht. Keine hegen zu können, kann Teil einer Opferpathologie sein. Nur haben diese Wünsche im Strafverfahren keinen Ort, nicht einmal den, dort angehört zu werden. Diese Wünsche können nur frustriert werden.

Das Urteil als Abschluss im Strafprozess, die Strafzumessung, kann sich auch nicht an der Schwere des individuell erfahrenen Leids *bemessen. Der Bericht über das erlittene Leid qualifiziert die Tat, er stellt kein Mittel dar, die Sanktion zu quantifizieren*. Die Verwerflichkeit einer Tat bemisst sich nicht daran, auf welche subjektive Konstitution sie trifft. Und so eröffnet gerade die gewachsene Aufmerksamkeit, die Verbrechensopfern, man kann auch sagen: „dem Opfer" in den letzten Jahrzehnten zu Teil geworden ist, den Versuchen ihm mehr „gerecht" zu werden, auf individuelle wie auch öffentliche Reaktion, man werde ihm und seinen Belangen gerade nicht „gerecht". Was ein individuelles Opfer – ein einzelner Verletzter – von Strafverfahren und im Strafprozess erfahren kann, ist die rechtliche Bewertung dessen, was ihm widerfahren ist. Mehr nicht. Oft ist zu viel verlangt, wenn man erwartete, jede und jeder könne einsehen, wie viel das ist.

Was ein individuelles Opfer als „gerecht" empfinden mag, wie seine Wünsche, Ansprüche, dass ihm „Gerechtigkeit" werde, beschaffen sind, ist nicht auf einen überindividuellen Nenner zu bringen. Gerade das, worauf es ankommt, ankommen muss und nur ankommen kann, wird oft zu dem, was am meisten frustriert. „Verrechtlichung" wird von manchem gerade als der Hohn darauf empfunden, was „Gerechtigkeit" in einem emphatischen Sinne seinem Empfinden nach doch wohl sein müsste. Sehen wir von der Schwierigkeit ab, das zu formulieren. Es bleibt ein diffuses Etwas, zusammengehalten durch starke Affekte. So verständlich diese Affekte sind, sie bleiben etwas, dem man nicht Rechnung tragen kann – nicht im Rahmen des Rechts oder der Rechtsfindung.

Hier könnte ich schließen, möchte aber noch etwas anfügen, gewissermaßen ein Postskriptum. Wir finden im Wikipedia-Eintrag unter „Opferentschädigungsgesetz" als Begründung dafür, dass es hierfür eine gesetzliche Regelung überhaupt gibt, ein Urteil des Bundessozialgerichts aus dem Jahr 1979 zitiert, in dem es unter Bezug auf die damals gültige Fassung des Opferentschädigungsgesetzes heißt, die „Entschädigungspflicht der öffentlichen Hand" sei „damit gerechtfertigt, daß der Staat keinen wirksamen Schutz vor krimineller Handlung gegen Leib oder Leben hatte geben können".[4] Das ist eine hochproblematische Begründung. Sie impliziert, dass an einer Tat nicht nur der schuldig ist, der sie verübt hat, sondern auch der, der sie nicht verhindert hat. Das mag in diesem oder jenem Fall auch so sein. Und zwar dann, wenn man von einem Dritten zu Recht hätte verlangen können, dass er die Tat verhindert. Vom Staat aber zu verlangen – und dies zu einem Verlangen zu machen, das Rechtsfolgen hat –, dass er schlechthin jede Gewalttat verhindern müsse und wo ihm das nicht gelinge, er schadenersatzpflichtig sei, ist Unfug. Man denke an das ultra posse nemo obligatur. Der Staat ist nicht in der Lage, schlechthin jede Gewalttat zu verhindern. Verlangte man das von ihm, müsste man ihm auch die Mittel zugestehen, diesem Auftrag nachzukommen. Das würde bedeuten, ihm eine universelle Überwachungspflicht nicht nur zuzugestehen, sondern zur Pflicht zu machen, eine universelle Präsenz von Menschen, die in der Lage und bereit wären, stets und überall einzugreifen … – auch in Familien, wo sich ja die meisten Gewalttaten abspielen? Man sieht, dass das Unsinn ist, und fragt sich, wie ein solcher Unsinn in Gesetzes- und Urteiltexte gerät.

Ich bitte, mich nicht misszuverstehen. Selbstverständlich gibt es Fälle, in denen staatliche Organe *schuldhaft* versagen, und dort ist auch eine Entschädigungs*pflicht* gegeben. Darüber hinaus aber bedeutet „Opferentschädigung" nur eine der vielen selbstauferlegten *Fürsorge*pflichten eines Ge-

4 Bundessozialgericht, Urt. v. 7. November 1979 (9 RVg 1/78).

meinwesens. Dass das durcheinandergerät ist eine der verwirrenden Folgen der gewachsenen Aufmerksamkeit, die Verbrechensopfer in der Öffentlichkeit erlangt haben. Das Recht des Opfers darauf, dass ihm Recht geschehe, dass Recht gesprochen werde, dass das, was ihm widerfuhr, *nicht als schicksalhaft, sondern als Rechtsverletzung* angesehen und behandelt werde – gerade nicht allein als Verletzung individueller Belange, sondern als Verletzung einer das Gemeinwesen konstituierenden Norm, verbiegt sich zu einem unbegründbaren Anspruch auf ein unverletztes Leben. *Diese* Verletzung durfte nicht geschehen, dieses *„Das* durfte nicht geschehen!", weil *dieser* Mensch *das* nicht tun durfte, ist die Grundlage des Rechts, nicht ein „Man hat dafür zu sorgen, dass mir nichts geschieht!" Anders gesagt: Man bestraft eine Tat, weil sie rechtswidrig war und getan wurde; es kommt kein Anspruch auf Entschädigung hinzu, der sich aus einer staatlichen Pflicht ableitet, zu verhindern, dass überhaupt derlei geschieht.

Ich habe in Bezug auf die Erwartungen und Hoffnungen, die ein Verbrechensopfer seiner Rolle als Verletzter entgegenbringen mag, von einem „diffusen Etwas, zusammengehalten durch starke Affekte" gesprochen. Es haben sich die Affekte, die früher Verbrechensopfern entgegengebracht worden sind – Scheu, Abneigung, der Verdacht, am eigenen Schicksal selbst schuld zu sein – beinahe ins Gegenteil verkehrt. Das zeigt, meine ich, wie schwer es gewesen ist, die alten Affekte gegen das Opfer hinter sich zu lassen. Aber vom gegenteiligen Überschwang haben wir nichts, auch „die Opfer" nicht.

Desillusionierungen sind schmerzhaft, aber sie stehen im Dienste der Realitätstüchtigkeit.

Verletzung in eigenen Rechten – Zur strafrechtsdogmatischen Stellung des Verletzten

Philipp-Alexander Hirsch, Göttingen

A. *Verletztenrechte – Prozessstellung ohne materiell-rechtlichen Boden?*

Seit mehr als drei Jahrzehnten steht eine stärkere Einbeziehung des Verletzten[1] in das Strafverfahren in der Diskussion und damit einhergehend auch die strafprozessuale Bipolarität zwischen Staat und Täter. Im Zuge dessen stärkte der Gesetzgeber den Verletzten im Strafprozess als einen mit eigenen Rechten ausgestatteten, selbstständigen und von anderen unabhängigen Verfahrensbeteiligten.[2] War der Verletzte ehedem vor allem Untersuchungsobjekt, das namentlich als Tatzeuge oder Augenscheinsobjekt im Strafverfahren zur Wahrheitsfindung beitragen sollte, wird man ihn nach gegenwärtigem Stand aus Sicht des Strafprozessrechts zweifelsohne als *Rechtssubjekt* bezeichnen müssen. Und dies nicht nur in dem Sinne, dass dem Verletzten rein formale Ansprüche[3] (etwa in Form von Informationsrechten) zukommen. Vielmehr verfolgt der Verletzte im Strafverfahren gewissermaßen auch „materielle Ansprüche“: Vordringlich zeigt dies das Recht der Nebenklage, welches es dem Verletzten ermöglicht, aktiv auf den Gang des Verfahrens und damit auf die Durchsetzung des staatlichen Strafanspruchs Einfluss zu nehmen; der Verletzte ist Subjekt, ist Partei des Strafverfahrens. Doch auch andere prozessuale Rechtsinstitute weisen den Verletzten in diesem Sinne als Rechtssubjekt aus, etwa die Möglichkeit, auf einen Täter-Opfer-Ausgleich nach § 155a StPO hinzuwirken oder aber vermögensrechtliche Ansprüche im Wege des Adhäsionsverfahrens geltend zu machen.

---

1 Vgl. zum Verletztenbegriff m.w.N. MüKo-StGB-*Mitsch*, Bd. II, 3. Aufl. (2016), § 77 Rn. 4 ff. und *K. Schroth/M. Schroth*, Die Rechte des Verletzten im Strafprozess, 3. Aufl. (2018), Rn. 49.

2 Vgl. zu den Reformgesetzgebungen eingehend *K. Schroth/M. Schroth* (Fn. 1), Rn. 1 ff.

3 Darunter verstehe ich Berechtigungen des Verletzten, die keinen unmittelbaren Bezug zum materiellen Unrecht und eine darauf bezogene Durchsetzung des staatlichen Strafanspruchs haben, etwa §§ 406d ff. StPO.

Doch ist dieser „Trend“ hin zu einer Stärkung der Rechtsstellung des Verletzten materiell-rechtlich motiviert? Findet er in der materiellen Strafrechtsdogmatik Widerhall? Sicherlich: Auch das materielle Strafrecht kennt den Verletzten, der etwa in § 77 StGB von ganz herrschender Meinung als Inhaber des Rechtsgutsobjekts, das durch den verwirklichten Straftatbestand geschützt wird, bestimmt wird.[4] Doch ist der Verletzte einer Straftat als Rechtsgutsinhaber *eo ipso* auch als Rechtssubjekt betroffen? Oder ist er insoweit nur bloßes Objekt der Straftat, dessen Interessen durch diese in einer „für die aktuelle Ordnung störenden Weise berührt worden sind“[5]? Im Folgenden möchte ich dieser Frage anhand der Betrachtung materieller Unrechtslehren und des Rechtsinstitutes der Einwilligung nachgehen und untersuchen, inwieweit die Strafrechtsdogmatik den Verletzten als Subjekt der Straftat betrachtet. Anders gefragt: Ist der Verletzte derart in *eigenen* normativ relevanten Positionen betroffen, dass davon gesprochen werden kann, *ihm* werde durch die Straftat Unrecht getan?

B. Materielle Unrechtslehren aus Perspektive des Verletzten

Die soeben aufgeworfene Frage lässt sich angemessen nur unter Rekurs auf die Zweckbestimmung des Strafrechts und auf den hiermit zusammenhängenden Begriff materiellen Unrechts beantworten. Denn wie der Verletzte von einer Straftat betroffen ist, hängt maßgeblich davon ab, was unter Kriminalunrecht verstanden wird.[6]

I. Funktionale Strafrechtsgutslehre

Klarerweise beantwortet die funktionale Strafrechtsgutslehre die Frage, ob der Verletzte in *eigenen* normativ relevanten Positionen betroffen ist, sodass *ihm* Unrecht getan wird, abschlägig. Denn bei allen Unterschieden im

4 Vgl. nur RGSt 11, 53, 54; BGHSt 31, 207, 210; LG Hamburg NStZ 2002, 39, 40; *Jescheck/Weigend*, Lehrbuch des Strafrechts, 5. Aufl. (1996), § 85 I 3; MüKo-StGB-*Mitsch* (Fn. 1), § 77 Rn. 4; Schönke/Schröder-*Bosch*, 30. Aufl. (2019), § 77 Rn. 10.

5 *Naucke*, KritV 1993, 135, 140 f.

6 Die Frage nach dem materiellen Unrechts- bzw. Verbrechensbegriff ist die Frage nach dem Wesen von Kriminalunrecht, namentlich: Welche Eigenschaften rechtfertigen Strafwürdig- und Strafbedürftigkeit bestimmter Verhaltensweisen? Vgl. zur Notwendigkeit eines materiellen Unrechtsbegriffs zutreffend *Gierhake*, Der Zusammenhang von Freiheit, Sicherheit und Strafe im Recht (2013), 203 ff.

Detail funktionalisiert sie das Strafrecht sozialnormativ.[7] Es dient nämlich der Aufrechterhaltung der gesellschaftlichen Wertordnung, oder normtheoretisch gewandt: Schutzobjekt strafrechtlicher Sanktionsnormen ist die Geltung der sozial relevanten Verhaltensnormen. Dem korrespondierend stellt sich Kriminalunrecht als Abfall von dieser Wertordnung dar, wenn *Amelung* das Verbrechen programmatisch als „Störung eines sozialen Systems" definiert,[8] dessen Sozialschädlichkeit in einem „Widerspruch gegen eine institutionalisierte Norm" liege, „die für die Bewältigung der Bestandsprobleme der Gesellschaft nötig ist".[9] In ganz ähnlichen Bahnen bestimmt auch *Jakobs* den Kern des Kriminalunrechts in einer „Desavouierung der Norm".[10] Auch wenn ein so verstandenes Strafrecht durch die Aufrechterhaltung der gesellschaftlichen Wertordnung mittelbar den Schutz der die Gesellschaft konstituierenden Individuen bewirken mag, adressiert es hiermit nicht zu schützende Positionen *der* Individuen. Die Kriminalisierung von Verhaltensweisen resultiert aus deren sozialschädlichem Potenzial für die Gesamtgesellschaft und eben nicht aus einer wie auch immer gearteten Missachtung des konkret Verletzten. Indem sich somit die Gesellschaft bzw. der sie repräsentierende Staat gewissermaßen „zwischen Opfer und Täter" schiebt,[11] nimmt die funktionale Strafrechtsgutslehre *eigene* normativ relevante Belange des Verletzten nicht in den Blick.

II. Gesetzgebungskritische Rechtsgutslehre

Ist die Verletzte im Sinne einer funktionalen Rechtsgutslehre nur Objekt der Straftat, scheint dies bei einem Unrechtsbegriff, der auf einer gesetzge-

---

7 Vgl. neben den genannten *Amelung* und *Jakobs* etwa auch *Appel*, Verfassung und Strafe (1998), 431 ff.; *Freund*, Strafrecht Allgemeiner Teil, 2. Aufl. (2009), § 1 Rn. 7 f. und *Kindhäuser*, Strafrecht Allgemeiner Teil, 8. Aufl. (2017), § 5 Rn. 3. Ähnliche Überlegungen finden wir der Sache nach aber schon bei *Welzel*, Das Deutsche Strafrecht, 11. Aufl. (1969), 1, wenn er den Schutz der „elementaren Werte des Gemeinschaftslebens" als Aufgabe des Strafrechts ausweist und Kriminalunrecht hernach (*ebd.*, 187) als „sozialunerträgliche, besonders anstößige Verletzung der Gemeinschaftsordnung" begreift.

8 *Amelung*, Rechtsgüterschutz und Schutz der Gesellschaft (1972), 394.

9 *Amelung* (Fn. 8), 361.

10 *Jakobs*, HRRS 2004, 88, 88. Vgl. auch *Jakobs*, Strafrecht, Allgemeiner Teil, 2. Aufl. (1991), § 1 Rn. 11, § 2 Rn. 2 ff.

11 So *Altenhain*, Das Anschlußdelikt (2002), 322.

bungskritischen[12] Rechtsgutslehre fußt, anders zu sein. Angesichts der Vielzahl unterschiedlich akzentuierter (und kontrovers diskutierter) gesetzgebungskritischer Rechtsgutslehren[13] möchte ich den insoweit maßgeblichen Begründungszusammenhang *pars pro toto* an derjenigen *Marx*'[14] aufzeigen: *Marx* geht von einer vorpositiven Zweckbestimmung des Staates aus, welcher der freien Entfaltung des Menschen zu dienen habe. In dieses Staatsverständnis integriert *Marx* das Strafrecht, das dem Schutz der Güter zu dienen habe, „die der Mensch zu seiner freien Selbstverwirklichung braucht"[15], sodass „[s]trafrechtlich relevantes materiales Unrecht, Verbrechen"[16] in der Verletzung der so bestimmten Rechtsgüter bestehe. Exemplarisch zeigt sich hierin ein Begründungszusammenhang, der – trotz aller Unterschiede – allgemein geteilt wird: Auf einem gesetzgebungskritischen Rechtsgutskonzept beruhende materielle Unrechtslehren präsupponieren eine normativ-individualistische[17] Zweckbestimmung des Staates und damit des Strafrechts. Letzter Bezugspunkt der Rechtfertigung von Strafvorschriften ist danach stets das Individuum, nicht aber der Staat.[18]

Damit scheint zunächst auch das von einer Straftat betroffene Individuum in das Zentrum des Verbrechensbegriffs gerückt zu werden. Doch bei genauerer Betrachtung erschöpft sich der normativ-individualistische Ansatz allein in der Entwicklung eines kritischen Maßstabs für legitime Strafgesetzgebung: Das Individuum spielt allein für den „Legitimationszusammenhang von Normen eine Rolle und wird zur Begründung des Schutzbedarfs von Rechtsgütern herangezogen".[19] Kriminalunrecht wird korrespondierend als Verletzung der Güter verstanden, welche *die Rechtsgemein-*

12 Vgl. hierzu und in Abgrenzung zu einem hier nicht näher thematisierten methodischem bzw. formellen Rechtsgutskonzept m.w.N. nur *Engländer*, ZStW 2015, 616 ff. und *Otto*, Jura 2016, 361, 364 ff.

13 Hier mag ein Hinweis auf die beispielhafte Aufzählung der „kaum noch zu überschauende[n] Literatur" bei *Engländer*, ZStW 2015, 616, 616, Fn. 3 genügen.

14 Vgl. *Marx*, Zur Definition des Begriffs „Rechtsgut" (1972).

15 *Marx* (Fn. 14), 62.

16 Vgl. *Marx* (Fn. 14), 70.

17 Vgl. zum normativen Individualismus *Pfordten*, ZphF 2004, 321 ff.

18 Dies gilt nicht nur für dezidiert personale Rechtsgutslehren wie etwa bei *Hassemer*, der vom Rechtsgut als „strafrechtlich schutzbedürftige[m] menschliche[m] Interesse" spricht (NK-StGB-*Hassemer/Neumann*, 5. Aufl. (2017), vor § 1 Rn. 144; vgl. auch *Hassemer*, Theorie und Soziologie des Verbrechens (1973), 34 ff.), sondern auch für weiter gefasste Rechtsgutskonzepte, vgl. etwa bei *Roxin*, Strafrecht Allgemeiner Teil, 4. Aufl. (2006), § 2 Rn. 7 ff. oder SK-StGB-*Rudolphi/Jäger*, 9. Aufl. (2017), vor § 1 Rn. 15.

19 So zutreffend *Kleinert*, Persönliche Betroffenheit und Mitwirkung (2008), 85.

schaft für die Einzelne als wertvoll erachtet.[20] Auch wenn eine Straftat – etwa nach § 303 StGB – ein konkretes Individuum betreffen mag, liegt das Unrecht der Tat in der hierin zu Tage tretenden Verletzung des von der Gesellschaft als *allgemein* schutzbedürftig erachteten Interesses bzw. Gutes „Eigentum". Strafrechtlicher Rechtsgüterschutz wird somit letztlich eine Angelegenheit der Allgemeinheit.[21]

Hierdurch kommt es aus Sicht des konkret Verletzten gleichsam zu einer „Entindividualisierung" des verwirklichten Unrechts, da das geschützte Rechtsgut vom Rechtsgutsinhaber axiologisch sowie deontisch abgekoppelt wird: Axiologisch kommt es auf den seitens der Rechtsgemeinschaft beigemessenen Wert des Rechtsguts als abstrakte Größe an, wofür der Wille des konkret betroffenen Rechtsgutsinhabers zunächst unmaßgeblich ist. Deontisch ist der Rechtsgutsbegriff – soll er nicht in den Rechtsbegriff kollabieren –[22] blind für einen (wie auch immer gearteten) individuellen Anspruch des Rechtsgutsträgers auf Wahrung seiner Rechtsgüter. Über das Rechtsgutskonzept werden vielmehr vermutete Individualbelange aggregiert und auf objektiv-rechtlicher Ebene als schutzwürdig ausgewiesen. Die Unterlassung von Straftaten ist damit dem die Rechtsgemeinschaft repräsentierenden Staat geschuldet, nicht dem konkret betroffenen Individuum. Güter und Interessen, die vom Staat für die Einzelne als wichtig erachtet werden, als Referenzpunkt liberaler Strafgesetzgebung zu setzten, reicht mithin noch nicht aus, um im materiellen Unrechtsbegriff die individuell Verletzte als in *eigenen* normativ relevanten Positionen Betroffene abzubilden, *der gegenüber* Unrecht getan wird.

III. Lehre vom Verbrechen als Rechtsverletzung

Einen anderen Weg geht die Lehre vom Verbrechen als Rechtsverletzung. Nach dieser dient Strafrecht dem Schutz subjektiver Rechte, sodass sich der Unwert einer Straftat nicht in der Missachtung eines überindividuell konzipierten Rechtsguts erschöpft, sondern (zumindest auch) in der Missachtung des konkret betroffenen Rechtsgutsinhabers liegt. Gedanklicher

---

20 In diesem Sinne lässt sich auch das BVerfG verstehen, wenn es die Straftat als „Verletzung eines *für alle* gewährleisteten Rechtsguts", als „Störung des *allgemeinen* Rechtsfriedens" bestimmt (BVerfGE 21, 391, 403, meine Herv.).

21 Vgl. mit ähnlicher Kritik *Kleinert* (Fn. 19), 92; *Haas*, Kausalität und Rechtsverletzung (2002), 72 f.; *Renzikowski*, GA 2007, 561, 567; mit Einschränkung auch *Renzikowski*, Notstand und Notwehr (1994), 166 f.

22 Vgl. zur unrechtsausschließenden Wirkung der Einwilligung sogleich unten C.

Ahnherr eines hierauf beruhenden materiellen Unrechtsbegriffs ist bekanntlich *Feuerbach*, der Verbrechen als Verletzung „der durch Staatsvertrag verbürgte[n], durch Strafgesetz gesicherte[n] Freiheit" definierte, welche wiederum subjektiv-rechtlich konzipiert war: „Verbrechen [sc. ist] eine durch ein Strafgesetz bedrohte, dem Rechte eines Anderen widersprechende Handlung".[23] Diese Vorstellung vom Kriminalunrecht als *Rechts*verletzung hat in den letzten Jahrzehnten eine Art Renaissance erfahren und in der Strafrechtswissenschaft zunehmende Anhängerschaft gefunden.[24] Anschaulich zeigt sich dies bei *Haas* und *Renzikowski*,[25] die ich hier stellvertretend heranziehen möchte. Sie verstehen Strafrecht als akzessorisches Schutzrecht, das den Schutz der subjektiven Rechte bezwecke, welche durch das Zivilrecht und das öffentliche Recht bereits positiv-rechtlich anerkannt seien. Die strafrechtlich geschützten Rechtsgüter seien demzufolge nicht „bloße faktische Interessen, sondern [...] *unabhängige subjektive Rechte*".[26] Strafbewehrte Verhaltensnormen dienten damit „nicht der unmittelbaren Vermeidung bloßer Erfolgsunwerte im Sinne der tradierten strafrechtlichen Rechtsgüterlehre, [...] sondern bezwecken vielmehr, die Ausweitung der eigenen Rechtssphäre zu Lasten einer fremden zu verhindern".[27] Ein solches Rechtsgutsverständnis sieht den materiellen Kern des Verbrechens in der Verletzung eines Rechtsverhältnisses, genauer: in der Verletzung der mit subjektiven Rechten verbundenen exklusiven Ausschluss- und Nutzungsbefugnisse des Rechtsinhabers.[28] Diese Veror-

23 *Feuerbach/Mittermaier*, Lehrbuch des gemeinen in Deutschland gültigen Peinlichen Rechts, 14. Aufl. (1847), § 21.

24 Vgl. – freilich ohne den vernunftrechtlichen Vorstellungen *Feuerbachs* verhaftet zu bleiben – bspw. *Naucke*, KritV 1993, 135; *Renzikowski* (Fn. 21), 161 ff.; *K. Günther*, in: Institut für Kriminalwissenschaften Frankfurt a.M. (Hrsg.), Vom unmöglichen Zustand des Strafrechts (1995), 445 ff.; *Altenhain* (Fn. 11), 295 ff.; *Hörnle*, Grob anstößiges Verhalten (2005), 65 ff.; *Haas* (Fn. 21), 58 ff.; *Kleinert* (Fn. 19), 94 ff.; Matt-Renzikowski-StGB-*Renzikowski* (2013), Einleitung Rn. 10 ff.; *Knierim*, Das Tatbestandsmerkmal „Verlangen" im Strafrecht (2018), 32 ff., wobei natürlich die jeweiligen Begründungsansätze im Einzelnen variieren.

25 Vgl. *Renzikowski*, GA 2007, 561 und *Haas* (Fn. 21).

26 *Haas* (Fn. 21), 81.

27 *Haas* (Fn. 21), 105.

28 Dies unterscheidet die Rechtsverletzungslehre von Unrechtslehren, die Kriminalunrecht auf die Störung eines rechtlich verfassten Freiheitsverhältnisses zurückführen, die „in der Verletzung Anderer in der Basis ihrer Selbstständigkeit" besteht, „die in einem gegliederten, den Täter umfassenden und auch von ihm abhängigen Anerkennungsverhältnis ihr Dasein hat" (*Wolff*, in: Hassemer/Bergalli (Hrsg.), Strafrechtspolitik (1987), 137, 211; ähnlich *Zaczyk*, Das Unrecht der ver-

tung des Kriminalunrechts in der „Usurpation einer fremden Rechtssphäre“[29] bindet es an die Missachtung fremder Rechtsmacht zurück.

Gerade hierdurch wird das an der „klassischen“ Rechtsgutslehre konstatierte Problem einer „Entindividualisierung“ des Strafrechts überwunden. Die Lehre vom Verbrechen als Rechtsverletzung überlässt es dem Einzelnen, welchen Wert er Gütern beimisst und wie er seine Interessen verfolgt. Strafrecht schützt hiernach nämlich allein seinen von der Rechtsordnung durch subjektive Rechte eingeräumten Anspruch, Interessen selbstbestimmt wahrzunehmen. Die Rechtsgutsverletzung darin zu sehen, dass der Täter die Rechtsmacht eines anderen hinsichtlich eines Bezugsobjekts verletzt, trägt damit axiologisch wie deontisch der Dispositionshoheit des Verletzten über seine Interessen bzw. Güter Rechnung. Ein solcher materieller Unrechtsbegriff adressiert den Verletzten als Rechtssubjekt.

C. *Einwilligungsdogmatik und Rechtsverletzung*

Mit Blick auf die Eingangsfrage scheint ein solcher materieller Unrechtsbegriff ein guter Kandidat zu sein, um die Stärkung der Rechtsstellung des Verletzten im Strafverfahren materiell-rechtlich zu fundieren. Doch warum sollte man Kriminalunrecht als Rechtsverletzung begreifen? Warum einen materiellen Unrechtsbegriff zugrunde legen, der den Verletzten als Rechtssubjekt adressiert? Vielfach antworten Befürworter der Rechtsverletzungslehre mit dem Hinweis, dass allein so dem Bedürfnis nach einer liberalen Strafrechtskonzeption Rechnung getragen werden könne.[30] An die-

---

suchten Tat (1989), 126ff. sowie *Murmann*, Die Selbstverantwortung des Opfers im Strafrecht (2005), 196 ff. und *Gierhake*, Begründung des Völkerstrafrechts auf der Grundlage der Kantischen Rechtslehre (2005), 108 ff.). Da auch diese Ansicht das Kriminalunrecht in der Verletzung eines Rechtsverhältnisses verortet, gelangt sie zu ähnlichen Ergebnissen wie die Rechtsverletzungslehre. Allerdings vermag sie – ob ihres vorpositiven, auf die Gesetzlichkeit praktischer Vernunft abstellenden Begründungsansatzes – innerhalb eines positivistischen Begründungsrahmens nur bedingt zu überzeugen, sodass ich hierauf nicht näher eingehe.

29 *Renzikowski*, GA 2007, 561; vgl. auch *Haas* (Fn. 21), 99.

30 Vgl. *Altenhain* (Fn. 11), 293 ff./322 f.; *Haas* (Fn. 21), 66 ff.; *Renzikowski*, GA 2007, 561, 566 ff.; *Kleinert* (Fn. 19), 91 ff. Eine Strafrechtsbegründung, die beim gewaltunterworfenen Individuum ansetzt, liegt offenkundig nicht vor, wenn man allein die Geltung der sozial relevanten Verhaltensnormen als Schutzobjekt des Strafrechts erblickt. Doch auch die „klassische“ Rechtsgutslehre wird diesem Anspruch im Ergebnis nicht gerecht, insofern Verhaltensnormen nach dieser nicht die Möglichkeit zur selbstbestimmten Interessenverfolgung durch das Individu-

ser Stelle möchte ich jedoch eine dogmatische Begründung vorlegen und aufzeigen, dass es die unrechtsausschließende[31] Wirkung, die der Einwilligung nach einhelliger Meinung zugeschrieben wird, nahelegt, Kriminalunrecht als Rechtsverletzung zu beschreiben.

I. Das Rechtsgutsargument

Für die vorgenannte These lässt sich zunächst ein direkter, jedoch in seiner Reichweite nicht umfassender Nachweis aus dem strafrechtsdogmatischen Streit über die Wirkung der Einwilligung führen.

Bekanntermaßen wird bei Individualrechtsgütern überwiegend zwischen tatbestandsausschließendem Einverständnis und rechtfertigender Einwilligung unterschieden. Denn verlangten Strafvorschriften nicht schon tatbestandlich ein Handeln gegen den Willen des von einer Straftat betroffenen Rechtsgutsträgers, so führe das Fehlen eines entgegenstehenden Willens nicht zum Tatbestandsausschluss, sondern lasse lediglich die Rechtswidrigkeit entfallen.[32] Demgegenüber wendet sich eine im Vordringen befindliche Literaturansicht gegen die Unterscheidung von Einverständnis und Einwilligung: Vielmehr komme jeder Zustimmung zu einer Rechtsgutsverletzung eine tatbestandsausschließende Wirkung zu.[33] Da beide Auffassungen darin übereinstimmen, dass der Unrechtsausschluss im Ergebnis auf die Selbstbestimmungsfreiheit des Einzelnen zurückzu-

---

um (mithin subjektive Rechte) schützen, sondern vom Staat für den Einzelnen als wertvoll erachtete Interessen und Güter.

31 Unrecht meint insoweit den Inbegriff der rechtswidrigen Verwirklichung eines Deliktstatbestandes.

32 Vgl. – teils m.w.N. – *Jescheck/Weigend* (Fn. 4), § 34 I 3; *Dölling*, in: Dölling (Hrsg.), Festschrift Gössel (2002), 209, 216; NK-StGB-*Zabel/Paeffgen*, 5. Aufl. (2017), vor § 32 Rn. 156; *Fischer*, StGB, 66. Aufl. (2019), vor §§ 32 ff. Rn. 3b; Lackner/Kühl-StGB-*Kühl*, 29. Aufl. (2018), vor § 32 Rn. 10; Schönke/Schröder-*Sternberg-Lieben*, 30. Aufl. (2019), vor § 32 Rn. 29 ff.; BGHSt 16, 309, 310 f.; BGH NStZ 2000, 87, 88 sowie grundlegend *Geerds*, GA 1954, 262 ff.

33 *Göbel*, Die Einwilligung im Strafrecht als Ausprägung des Selbstbestimmungsrechts (1992), 68 ff.; *Schmidhäuser*, in: Schlüchter (Hrsg.), Kriminalistik und Strafrecht (1995), 593, 598 f.; *Rönnau*, Willensmängel bei der Einwilligung im Strafrecht (2001), 124 ff.; *Roxin* (Fn. 18), § 13 Rn. 12 ff.; MüKo-StGB-*Schlehofer*, Bd. I, 3. Aufl. (2017), vor § 32 Rn. 142 ff. und *Kindhäuser* (Fn. 7), § 12 Rn. 4 ff. m.w.N.

führen ist,[34] lässt sich die unterschiedliche Behandlung (tatbestandsausschließend *versus* rechtfertigend) im Kern auf ein unterschiedliches Rechtsgutsverständnis zurückführen.[35] Denn die Vertreter, die einheitlich für einen Unrechtsausschluss bei Zustimmung des Rechtsgutsinhabers votieren, betrachten bei Individualrechtsgütern erst die Einheit von angegriffenem Gut und hierauf bezogener Herrschafts-/Verfügungsbefugnis als das eigentliche Rechtsgut (idealer Rechtsgutsbegriff).[36] Eine Rechtsgutsverletzung scheidet somit *eo ipso* aus, sobald einer Verletzungshandlung zugestimmt wird.

Bereits hieraus wird jedoch ersichtlich, dass dieser Auffassung der Sache nach ein materieller Unrechtsbegriff zugrunde liegt, der Kriminalunrecht als Rechtsverletzung begreift. Denn das Verständnis vom Verbrechen als Verletzung eines dem Individualrecht vorgelagerten Gutes[37] wird aufgegeben, sobald man unter den Begriff des Rechtsgutes allein die untrennbare Einheit von Rechtsmacht und Gut bzw. Wert, auf den sie sich bezieht, fasst und gleichzeitig diese Rechtsmacht auf das Selbstbestimmungsrecht des Einzelnen zurückführt. Auch wenn vordergründig nicht vom Recht, sondern vom Rechtsgut gesprochen wird, hat man den Rechtsgutsbegriff hierdurch subjektiv-rechtlich aufgeladen: Der Einwilligung auf Grundlage eines idealen Rechtsgutsbegriffs tatbestandsausschließende Wirkung beizumessen, heißt *eo ipso* den Unwert des Kriminalunrechts in einer darin liegenden Missachtung fremder Rechtsmacht zu sehen.

---

34 Überwiegend wird dies mit einem aus dem individuellen Selbstbestimmungsrecht aus Art. 2 Abs. 1 GG abgeleiteten Rechtsschutzverzicht begründet, vgl. teils m.w.N. *Amelung*, Die Einwilligung in die Beeinträchtigung eines Grundrechtsgutes (1981), 13 ff.; *Geerds*, GA 1954, 262, 263; NK-StGB-*Zabel*, 5. Aufl. (2017), § 228 Rn. 3; Lackner-Kühl-*Kühl* (Fn. 32), vor § 32 Rn. 10; Schönke/Schröder-*Sternberg-Lieben* (Fn. 32), vor § 32 Rn. 33. Zum Teil wird auf ein Überwiegen der Selbstbestimmungsfreiheit gegenüber den strafrechtlich geschützten Rechtsgütern abgestellt, vgl. *Noll*, ZStW 1956, 181, 183; *Geppert*, ZStW 1971, 947, 952 ff.; *Dölling*, GA 1984, 71, 83 f./91; *Jescheck/Weigend* (Fn. 4), § 34 II 3 (anders aber *Weigend*, ZStW 1986, 44, 61); ebenso *Jakobs* (Fn. 10), § 14 Rn. 1 ff.; teilw. aber für tatbestandsausschließende Wirkung.

35 So auch *Paul*, Zusammengesetztes Delikt und Einwilligung (1998), 85 f.

36 Vgl. bspw. *Schmidhäuser*, in: Bockelmann (Hrsg.), Festschrift Engisch (1969), 433, 451 f.; *Rudolphi*, ZStW 1974, 68, 87; *Roxin* (Fn. 18), § 13 Rn. 14.

37 Hierin bestand, genealogisch gesehen, ja gerade die Abkehr der Rechtsgutslehre von der Rechtsverletzungslehre *Feuerbachs*, vgl. *Birnbaum*, Archiv des Criminalrechts – Neue Folge 1834, 149, 172.

II. Das Erlaubnisargument

Das vorgenannte Rechtsgutsargument lässt sich jedoch gegen diejenigen, die der Einwilligung rechtfertigende Wirkung beimessen, nicht ins Feld führen. Denn Vertreter dieser Ansicht sehen das Rechtsgut mehrheitlich als real-wertvoll, d.h. als unabhängig vom Willen des Rechtsgutsträgers an sich werthaften Zustand bzw. Objekt, an (realer Rechtsgutsbegriff).[38] Da hiernach die faktische Rechtsgutsverletzung einen selbstständigen Unwert (tatbestandsmäßiges Unrecht) darstellen soll, dessen Rechtswidrigkeit lediglich bei Zustimmung des Betroffenen entfällt, ist diese Ansicht der eigentliche Probierstein für ein Verständnis von Kriminalunrecht als Rechtsverletzung. Meiner Auffassung nach zeigt jedoch die Struktur der Einwilligung als rechtfertigender Erlaubnissatz, dass strafrechtliche Aussagen über die Verletzung real-wertvoll konzipierter Rechtsgüter nur in Abhängigkeit vom Willen des Rechtgutsinhabers getroffen werden können.

1. Starke und schwache Erlaubnisse

Rechtfertigungsgründe stellen nach ganz überwiegender Meinung Erlaubnisnormen dar, die dem Ge-/Verbot des Tatbestandes vorgehen und somit die konkrete strafbewehrte Verhaltenspflicht entfallen lassen.[39] Fraglich ist allein, wie sich Ge-/Verbot und Erlaubnis zueinander verhalten und wie davon ausgehend der Zusammenhang von Tatbestandsmäßigkeit und Rechtswidrigkeit zu bestimmen ist.[40] Im Folgenden möchte ich mich in dieser Frage im Wesentlichen den normtheoretischen Erwägungen *Hruschkas* und *Raz*‘ anschließen.

Beide differenzieren starke und schwache Erlaubnisse, welche auf unterschiedlichen logischen Ebenen operieren und somit unterschiedliche Wirkungen haben. *Raz* spricht insoweit von *weak* und *exclusionary permissi-*

---

38 Bspw. *Geppert*, ZStW 1971, 947, 964 f.; *Jescheck/Weigend* (Fn. 4), § 26 I 2; *Kühl*, Strafrecht AT, 8. Aufl. (2017), § 9 Rn. 21 f.

39 Vgl. m.w.N. (auch zu gegenläufigen Ansichten) nur Schönke/Schröder-*Sternberg-Lieben* (Fn. 32), vor § 32 Rn. 4 f. und NK-StGB-*Zabel/Paeffgen* (Fn. 32), vor § 32 Rn. 6 ff.

40 Dogmengeschichtlich relevant ist dies insbesondere mit Blick auf die Frage eines zwei- bzw. dreistufigen Deliktsaufbaus, die wesentlich auf die Auseinandersetzung der Lehren vom Gesamtunrechtstatbestand und vom Leitbildtatbestand zurückgeht. Hierauf kann vorliegend nicht eingegangen werden. Vgl. jedoch hierzu die m.E. zutreffenden Überlegungen bei *Renzikowski* (Fn. 21), 156 ff.

ons,[41] *Hruschka* – von der üblichen Terminologie abweichend – von *intrasystematischen* und *extrasystematischen Rechtfertigungsgründen*.[42] Schwache Erlaubnisse operieren auf der Ebene der Verhaltensnorm und ergänzen diese - vergleichbar mit der Lehre von den negativen Tatbestandsmerkmalen -[43] um Ausnahmen, die ihren „logischen Ort [...] innerhalb des Systems [haben]". Schwache Erlaubnisse haben somit keinen eigenständigen Normcharakter, da sie lediglich den Inhalt der Verhaltensnorm modifizieren. Sie führen dazu, dass „ebensowenig ein Regelverstoß vorliegt wie dann, wenn schon der Tatbestand der Verhaltensanweisung nicht erfüllt wäre".[44] Im Unterschied hierzu haben starke Erlaubnisse einen normativen Selbststand, da sie auf Normen beruhen, die gegenüber den Verhaltensnormen logisch höherrangig sind und Ausnahmen zu deren Anwendbarkeit formulieren. Eine starke Erlaubnis

> [...] formuliert eine Ausnahme zu dem Grundsatz, daß die Verhaltensanweisungen des Regelsystems zu befolgen seien, auf das [sie] sich bezieht. [...] Infolgedessen hat auch jede auf die Regelbefolgungspflicht bezogene Ausnahme „Unter den Voraussetzungen d, e, f brauchen die Verhaltensanweisungen des Systems nicht befolgt zu werden" ihren logischen Ort außerhalb des Systems [...]. „[Erlaubnis]" *bedeutet* dabei, daß in einem solchen Fall ebensowenig ein Verstoß gegen die Regelbefolgungspflicht vorliegt wie dann, wenn die Regelbefolgungspflicht überhaupt nicht bestünde.[45]

---

41 *Raz*, Practical Reason and Norms, 2. Aufl. (1999), 85 ff. Vgl. mit Blick auf die Einwilligung aktuell hieran anknüpfend *Dempsey*, Criminal Law and Philosophy 2013, 11 ff. und *Healey*, Criminal Law and Philosophy 2018, 1 ff.

42 *Hruschka*, in: Jescheck (Hrsg.), Festschrift Dreher (1977), 189 ff.; vgl. ebenfalls *Hruschka*, Strafrecht nach logisch-analytischer Methode, 2. Aufl. (1988), 366.

43 Vgl. hierzu *Renzikowski* (Fn. 21), 139.

44 Vgl. *Hruschka* (Fn. 42), 189 f. Anschaulich heißt es insoweit auch bei *Raz* (Fn. 41), 96: „One grants a weak permission if one can and does change the reasons against an action so that its omission is no longer required." So gesehen, betrachtet auch die Auffassung, die ausgehend von einem idealen Rechtsgutsbegriff der Einwilligung tatbestandsausschließende Wirkung beimisst, die Einwilligung als schwache Erlaubnis. Denn schützt die Verhaltensnorm die im Rechtsgut inbegriffene Rechtsmacht des Rechtsgutsinhabers, ist die Nicht-Zustimmung des Rechtsgutsinhabers Bedingung für die Erfüllung des Normtatbestands. Vgl. hierzu auch *Hruschka* (Fn. 42), 191, Fn. 3.

45 *Hruschka* (Fn. 42), 190.

2. *Zustimmung und Berechtigung der Regelbefolgungspflicht*

Nun hat *Hruschka* überzeugend nachgewiesen, dass die unrechtsausschließende Wirkung der Zustimmung (*volenti non fit iniuria*) nur eine starke Erlaubnis im vorgenannten Sinne sein kann:

> Die Annahme einer Regelbefolgungspflicht schließt nämlich notwendig die Annahme eines bestimmten [...] Subjekts mit ein, dem die Regelbefolgung geschuldet wird. Denn „Pflicht" und „Schuld" können ohne Beziehung auf einen Berechtigten nicht gedacht werden, weil sich nicht widerspruchsfrei sagen läßt, daß ich zwar etwas schulde, das Geschuldete aber niemandem schulde [...]. Nun kann man aber nur dann sagen, daß einem Subjekt ein Recht auf die Regelbefolgung durch den Verpflichteten zusteht, wenn der Berechtigte die damit gegebene Bindung des Verpflichteten an ihn auch lösen, wenn er den Verpflichteten von seiner Pflicht auch entbinden kann. Daraus ergibt sich, daß dem Einwilligenden niemals ein Unrecht geschieht.[46]

Hruschka präsentiert hier ein transzendentales Argument, das auf das Strafrecht gewandt wie folgt paraphrasiert werden kann:

> (1) Kriminalunrecht besteht in der Verletzung der Straftatbeständen zugrundeliegenden Verhaltensnormen, zu deren Befolgung eine Pflicht besteht,[47]
> (2) und da eine Pflicht nicht ohne Berechtigung, Berechtigung wiederum nicht ohne die Befugnis, von der Pflicht zu befreien, gedacht werden kann,[48]

---

46 *Hruschka* (Fn. 42), 198.

47 Prämisse ist damit, dass Strafrechtnormen Bestimmungsnormen im Sinne *Bindings*, Die Normen und ihre Übertretung, Neudr. d. 4. Aufl. (1965=1922), 97 sind. So auch die wohl h.M., vgl. nur *Wolter*, Objektive und personale Zurechnung von Verhalten, Gefahr und Verletzung in einem funktionalen Straftatsystem (1981), 47, 54 f.; *H.-L. Günther*, Strafrechtswidrigkeit und Strafunrechtsausschluß (1983), 95; *Paeffgen*, in: Dornseifer/Horn (Hrsg.), Gedächtnisschrift Kaufmann (1989), 399, 414 f.; *Jescheck/Weigend* (Fn. 4), § 24 II 2; *Haas* (Fn. 21), 7 ff.; *Renzikowski*, GA 2007, 561, 563 ff.; jedoch Normen – im Sinne *Kelsens* – allein als Befehle an den Rechtsstab interpretierend *Schmid*, Das Verhältnis von Tatbestand und Rechtswidrigkeit aus rechtstheoretischer Sicht (2002), 59 ff.

48 Als weitere Prämisse wird insoweit ein willenstheoretisches Verständnis subjektiver Rechte (s. dazu unten D.) zugrunde gelegt. Vgl. zu der sich hier aufdrängenden Frage, ob das Strafrecht mit Blick auf Einwilligungsschranken nicht auch Berechtigungen ohne Dispositionsbefugnis kennt, unten Fn. 67.

(3) geschieht folglich demjenigen kein Kriminalunrecht, der durch seine Zustimmung die Pflicht zur Befolgung der Verhaltensnormen aufgehoben hat.

Die spannende Frage ist somit: *Wem* ist die Regelbefolgungspflicht geschuldet, sodass dessen Zustimmung zum Unrechtsausschluss führt? Geht man von einem realen Rechtsgutsbegriff aus und versteht die Einwilligung als Rechtfertigungsgrund, kann dies nur der jeweilige Rechtsgutsinhaber sein. Da nämlich dessen Zustimmung nicht zum Unrechtsausschluss auf Ebene des Normtatbestands führen soll,[49] kann ein Unrechtsausschluss nur durch Entfallen der Regelbefolgungspflicht zustande kommen. Dann gilt:

(2) Eine Pflicht kann nicht ohne Berechtigung, Berechtigung wiederum nicht ohne die Befugnis, von der Pflicht zu befreien, gedacht werden.
(3*) Bei Zustimmung des Rechtsgutsinhabers geschieht kein Kriminalunrecht, *weil* durch seine Zustimmung die Pflicht zur Befolgung der Verhaltensnormen entfällt.
(4) Der zustimmungsbefugte Rechtsgutsinhaber ist der Berechtigte der Regelbefolgungspflicht.

Den Rechtsgutsinhaber als Berechtigten der Regelbefolgungspflicht zu qualifizieren, führt jedoch dazu, dass das Strafrecht nur noch abhängig von dessen Willen Aussagen über die Verletzung real-wertvoll konzipierter Rechtsgüter treffen kann. Denn es gilt:

(5) Ein Rechtsgut ist strafrechtlich genau dann real wertvoll, wenn die in der Tatbestandsmäßigkeit einer Handlung liegende Normwidrigkeit einen eigenständigen rechtlichen Unwert unabhängig vom Willen des Betroffenen begründet.
(2+4) Wenn der Rechtsgutsinhaber der Berechtigte der Regelbefolgungspflicht ist, ist die Verhaltensnorm im konkreten Fall nur gültig, sofern er nicht die Regelbefolgungspflicht ihm gegenüber *qua* Zustimmung aufhebt.
(6) Die Frage der rechtlichen Werthaftigkeit eines Gutes kann folglich nicht unabhängig vom Willen des Rechtsgutsinhabers beantwortet werden.

---

49 Anders verhält es sich nach der Gegenauffassung, vgl. oben Fn. 44.

Damit das Strafrecht eine Aussage über die Normwidrigkeit einer konkreten Handlung treffen kann, muss die Verhaltensnorm in Geltung sein. Daran fehlt es jedoch, wenn die Normbefolgungspflicht im konkreten Fall vom Willen des Rechtsgutsinhabers abhängt (Zustimmung als starke Erlaubnis). Die fragliche Handlung ist dann weder geboten noch verboten, sondern rechtlich überhaupt nicht pflichtig (d.h. absolut erlaubt), da sich das Strafrecht – mangels Geltung der Verhaltensnorm im konkreten Fall – zur betreffenden Handlung indifferent verhält.[50] Somit steht der Schutz von Individualrechtsgütern durch Verhaltensnormen stets unter der *provisio* fehlender Zustimmung des Rechtsgutsinhabers.

Dass die Geltung der Verhaltensnorm im konkreten Fall von individueller Zustimmung abhängt, impliziert freilich nicht, dass die Verhaltensnorm den Schutz dieser Zustimmungsbefugnis bezweckt. Wohl aber zeigt das obige Erlaubnisargument, dass Strafgesetze ungeachtet dessen, was sie zu schützen beabsichtigen, im konkreten Fall nur Verletzungen (individueller) Rechtsmacht und damit von subjektiven Rechten bzw. Rechtsverhältnissen erfassen können. Denn überall dort, wo der Rechts(guts)inhaber seine privat- oder öffentlich-rechtlich begründeten subjektiven Rechte *qua* Zustimmung gegenüber anderen preisgibt, hebt er für den konkreten Fall die Regelbefolgungspflicht bzgl. der den Straftatbeständen zugrunde liegenden Verhaltensnormen auf.[51] Ein Urteil, ob das in Frage stehende Verhalten strafrechtlich missbilligt und zu unterlassen ist, lässt sich mangels Anwendbarkeit der Verhaltensnorm nicht treffen.[52] Beispielsweise besteht ein strafrechtlicher Eigentumsschutz nach § 303 StGB nur insoweit,

---

50 Mangels Gültigkeit der Verhaltensnorm ist die Handlung strafrechtlich weder als Unwert zu qualifizieren (Ausfall der Bewertungsfunktion der Verhaltensnorm) noch besteht eine korrespondierende Unterlassungspflicht (Ausfall der Bestimmungsfunkton der Verhaltensnorm). Vgl. zur Unterscheidung von Bewertungs- und Bestimmungsfunktion von Verhaltensnormen m.w.N. nur *Philipps*, in: Hassemer/Neumann/Saliger (Hrsg.), Einführung in Rechtsphilosophie und Rechtstheorie der Gegenwart, 9. Aufl. (2016), 291 ff. und *Roxin* (Fn. 18), § 10 Rn. 93.

51 Daher kann *Hruschka* (Fn. 42), 191 f. mit Fn. 3 auch zutreffend herausstellen, dass die Qualifizierung der Zustimmung als starke Erlaubnis davon unabhängig ist, ob der Gesetzgeber dem in der rechtstechnischen Umsetzung folgt oder aber die Zustimmung regelungstechnisch (auch) als intrasystematischen Rechtfertigungsgrund (schwache Erlaubnis) fasst.

52 Freilich hat die hier vorgenommene Verhältnisbestimmung von Ge-/Verbotsnormen und Erlaubnisnormen – entgegen einiger Vertreter der Lehre vom Leitbildtatbestand – zur Konsequenz, dass Tatbestandsmäßigkeit keine eigenständige Wertungsstufe mit Blick auf das Kriminalunrecht enthält; so aber z.B. *Hirsch*, Die Lehre von den negativen Tatbestandsmerkmalen (1960), 68; *Kaufmann*, Lebendiges und Totes in Bindings Normentheorie (1954), 149 ff.; *Welzel* (Fn. 7), 80 f. so-

als eine Handlung auch die zivilrechtliche Rechtsmacht des Eigentümers (seine Ausschluss- und Nutzungsbefugnisse in Bezug auf den Eigentumsgegenstand) beeinträchtigt. *De facto* kommt es damit zu einem Gleichlauf von individueller Kontrolle über strafbewehrte Verhaltenspflichten und subjektiv-rechtlicher Rechtsmacht in Bezug auf ein Rechtszuweisungsobjekt. Strafrechtsschutz läuft damit *im Ergebnis* auf den Schutz subjektiver Rechte hinaus.[53]

D. *Verletzung in eigenen Rechten*

Was folgt nach alldem aus der strafrechtsdogmatischen Behandlung der Einwilligung für die Lehre vom Verbrechen als Rechtsverletzung? Zum einen liefert die Einwilligungsdogmatik gute Gründe für die Vorzugswürdigkeit der – wie ich es nennen möchte –„klassischen“ Rechtsverletzungslehre: Wenn man mit Teilen der Strafrechtswissenschaft der Einwilligung auf Grundlage eines idealen Rechtsgutsbegriffs, der Gut und darauf bezogene Rechtsmacht des Einzelnen integriert, tatbestandsausschließende Wirkung beimessen möchte, ist man der Sache nach bei der Lehre vom Verbrechen als Rechtsverletzung angelangt: Bezweckt Strafrecht den Schutz ideal verstandener Rechtsgüter, *bezweckt es* letztlich den Schutz subjektiver Rechte. Soweit man hingegen mit der vorherrschenden Ansicht der Einwilligung rechtfertigende Wirkung beimisst, weil Rechtsgüter unabhängig vom Individualwillen als real-wertvoll angesehen werden, reicht man im Ergebnis nicht über die Rechtsverletzungslehre hinaus. Man ist nämlich gezwungen, die rechtfertigende Einwilligung als starke Erlaubnis zu verstehen, bei der der Rechtsgutsinhaber der Berechtigte der Normbefolgungspflicht ist, sodass die Gültigkeit der den Straftatbeständen zugrundeliegenden Verhaltensnormen im konkreten Fall von dessen Willen abhängt. Ein Urteil über die Normwidrigkeit einer Handlung und damit

wie m.w.N. wohl auch NK-StGB-*Zabel/Paeffgen* (Fn. 32), vor § 32 Rn. 8 und 15. Vgl. wie hier jedoch *Engisch*, ZStW 1958, 566, 596 ff.; *Frisch*, Vorsatz und Risiko (1983), 244 f.; *Wolter* (Fn. 47), 143 f./147 und *Renzikowski* (Fn. 21), 156 ff.

53 Dies gilt auch unter Zugrundelegung eines funktionalen Strafrechtsgutsbegriffs. Wenn nämlich die Geltung einer Verhaltensnorm im konkreten Fall vom Willen des Rechts(guts)inhabers abhängt, dann schützt – mit *Jakobs* gesprochen – das Strafrecht vor der Desavouierung der Norm nur vorbehaltlich der Zustimmung des Rechts(guts)inhabers. Dies läuft jedoch ebenfalls auf einen Schutz vor Verletzung seiner diesbezüglichen Rechtsmacht hinaus, d.h. auf einen Schutz seines subjektiven Rechts.

über die Verletzung eines durch eine Verhaltensnorm geschützten Rechtsguts ist mithin bei Zustimmung des Rechtsgutsinhabers nicht möglich: Bezweckt Strafrecht den Schutz real verstandener Rechtsgüter, läuft es dennoch *de facto* auf den Schutz subjektiver Rechte hinaus.

Zum anderen – und das ist die eigentlich bedeutsame Konsequenz – wird an der Einwilligung deutlich, dass bei Individualrechtsgütern strafbewehrten Verhaltenspflichten ein subjektives Recht des Rechts(guts)trägers korrespondiert. Hierin liegt ein wesentlicher Unterschied zur „klassischen“ Rechtsverletzungslehre. Nach dieser ist „[d]ie Verletzung des subjektiven Rechts [...] der *Anlass*, die Übertretung der öffentlich-rechtlichen Verhaltensnorm [...] der *Grund* für die Bestrafung“. Es sei das Recht der staatlich verfassten Allgemeinheit, das „missachtet wird, wenn der Täter die Verbotsnorm übertritt. Die Berechtigung des Bürgers ist [...] nur eine mittelbare“[54]. Dahinter steht die Vorstellung, dass es mit dem öffentlich-rechtlichen Charakter des Strafrechts unvereinbar sei, die „den Strafrechtssätzen zugrundeliegenden Imperative [*sc.* zu] ‚privatisieren‘“:

> Begreift man das subjektive Rechte als Befugnis autonomer, privater Normsetzung – nämlich als Berechtigung, andere kraft des eigenen Willens seinen Maßstäben entsprechend von einem bestimmten Herrschaftsbereich auszuschließen –, wird unmittelbar einsichtig, daß sich die Maßstäbe der in den Verhaltensge- und verboten normierten rechtlichen Anforderungen in diesem Sinne nicht der willkürlichen Festsetzung eines einzelnen verdanken. Sie werden von der staatlich verfaßten Gemeinschaft [...] in Geltung gesetzt. [...] Als Urheber der Verhaltensnormen ist die Allgemeinheit Berechtigter. Wer die Verhaltensnormen beachtet, führt, sich dem Willen der Allgemeinheit unterwerfend, stellvertretend ihr Geschäft.[55]

Es ist zutreffend, dass – im Einklang mit der ganz herrschenden Auffassung in der Strafrechtswissenschaft[56] – Verhaltensnormen (wie aber auch die darauf bezogenen Erlaubnissätze) öffentlich-rechtlicher Natur sind, insoweit deren Begründung und Ausgestaltung geltungstheoretisch von der staatlich verfassten Gemeinschaft abhängen. Hingegen ist es unzutreffend,

---

54 *Renzikowski*, GA 2007, 561, 564/568.

55 *Haas* (Fn. 21), 78 f. unter Zugrundelegung der ebd., 55 f. entwickelten Definition subjektiver Rechte.

56 Vgl. nur *Otto*, Pflichtenkollision und Rechtswidrigkeitsurteil, 3. Aufl. (1978), 15, 49; *H.-L. Günther* (Fn. 47), 95; *Frisch*, Tatbestandsmäßiges Verhalten und Zurechnung des Erfolgs (1988), 144; *Frister*, GA 1988, 291, 300; *Jescheck/Weigend* (Fn. 4), § 24 II 1 f.; *Haas* (Fn. 21), 76; *Renzikowski*, GA 2007, 561, 563 f.

aus dem „staatlichen Ursprung" der Verhaltensnorm darauf zu schließen, dass der Staat auch Berechtigter der hiernach begründeten konkreten Verbindlichkeit, d.h. der Verhaltenspflicht, ist.[57]

Begriffsgeschichtlich hat das subjektive Recht sicherlich viele Umdeutungen erfahren.[58] Doch wurde dabei die individuelle Willensmacht als funktionales Kernelement subjektiver Rechte im Ergebnis nie aufgegeben, wenn etwa *Jellinek* – hier stellvertretend für die noch immer vorherrschende Kombinationstheorie –[59] das subjektive Recht als „die von der Rechtsordnung anerkannte und geschützte, auf ein Gut oder Interesse gerichtete *menschliche Willensmacht*" begreift.[60] Diese juristische Begriffsbestimmung deckt sich im Wesentlichen mit dem rechtstheoretischen Verständnis subjektiver Rechte, wie es im Rahmen einer Willenstheorie zugrunde gelegt wird. Ein subjektives Recht zeichnet sich danach – erstens – durch eine Korrelation von Anspruch und Pflicht in Bezug auf ein bestimmtes Verhalten aus:

> $Axyv =_{df} Pyxv$
> (Person x hat gegenüber Person y einen Anspruch (A) auf das Verhalten v, genau dann wenn y gegenüber x die Pflicht (P) hat, v zu realisieren.)[61]

Darüber hinaus bedarf es – zweitens – eines Kriteriums um diese Korrelation zuzuschreiben: Wie lässt sich bestimmen, dass jemand *mir gegenüber* eine Pflicht hat, sodass der Rechtsadressat (das Pflichtsubjekt) den Rechtsgegenstand *mir schuldet* und – im Falle der Zuwiderhandlung – *mir* Un-

57 So jüngst auch *Knierim* (Fn. 24), 35.

58 Vgl. zur juristischen Begriffsgeschichte des subjektiven Rechts konzis *Coing*, in: Stepanians (Hrsg.), Individuelle Rechte (2007), 33 ff.

59 Vgl. etwa *Regelsberger*, Pandekten (1893), § 14, 74 f.; *Nipperdey/Enneccerus*, Allgemeiner Teil des Bürgerlichen Rechts (1959), § 72, 428 f.; *Larenz/Wolf*, Allgemeiner Teil des Bürgerlichen Rechts, 8. Aufl. (1997), § 14 Rn. 10 ff., insb. 18 f., 272 ff. sowie auch noch 9. Aufl. (2004), § 14 Rn. 1; *Auer*, AcP 2008, 584, 593 f.; *Chelidonis*, Jura 2010, 726, 729.

60 So *Jellinek*, System der subjektiven öffentlichen Rechte, Nachdr. d. 2. Aufl. (2011=1905), 44, meine Herv. Vgl. zur Rezeption des subjektiven Rechts im öffentlichen Recht umfassend *Bauer*, Geschichtliche Grundlagen der Lehre vom subjektiven öffentlichen Recht (1986) sowie zuletzt mit eingehender Kritik *Buchheim*, Actio, Anspruch, subjektives Recht (2017), insb. 66 ff.

61 Nach *Koller*, in: Stepanians (Hrsg.), Individuelle Rechte (2007), 36, 89.

recht tut?[62] Klassischerweise verlangt hierfür die Willenstheorie subjektiver Rechte, dass der Rechtsinhaber die Pflicht des Rechtsadressaten kontrolliert, so etwa *Hart*:

> The idea is that of one individual being given by the law exclusive control, more or less extensive over another person's duty so that in the area of conduct covered by that duty the individual who has the right is a small-scale sovereign to whom the duty is owed.[63]

Diese deontische Kontrolle kann unterschiedlich stark ausgeprägt sein und auf unterschiedlichen Ebenen verschiedenen Personen zugeordnet werden; so differenziert *Steiner* zurecht zwischen der Kontrolle:

> 1 to waive compliance with the duty (i.e. extinguish it);
> 2 to leave the duty in existence (i.e. demand compliance with it);
> 3 to waive proceeding for the enforcement of the duty [...] and thereby forgive its breach;
> 4 to demand proceeding for the enforcement of the duty;
> 5 to waive enforcement;
> 6 to demand enforcement.[64]

Von dieser kurzen Analyse subjektiver Rechte[65] ausgehend möchte ich subjektive Rechte daher bestimmen als Ansprüche einer Person, denen gerichtete Pflichten anderer korrelieren und über die diese Person ein Mindestmaß an Kontrolle verfügt.

Legt man dieses – juristisch-begriffsgeschichtlich wie auch rechtstheoretisch motivierte – Verständnis subjektiver Rechte zugrunde, so zeigt die Einwilligung im Strafrecht, dass die Verletzung von Individualrechtsgütern – *materialiter* wie *formaliter* – als Verletzung subjektiver Rechte interpretiert werden kann: Die Einwilligungsdogmatik liefert, wie gezeigt, gute Gründe dafür, Kriminalunrecht in der Verletzung *materieller* subjektiver

---

62 Gerade das ist es, was *gerichtete Pflichten*, d.h. Pflichten in Bezug auf deren Erfüllung ein subjektives Recht besteht, auszeichnet, vgl. nur *Feinberg*, in: ders. (Hrsg.), Rights, Justice and the Bounds of Liberty (1980), 143 ff.; *Hart*, in: ders. (Hrsg.), Essays on Bentham (1982), 162, 183 ff.; *Thompson*, in: Wallace (Hrsg.), Reason and Value (2006), 333 ff.

63 *Hart* (Fn. 62), 183. Vgl. ähnlich *Wellman*, A Theory of Rights (1985), 27 ff.; *Steiner*, An Essay on Rights (1994), 55 ff. und – obgleich diese Kontrolle und damit subjektive Rechte auf die bloße Klagemöglichkeit reduzierend – *Kelsen*, Reine Rechtslehre, 2. Aufl. (1960), 140 f.

64 *Steiner* (Fn. 63), 69 im Anschluss an die vorgenannte Differenzierung *Harts*.

65 Vgl. die rechtstheoretische Debatte umfassend aufarbeitend m.w.N. *Schnüriger*, Eine Statustheorie moralischer Rechte (2014).

Rechte zu erblicken, welche durch Verhaltensnormen geschützt werden.[66] Die unrechtsausschließende Wirkung der Einwilligung zeigt aber auch, dass die Einhaltung bzw. Erfüllung der aus einer Verhaltensnorm resultierenden strafbewehrten Verhaltenspflicht *formaliter* ein subjektives Recht der hiervon konkret begünstigten Rechts(guts)inhaberin ist. Denn sie kontrolliert (freilich im Rahmen strafrechtlicher Einwilligungsschranken)[67] diese Pflicht, wenn sie die Verhaltenspflicht *qua* Zustimmung aufheben kann.[68] Und das macht den „Anspruch auf strafrechtliche Pflichterfüllung" zu ihrem subjektiven Recht. Mithin schuldet das Subjekt strafbewehrter Verhaltenspflichten die Pflichterfüllung (zumindest auch)[69] *der Verletzten* und tut – im Falle der Zuwiderhandlung – gerade *ihr* Unrecht.

---

66 Das verstehe ich unter einer Rechtsverletzung *materialiter*, deren Nachweis Abschnitt C. galt.

67 Das Vorliegen von Einwilligungsschranken (etwa § 216, 218a, 228 StGB) stellt den hier vertretenen subjektiv-rechtlichen Unrechtsbegriffs nicht als solchen in Frage. Allenfalls wird durch Einwilligungsschranken – so sie denn begründbar sind – der Bereich eingeschränkt, in dem die Rechtsordnung die Kontrolle über strafbewehrte Verhaltenspflichten *ausschließlich* dem Individuum zuweist. Bspw. lässt sich § 216 StGB mit *Hruschka* (Fn. 42), 198 Fn. 16 so deuten, „daß die Befolgung des Tötungsverbots nicht nur dem Getöteten, sondern auch ‚der Gesellschaft' geschuldet wird. Mit der Tötung des Einwilligenden geschieht diesem kein Unrecht, wohl aber geschieht ‚der Gesellschaft' damit ein Unrecht."

68 Dies gilt – wohlgemerkt – unabhängig davon, welche Wirkung man der Einwilligung zuschreibt oder wie man das Verhältnis von Verhaltensnormen und Erlaubnissen bestimmt. Es kommt alleine darauf an, *dass* das Bestehen der konkreten strafbewehrten Verhaltenspflicht von der Rechtsgutsinhaberin abhängt. Hierfür ist es sekundär, ob man diese deontische Kontrolle auf Ebene der Verhaltensnorm (Zustimmung verhindert Entstehen der Verhaltenspflicht) oder auf Ebene der Erlaubnisnorm (Zustimmung führt zum Entfallen der Regelbefolgungspflicht) ansetzen lässt.

69 Die sich freilich aufdrängende Frage, ob und inwieweit eine Straftat in diesen Fällen *auch* als Verletzung des die Rechtsgemeinschaft repräsentierenden Staates interpretiert werden kann, muss ich an dieser Stelle unbeantwortet lassen. Dies ist m.E. möglich, indem man subjektive Rechte als durch die Rechtsgemeinschaft eingeräumte Berechtigungen interpretiert, sodass eine subjektive Rechtsverletzung immer auch eine Verletzung der Rechtsgemeinschaft darstellt. Vgl. mit Überlegungen in diese Richtung etwa *Darwall*, in: ders. (Hrsg.), Morality, Authority and Law (2013), 30 ff.

E. Die Verletzte – Prozesssubjekt in eigener Sache

Ich möchte nun noch einmal zum Ausgang meiner Überlegungen zurückkommen: Findet die Stärkung der Rechtsstellung des Verletzten im Strafverfahren einen Widerhall in der materiellen Strafrechtsdogmatik? Das Ergebnis der vorstehenden Untersuchung kann nur sein: ja, denn der Verletzte einer Straftat ist in eigenen Rechten betroffen. Folglich ist es nur konsequent, die Beteiligung des Verletzten im Strafverfahren als Verfahrensteilhabe in eigener Sache zu begreifen. Der Verletzte ist Prozesssubjekt, gerade weil er von einer Straftat als Rechtssubjekt betroffen ist.

Hiergegen mag nun eingewandt werden, dies zeichne ein gänzlich falsches Bild vom Strafverfahren: Ziel des Strafprozesses sei die Durchsetzung des staatlichen Strafanspruchs. Private Rechtsverfolgung sei Sache des Zivilprozesses. Strafrecht und Strafverfahren derart subjektiv-rechtlich aufzuladen, verwische zudem die Grenzen zwischen Zivilunrecht und Kriminalunrecht. Ob und in welchem Maße solche Einwände berechtigt sind, muss an dieser Stelle unbeantwortet bleiben. Jedenfalls ging es mir hier nicht darum, ein gänzlich neues Bild des Strafverfahrens zu zeichnen. Ziel dieser Untersuchung war lediglich, der besonderen Stellung des Verletzten im Strafverfahren eine materiell-rechtliche Legitimation zu verleihen. *Dass* der Verletzte im Strafverfahren vielfach ein mit eigenen Rechten ausgestattetes Prozesssubjekt ist, lässt sich kaum bestreiten. Akzeptiert man dies, so bedarf diese Verfahrensstellung einer Rechtfertigung, die – wie die des Strafverfahrens als solchem –[70] bereits im materiellen Strafrecht ansetzt. Anderenfalls bleiben Verletztenrechte ein Fremdkörper im Strafprozess.

Das von mir vorgelegte Verständnis von Kriminalunrecht als Verletzung in eigenen Rechten leistet genau dies. Mehr noch: Es führt prozessuale Sonderbefugnisse, die eine in Individualrechtsgütern Verletzte hat, auf ein *einheitliches* Prinzip zurück: Mit Nebenklage, Privatklage, Täter-Opfer-Ausgleich, aber auch absoluter Strafantragsbefugnis und Klagerzwingungsverfahren reagiert die Rechtsordnung in unterschiedlich starkem Maße[71]

---

70 Auch wenn dem Strafprozess nicht (mehr) eine ausschließlich dienende Funktion zugeschrieben wird, bezweckt der Strafprozess gleichwohl die Verwirklichung des materiellen Strafrechts. Vgl. dazu eingehend mit m.w.N. *Murmann*, GA 2004, 65 ff. sowie unter besonderer Berücksichtigung der Verletztenstellung *Kleinert* (Fn. 19), 227 ff. und *Anders*, ZStW 2012, 374, 393 ff.

71 So lassen sich – zieht man die Differenzierung *Steiners* heran, (Fn. 63), 48 – Neben- und Privatklage *grosso modo* als Ausdruck subjektiv-rechtlicher Kontrolle der Ebene 1 bzw. 2, absolute Strafantragsbefugnis und Klagerzwingungsverfahren der Ebene 3 bzw. 4 sowie Täter-Opfer-Ausgleich der Ebene 5 bzw. 6 begreifen.

auf die Tatsache, dass durch bestimmte Formen von Kriminalunrecht gerade der Verletzten Unrecht getan wird. Ein solches subjektiv-rechtliches Verständnis von Kriminalunrecht schafft damit allererst das dogmatische Fundament, um die vorgenannten Rechtsinstitute nicht nur als strafprozessuale Institute *sui generis* hinzunehmen, sondern aus dem Wesen strafrechtlichen Unrechts zu begründen.

Opferschutz und Verjährung im Spiegel der EGMR-Judikatur: Überlegungen zu den opferbezogenen Schutzpflichten im staatlichen Strafrechtssystem

Lukas Staffler, Zürich

Der staatliche Strafanspruch steht insbesondere dann in einem besonderen Spannungsfeld zu den Opferrechten,[1] wenn man sich seine Vergänglichkeit in Form der Verjährung vor Augen hält. Deshalb wird die strafrechtliche Verjährung in der Rechtsprechung des EGMR gelegentlich als Kontrapunkt zur wirksamen Durchsetzung der Opferrechte im Strafverfahren wahrgenommen. Der Beitrag beleuchtet diesbezüglich Grundfragen zu den Schutzpflichten des Staates aus EMRK-Perspektive und geht dabei zunächst auf die staatlichen Schutzpflichten bei der Strafgesetzgebung ein (unter A.), bevor er die Verjährungsrechtsprechung des EGMR näher erörtert (unter B.). Nach dieser Auswertung wird (unter C.) die grundsätzliche Frage aufgeworfen, warum der EGMR auf dem Schutz durch Strafrecht beharrt.

A. Staatliche Schutzpflichten und Strafgesetzgebung

Ausgangspunkt für die Befassung mit dem Spannungsfeld zwischen den staatlichen Schutzpflichten und der strafrechtlichen Verjährung ist die Freiheit des Staates bei der Gestaltung seiner Strafgesetzgebung. Der Rechtsstaat ist grundsätzlich frei, Verhaltensweisen als strafwürdig zu definieren und diese Verhaltensvorschrift mit einer strafrechtlichen Sanktion zu versehen. Ebenso gilt diese gesetzliche Gestaltungsfreiheit für die zeitliche Geltung des staatlichen Strafanspruchs, der in der strafrechtlichen Verjährung zum Ausdruck kommt. Es entspricht der einhelligen Auffassung, dass sowohl das Bedürfnis nach Ausgleich von begangenem Unrecht und

1 Einführend zur Thematik etwa *Kilchling*, NStZ 2002, 57; siehe auch *Frischknecht*, ZStrR 2008, 434, 442, wonach das Opfer grundsätzlich ein tatsächliches Interesse an einer zeitlich möglichst unbegrenzten Verfolgung und Bestrafung des Täters hat, sein Interesse jedoch rechtlich nicht geschützt sei, weil der Strafanspruch einzig dem Staat zustehe.

die damit verbundenen Implikationen der angestrebten Bewährung der Rechtsordnung als auch die spezialpräventiv notwendige Einwirkung auf den Täter mit fortschreitender Zeit schwinden. Daneben nehmen mit dem Zeitablauf Beweisschwierigkeiten – und damit verbunden das Risiko von Fehlurteilen – zu, weshalb die Verjährung mithin die Tätigkeit der Strafverfolgungsbehörden diszipliniert.[2] Nicht nur die angesprochenen materiellen und prozessualen Gesichtspunkte[3] beeinflussen die Gestaltung der Verjährung durch den Strafgesetzgeber derart, dass die jeweiligen Fristen in vielen Deliktsbereichen an die Strafrahmenobergrenze gekoppelt sind. Es fließen ferner auch unterschiedliche Interessensschwerpunkte kriminalpolitischer Natur ein, bei der Verjährung bestimmte Sonderregelungen bei der zeitlichen Vergänglichkeit des staatlichen Strafanspruchs festzulegen.[4] Das zeigt etwa das Beispiel des § 78b Abs. 1 Nr. 1 dStGB mit seinen opferbezogenen Ruhensgründen der Verjährung.

Insgesamt obliegt also dem Strafgesetzgeber die Berücksichtigung und Gewichtung der unterschiedlichen Interessen bei der Ausformung der zeitlichen Dimension des Strafgewaltenmonopols. Diese Gestaltungshoheit in Strafsachen durch den Gesetzgeber stellt das verfassungsrechtlich verankerte Gesetzlichkeitsprinzip sicher, das in der gewaltenteilenden Demokratie die Strafrechtssetzungskompetenz dem Volk als Träger der Staatsgewalt zuspricht.[5] Mit dieser Kompetenzzuweisung[6] geht also eine weitreichende Gestaltungsfreiheit des Gesetzgebers einher, nämlich welche Rechtsgüter in welchem Ausmaß und wie lange durch die Mittel des Strafrechts geschützt werden. Die Freiheit der strafrechtlichen Normerzeugung und -gestaltung ist sehr weitreichend, jedoch nicht absolut, wie die Diskussion zum Strafverfassungsrecht zeigt.[7] Die Konturen zur Gestaltung des innerstaatlichen Strafrechts werden allerdings nicht nur durch die Verfassung

---

2 Zu den unterschiedlichen Begründungen der strafrechtlichen Verjährung jüngst *Asholt*, Verjährung im Strafrecht (2016), 90 ff. m.w.N.

3 Vgl. den Überblick bei MüKo-StGB-*Mitsch*, Bd. II, 3. Aufl. (2016), § 78 Rn. 3, 4.

4 Dazu zählen nach *Hörnle*, GA 2010, 389, 394 bei bestimmten Deliktsarten auch Genugtuungsinteressen des Opfers; kritisch etwa NK-StGB-*Saliger*, 5. Aufl. (2017), Vor §§ 78 ff. Rn. 19.

5 Vgl. *Roxin*, Allgemeiner Teil Bd. I (2006), § 5 Rn. 20.

6 Vgl. *Staffler*, ZStW 2018, 1147, 1148 f. m.w.N.

7 Instruktiv *Burchard*, in: Tiedemann u.a. (Hrsg.), Die Verfassung moderner Strafrechtspflege. Erinnerungen an Joachim Vogel (2016), 27, 30 ff.; kritisch insb. *Greco*, in: Brunhöber u.a. (Hrsg.), Strafrecht und Verfassung (2013), 13 ff.; in jüngerer Zeit wird die Diskussion zu den Grenzen der Strafrechtsgestaltung auch über die außerstrafrechtliche Rechtswissenschaft kritisch bereichert, vgl. *Gärditz*, Staat und Strafrechtspflege (2015). Braucht die Verfassungstheorie einen Begriff von Strafe?

gezogen.[8] Auch die Errichtung internationaler Institutionen oder der Abschluss internationaler Abkommen kann ein innerstaatliches Pönalisierungsgebot oder zumindest einen dahingehenden Leistungsdruck für den Gesetzgeber – sei es ausdrücklich oder implizit – auslösen.[9]

So verhält es sich auch mit der Europäischen Menschenrechtskonvention (EMRK).[10] Denn Art. 1 EMRK verpflichtet die Vertragsstaaten der EMRK unmittelbar, im jeweiligen Hoheitsgebiet jeder Person die Wirksamkeit der Grundrechte und Freiheiten des ersten Abschnitts der EMRK zuzuerkennen,[11] weshalb die Vertragsstaaten Verletzungen dieser Rechte und Freiheiten durch ihre eigenen Organe zu verantworten haben.[12] Insofern treffen die Staaten entsprechende Schutzpflichten.[13]

Dabei wird grundsätzlich zwischen den negativen Abwehrrechten einerseits und positiven Schutzpflichten des Staates andererseits unterschieden.[14] Der Logik der Abwehrrechte entsprechend ist es dem Staat verboten, Handlungen vorzunehmen, die Grundrechte verletzen.[15] Die positi-

---

(2015), 41 f.; *Nettesheim*, Verfassungsrecht und Unternehmenshaftung: verfassungsrechtliches Freiheitskonzept und präventionsgetragene Verschärfung des Wettbewerbssanktionsrechts (2018), 1 ff.

8 Für einen Überblick siehe *Schuchmann*, in: Albrecht u.a. (Hrsg.), Strafrecht und Politik (2018), 31, 33 ff.

9 Z.B. das Übereinkommen des Europarates zum Schutz von Kindern vor sexueller Ausbeutung und sexuellem Missbrauch, das Pönalisierungspflichten in Art. 18, 20 und 21 enthält; grundlegend *Schmidt*, Externe Strafpflichten. Völkerstrafrecht und seine Wirkungen im deutschen Strafrecht (2002).

10 Instruktiv etwa *Altermann*, Ermittlungspflichten der Staaten aus der Europäischen Menschenrechtskonvention (2006), 20 ff. m.w.N.

11 EGMR (Pl), Urt. v. 18.01.1978, 5310/71, Irland/Vereinigtes Königreich, Rn. 239; ausführlich bei *Altermann* (Fn. 10), 106 ff. sowie SK-StPO-*Meyer*, Bd. X, 5. Aufl. (2019), Art. 1 Rn. 5, 45.

12 *Grabenwarter/Pabel*, EMRK (2016), § 17 Rn. 6; vereinzelt sind Judikate des EGMR zu finden, in denen die Verantwortung der Vertragsstaaten für den Schutz der Konventionsgarantien sogar jenseits der Staatsgrenze identifiziert wird: instruktiv zuletzt EGMR (GK), Urt. v. 29.01.2019, 36925/07, Güzelyurtlu u.a./Zypern u. Türkei, Rn. 178 ff., insb. auch zur zwischenstaatlichen Kooperationspflicht in transnationalen Fällen (Rn. 222 ff.).

13 Ausführlich etwa bei *Xenos*, The Positive Obligations of the State under the European Convention of Human Rights (2012), 91 ff.

14 Vgl. etwa *Eicker*, Die Prozeduralisierung des Strafrechts (2010), 259 f. m.w.N.

15 Vgl. etwa EGMR (GK), Urt. v. 30.06.2009, 32772/02, Verein gegen Tierfabriken/Schweiz, Rn. 79 (= NJW 2010, 3699); EGMR (GK), Urt. v. 12.09.2011, 28955/06 u.a., Sánchez u.a., Rn. 58; nach Einschätzung von *Ashworth*, Positive Obligations in Criminal Law (2013), 197 stellen negative Schutzpflichten (gegenüber positiven Schutzpflichten) die Strafrechtsordnung vor vergleichsweise geringe Herausforderungen.

ven Schutzpflichten hingegen verpflichten den Staat, wirksame Maßnahmen zu ergreifen, um dem Einzelnen als Grundrechtsträger die effektive Ausübung der in der EMRK garantierten Grundrechte zu ermöglichen.[16] Diese Schutzpflichten bedingen einerseits, dass legislative oder tatsächliche Hindernisse für die Ausübung der Grundrechte ausgeräumt werden müssen. Andererseits hat der Staat entsprechend tätig zu werden, um (etwa durch Handlungen von Privatpersonen) bedrohte Grundrechte zu be-

16 Ausgangspunkt der Rechtsprechung des EGMR zu den positiven Schutzpflichten war EGMR, Urt. v. 26.03.1985, 8978/80, X u. Y/Niederlande, Rn. 24, 27, 30, besprochen etwa bei *Ashworth* (Fn. 15), 199 f.; *Tomiak*, ZStW 2018, 804, 817 f. sowie *Tulkens*, Journal of International Criminal Justice 9 (2011), 577, 584. Im Sachverhalt ging es um den sexuellen Missbrauch einer geistig behinderten 16-jährigen in einem Kinderheim. Nachdem der Vater bei der Polizei Anzeige erstattet hatte, entschied die Staatsanwaltschaft, kein Verfahren zu eröffnen, weil insbesondere das Opfer nicht fähig sei, einen Willen zur Anzeigenerstattung zu äußern. Die vom Vater eingelegte Berufung wurde vom Berufungsgericht verworfen, da einerseits Zweifel an der Beweisbarkeit der Anklage bestanden, andererseits das Strafantragserfordernis fehle, weil die Tochter aufgrund ihres Alters selbst hätte Anzeige erstatten müssen, obwohl die Polizei sie hierfür für unfähig erkannt hatte. Im Verfahren vor dem EGMR bestätigte der Gerichtshof den grundsätzlichen Ermessensspielraum des Staates bei der innerstaatlichen Regelung der Garantien zur Achtung des Privatlebens i.S.v. Art. 8 EMRK. Die Wahl des Gesetzesinstruments ist aber unter Berücksichtigung des spezifischen Aspekts des Privatlebens zu bewerten. Beim sexuellen Kindesmissbrauch sei der zivilrechtliche Schutz unzureichend. Es ist nämlich eine Fallkonstellation, in der grundlegende Werte und wesentliche Aspekte auf dem Spiel stehen. Eine wirksame Abschreckung ist insofern unerlässlich, wobei diese einzig durch strafrechtliche Bestimmungen erreicht werden kann. Zwar würde im Konventionsstaat generell ein strafrechtliches Schutzsystem etabliert sein, jedoch falle der konkrete Einzelfall in eine Strafbarkeitslücke, die bis dahin offensichtlich nicht entdeckt worden war. Letztlich wurde dem Opfer durch das nationale Strafrechtssystem kein praktischer und wirksamer Schutz gewährt, weshalb eine Konventionsverletzung i.S.v. Art. 8 EMRK vorlag. Angedeutet hatte sich die Schutzpflichten-Rechtsprechung bereits vorher in EGMR (Pl), Urt. v. 13.06.1979, 6833/74, Marckx/Belgien, Rn. 31, besprochen etwa bei *Nußberger*, JZ 2019, 421, 423, 424 f. Dort führte der Gerichtshof aus, dass es bei Art. 8 EMRK im Wesentlichen darum gehe, den Einzelnen vor willkürlichen Eingriffen der Behörden zu schützen. Dies zwinge den Staat nicht nur, sich solcher Einmischungen zu enthalten. Zusätzlich zu diesen primär negativen Unterfangen können sich auch positive Verpflichtungen für eine effektive Achtung des Familienlebens ergeben; grundlegend zu den positiven Schutzpflichten insb. die monographischen Studien von *Dröge*, Positive Verpflichtungen der Staaten in der Europäischen Menschenrechtskonvention (2003) sowie *Mowbray*, The development of positive obligations under the European Convention on Human Rights by the European Court of Human Rights (2004).

schützen bzw. um die Entfaltung der Grundrechte und -freiheiten zu fördern.

I. Positive Schutzpflichten

Bei den positiven Schutzpflichten wird ferner zwischen materiellen und verfahrensrechtlichen Pflichten unterschieden. Die materiellen Schutzpflichten sollen den Staat auf Legislativ-, Verwaltungs- und Rechtsprechungsebene dazu anhalten, entsprechende Instrumente bereitzuhalten, um den Schutz der Grundrechte zu gewährleisten.[17] Die verfahrensrechtlichen Schutzpflichten hingegen betreffen die konkrete Umsetzung der vorher genannten Instrumente in der Praxis.[18]

Die positiven Schutzpflichten materieller Natur äußern sich unter anderem in der Verpflichtung des Staates zur Kriminalisierung gewisser Verhaltensweisen, damit den Verletzungen wesentlicher Konventionsgarantien durch angemessene rechtliche Rahmenbedingungen vorgebeugt wird.[19] So betont der EGMR bisweilen, dass lediglich die strafrechtliche Sanktion eine wirksame und durchsetzungsstarke Antwort der Rechtsordnung auf schwerwiegende Verletzungen elementarer Konventionsrechte sei.[20] Dies gilt insbesondere dann, wenn Konventionsverstöße durch Personen im

17 EGMR, Urt. v. 25.08.2009, 23458/02, Giuliani u. Gaggio/Italien, Rn. 205; *Ashworth* (Fn. 15), 212 betont in diesem Zusammenhang die Relationalität zwischen staatlichen Schutzpflichten und individuellem Rechtsgehorsam.

18 Instruktiv *Dröge* (Fn. 16), 1 ff.

19 Vgl. EGMR, Urt. v. 04.12.2003, 39272/98, M.C./Bulgarien, Rn. 154 ff.

20 Zu den elementaren Konventionsrechten gehören insb. Art. 2, 3 und 4 EMRK, siehe EGMR (GK), Urt. v. 24.10.2002, 37703/97, Mastromatteo/Italien, Rn. 67 sowie ausführlich EGMR (GK), Urt. v. 19.12.2017, 56080/13, Lopes de Sousa Fernandes/Portugal, Rn. 164 ff. und zuletzt EGMR, Urt. v. 18.12.2018, 15014/11, Hasan Köse/Türkei, Rn. 34 (Art. 2 EMRK); EGMR (GK), Urt. v. 28.01.2014, 35810/09, O'Keeffe/Irland, Rn. 148 (Art. 3 EMRK); EGMR, 26.07.2005, 73316/01, Siliadin/Frankreich, Rn. 89, 112 (Art. 4 EMRK); ferner auch bestimmte Aspekte der Garantien in Art. 8 und 11 EMRK, siehe EGMR (GK), Urt. v. 12.11.2013, 5786/08, Söderman/Schweden, Rn. 82; vgl. *Meyer*, Strafrechtsgenese in Internationalen Organisationen (2012), 268 sowie speziell zu Art. 2 EMRK: *Lazarus*, in: Zedner/Roberts (Hrsg.), Principles and values in criminal law and criminal justice: essays in honour of Andrew Ashworth (2012), 135 (137 ff.); *Zöller*, in: Esser u.a. (Hrsg.), Festschrift für Kühne (2013), 629 ff.

Staatsdienst bzw. aus dem Umfeld des Staatsapparats begangen werden.[21] So wird die Schaffung entsprechender Straftatbestände zum Schutz einschlägiger Grundrechte als eine der Voraussetzungen für die Erfüllung der positiven Schutzpflichten des Staates aufgefasst.[22] Ferner gehört zu diesen Schutzpflichten, dass der Staat nicht nur entsprechende Straftatbestände schafft, sondern diese auch mit angemessenen Sanktionen versieht. Die Angemessenheit betrifft sowohl die Höhe des Strafrahmens als auch die Art der zu verhängenden Sanktion: Der Staat hat für eine angemessene Sanktionsdimension zu sorgen, die insbesondere in generalpräventiver Hinsicht einen wirksamen Schutz der in der EMRK verbrieften Grundrechte gewährleistet.[23]

Bei den positiven Schutzpflichten verfahrensrechtlicher Natur hingegen unterstreicht der EGMR die Bedeutung von Ermittlungen und Gerichtsverfahren für einen effektiven Schutz von Grundrechtsverletzungen. So sind staatliche Behörden dazu verpflichtet, im Rahmen des Zumutbaren sämtliche Erhebungen für die Beweisaufnahme durchzuführen und die ermittelten Ergebnisse im Zuge einer unabhängigen, unverzüglichen und tiefgreifenden Untersuchung zu würdigen, die auch die wirksame Teilnahme des Opfers an den Untersuchungen beinhaltet[24] – so delikat sich die Opferteilnahme einerseits im Spannungsfeld mit den Rechten des Angeklagten einerseits und im Lichte der sog. sekundären Viktimisierung andererseits gestaltet.[25]

Die vom EGMR geforderte Unabhängigkeit gilt nicht nur für die Institutionen, sondern insbesondere auch für die mit den Ermittlungen bzw.

---

21 Vgl. etwa EGMR (GK), Urt. v. 01.06.2010, 22978/05, Gäfgen/Deutschland, aber auch EGMR, Urt. v. 28.03.2000, 22535/93, Mahmut Kaya/Türkei; EGMR (GK), Urt. v. 06.07.2005, 43577/98 u. 43579/98, Nachova u.a./Bulgarien.

22 Vgl. EGMR, Urt. v. 26.03.1985, 8978/80, X u. Y/Niederlande, Rn. 27.

23 So stellte der EGMR eine Konventionsverletzung etwa dann fest, wenn das Strafrechtssystem keine dem Unrecht angemessene Strafe verhängt, weil etwa mildernde Umstände ohne gerechtfertigte Motive zuerkannt worden waren: EGMR, Urt. v. 17.10.2006, 52067/99, Okkali/Türkei, Rn. 72 ff.; EGMR, Urt. v. 08.04.2008, 42942/02, Ali u. Ayse Duran/Türkei, Rn. 68; vgl. in diesem Zusammenhang auch EGMR, Urt. v. 11.04.2019, 38089/12, Sarwari u.a./Griechenland, Rn. 131.

24 EGMR (GK), Urt. v. 28.01.2014, 35810/09, O'Keeffe/Irland, Rn. 173: „... That investigation should be conducted independently, promptly and with reasonable expedition. The victim should be able to participate effectively."

25 Vgl. EGMR, Urt. v. 28.05.2015, 41107/10, Y/Slowenien, Rn. 113 f.; *Dölling/Dreßing*, in: Stein u.a. (Hrsg.), Festschrift für Klaus Rogall (2018), 15 ff.

der Gerichtsentscheidung betrauten Personen.[26] Die verfahrensrechtlichen positiven Schutzpflichten treffen den Staat nicht nur hinsichtlich des Beschleunigungsgebotes – also zur zeitnahen Durchführung von Ermittlungen –, sondern auch mit Blick auf die Sorgfaltspflicht dieser Ermittlungen.[27] Nach Art. 1 i.V.m. Art. 3 EMRK sind die Vertragsstaaten in besonderer Weise zur Durchführung effektiver amtlicher Untersuchung verpflichtet, wenn eine Person glaubhaft behauptet, dass sie durch die Polizei oder eine andere ähnliche Behörde unter Verletzung von Art. 3 EMRK behandelt wurde.[28]

Insgesamt substantiieren sich die strafrechtlichen Schutzpflichten des Staates in der Bereitstellung eines wirksamen und abschreckenden Sanktionsapparates, wodurch Verletzungen von Menschenrechten präventiv unterbunden bzw. im konkreten Fall aufgearbeitet werden sollen. Das bedeutet nicht, dass die Staaten allgemein verpflichtet sind, jede Verletzung von Konventionsrechten mittels Strafrechts zu ahnden. Allerdings gewichtet der Straßburger Gerichtshof, inwiefern sich die verletzte Konventionsgarantie im Lichte der EMRK als dermaßen tiefgreifend darstellt, dass der Einsatz von Strafrecht, im Rahmen der zur Verfügung stehenden staatlichen Rechtsschutzinstrumentarien, zum Schutz vor Konventionsverletzung notwendig ist. Zu einem derartigen Resultat gelangt der EGMR insbesondere dann, wenn das betreffende Konventionsrecht zu den grundlegenden Werten der demokratischen Gesellschaften gehört, die den Euro-

---

26 EGMR (GK), Urt. v. 20.05.1999, 21594/93, Ogur/Türkei, Rn. 91 f.; EGMR, Urt. v. 14.03.2002, 46477/99, Paul u. Audrey Edwards/Vereinigtes Königreich, Rn. 70; EGMR, Urt. v. 05.10.2004, 46430/99, Barbu Anghelescu/Rumänien, Rn. 40 ff., 67 ff.; EGMR, Urt. v. 05.11.2009, 1108/02, Kolevi/Bulgarien; EGMR, Urt. v. 01.12.2009, 64301/01, Velcea u. Mazare/Rumänien, Rn. 111; EGMR, Urt. v. 28.01.2014, 54241/08, Camekan/Türkei; EGMR (GK), Urt. v. 14.04.2015, 24014/05, Mustafa Tunc u. Fecire Tunc/Türkei, Rn. 177 ff.

27 EGMR (GK), Urt. v. 27.09.1995, 18984/91, McCann u.a./Vereinigtes Königreich; EGMR, Urt. v. 19.02.1998, 22729/93, Kaya/Türkei; EGMR, Urt. v. 28.10.1998, 24760/94, Assenov u.a./Bulgarien; EGMR, Urt. v. 04.05.2001, 30054/96, Kelly u.a./ Vereinigtes Königreich; EGMR, Urt. v. 27.07.2004, 57671/00, Slimani/Frankreich; EGMR, Urt. v. 15.05.2008, 7178/03, Dedovskiy u.a./Russland; EGMR, Urt. v. 24.07.2008, 41461/02, Vladimir Romanov/Russland; EGMR, Urt. v. 15.12.2009, 28634/06, Maiorano u.a./Italien.

28 EGMR (GK), Urt. v. 28.09.2015, 23380/09, Bouyid/Belgien, Rn. 116; EGMR (GK), Urt. v. 15.09.2014, 10865/09 u.a., Mocanu u.a./Rumänien, Rn. 316; EGMR (GK), Urt. v. 13.12.2012, 39630/09, El-Masri/Mazedonien, Rn. 182; zuletzt etwa EGMR, Urt. v. 15.01.2019, 48724/15, Ilgiz Khalikov/Russland, Rn. 30 f.; vgl. *Bock*, ZIS 2013, 201, 206 f.; *Heger*, ZIS 2016, 478, 485.

parat bilden.[29] Ferner kommt es nicht nur auf die Bedeutung der Konventionsgarantie, sondern auch auf die Modalitäten ihrer Verletzung an.[30] Gerade bei Konventionsverstößen nach Art. 2 und 3 EMRK unterstreicht der EGMR, dass der Schutzanspruch durch das Strafrecht nur bei absichtlichen (vorsätzlichen) Konventionsverletzungen, nicht jedoch bei fahrlässigen Verstößen besteht, weil gerade bei Letzteren zivil-, schadensersatz- oder disziplinarrechtliche Antworten der Staaten auf derartige Konventionsverletzungen als ausreichend angesehen werden würden.[31]

II. Schutzpflichtverletzungen

Der EGMR sieht die strafrechtlichen Schutzpflichten des Staates insbesondere dann verletzt, wenn die Feststellung der strafrechtlichen Verantwortung oder die Vollstreckung der Strafe durch gewisse Faktoren verhindert wird, die insbesondere der Untätigkeit oder Unwirksamkeit jener staatlichen Behörden zuzuschreiben sind, welche grundsätzlich mit den Aufgaben betraut werden, die Grundrechtsverletzungen zu erheben, die strafrechtliche Verantwortung festzustellen und die ausgesprochenen Sanktionen im Einzelfall auch durchzuführen.[32]

Der Fokus der grundrechtlichen Prüfung durch den EGMR liegt dabei auf unterschiedlichen Formen von Straflosigkeit zugunsten der Urheber von Menschenrechtsverletzungen, wobei diese Straffreiheit durch die staatlichen Behörden entweder begünstigt oder auch nur toleriert wird. Auf diese Weise macht sich der Staat gewissermaßen zum Komplizen der Täter

---

29 EGMR, Urt. v. 26.07.2005, 73316/01, Siliadin/Frankreich, Rn. 82, 112.

30 Zum Folgenden siehe auch die Systematisierungsansätze und Überlegungen bei *Tulkens* (Fn. 16), 589 ff.

31 EGMR (GK), Urt. v. 17.01.2002, 32967/96, Calvelli u. Ciglio/Italien, Rn. 51; EGMR (GK), Urt. v. 24.10.2002, 37703/97, Mastromatteo/Italien, Rn. 90; EGMR (GK), Urt. v. 08.07.2004, 53924/00, Vo/Frankreich, Rn. 90; etwa zuletzt EGMR, Entsch. v. 18.12.2018, 44052/11, Isildak/Türkei, Rn. 44 sowie EGMR, Entsch v. 05.03.2019, 36680/11, Bicakli/Türkei, Rn. 75; vgl. aber EGMR, Urt. v. 18.12.2018, 15014/11, Hasan Köse/Türkei, Rn. 35 m.w.N., wonach bei das Leben gefährdenden Straftaten mit Todesfolge – auch fahrlässiger Natur – Gerichte unter keinen Umständen bereit sein sollten, den Täter ungestraft zu lassen, um einerseits das Vertrauen der Öffentlichkeit und die Einhaltung der Rechtsstaatlichkeit zu gewährleisten und andererseits den Anschein von Toleranz oder Absprachen bei rechtswidrigen Handlungen zu verhindern.

32 Von einer ähnlichen Konzeption zu staatlichen Sorgfaltspflichten auf Basis der IAMRK berichtet *Seibert-Fohr*, ZaöRV 73 (2013), 37, 46 f.

bei der Begehung von Menschenrechtsverletzungen. Gerade deshalb erscheint der Prüfungsmaßstab des EGMR hinsichtlich der positiven Schutzpflichten sehr streng, sowohl im Hinblick auf die Zurverfügungstellung normativer Instrumente zur Prävention bzw. Repression von Menschenrechtsverletzungen (materiellrechtlicher Aspekt) als auch bei der Wirksamkeit der behördlichen Maßnahmen im konkreten Fall (verfahrensrechtlicher Aspekt).

Das zeigt sich exemplarisch an EGMR-Fällen, die in denen die Strafverjährung bei jenen Konventionsverstößen thematisiert wurde, welche von Angehörigen des Staatsapparates begangen werden.

B. *Strafrechtliche Verjährung in Spiegel der EGMR-Rechtsprechung*

Im Überblick zum case law des EGMR wird deutlich, dass durchaus großes Konfliktpotential im Zusammenhang mit Strafbefreiungsgründen besteht.[33] Insbesondere die strafrechtliche Verjährung stellt sich in den Augen des EGMR bisweilen als Ursache für faktische Straflosigkeit des Täters dar, wie im Folgenden dargelegt wird. Deshalb steht die strafrechtliche Verjährung in einem Spannungsfeld mit den Schutzpflichten des Staates, das aus Sicht des Straßburger Menschenrechtsgerichtshof ein enormes Konfliktpotenzial beinhaltet.

Trotz der Skepsis des EGMR gegenüber der strafrechtlichen Verjährung kann jedoch nicht von einer pauschalen Ablehnung des strafrechtlichen Verjährungsinstituts gesprochen werden. Wie sich zeigen wird, treten ablehnende Feststellungen in Einzelfällen auf, während der EGMR im Allgemeinen durchaus von einer Grundrechtskompatibilität einer angemessenen Verjährungsfrist ausgeht. Das wird insbesondere in der *Coeme*-Entscheidung des EGMR deutlich. Dort hielt der Gerichtshof fest, dass die Verjährung als ein gesetzliches Recht des Straftäters definiert werden kann, nach Ablauf einer bestimmten Zeitdauer wegen der jeweiligen Straftat nicht mehr verfolgt bzw. vor Gericht gestellt zu werden. Die Verjährungsfristen, die in den nationalen Rechtsordnungen der Vertragsstaaten üblich sind, dienen unterschiedlichen Zwecken, zu denen die Gewährleistung der Rechtssicherheit und -wirksamkeit sowie Verhinderung der Rech-

33 Siehe exemplarisch etwa die EGMR-Rechtsprechung zu Rechtfertigungsgründen: EGMR (GK), Urt. v. 20.12.2004, 50385/99, Makaratzis/Griechenland, Rn. 58; EGMR (GK), Urt. v. 24.03.2011, 23458/02, Giuliani u. Gaggio/Italien, Rn. 213, 214, 218; vgl. weitergehend auch *Tulkens* (Fn. 16), 587 ff. sowie *Zöller* (Fn. 20), 634 f.

te der Beklagten gehören, die beeinträchtigt werden könnten, wenn Gerichte auf der Grundlage von Beweisen entscheiden müssten, die durch den Zeitablauf unvollständig geworden sein könnten.[34]

Die Rechtsprechung des EGMR, in denen er zur Beanstandung der strafrechtlichen Verjährung im konkreten Einzelfall kommt, kann nach zwei Gesichtspunkten systematisiert werden, nämlich die Problematisierung der Verjährungszuerkennung als Einzelfallphänomen oder aber als strukturelles Problem einer Rechtsordnung.

I. Verjährung als problematisches Einzelfallphänomen

Der EGMR kritisiert die strafrechtliche Verjährung insbesondere in jenen Fällen, in denen die Urheber von schwerwiegenden Konventionsverstößen dem Staatsapparat zuzurechnen sind und die Verjährung somit dem Staatsbediensteten eine faktische Straffreiheit verschafft. Gerade bei gravierenden Grundrechtsverstößen nach Art. 2 und 3 EMRK ist es für die Zwecke eines wirksamen Rechtsbehelfs von erheblicher Bedeutung, dass „Strafverfahren und Verurteilung nicht verjährt sind und dass die Gewährung einer Amnestie oder Begnadigung nicht zulässig sein sollte, wenn ein Staatsbeamter wegen Straftaten, die Folter oder Misshandlungen [i.S.d. Art. 3 EMRK] darstellen, angeklagt wurde".[35]

In *Abdulsamet Yaman* ging es um die Folterung eines Politikers durch türkische Polizeikräfte während dessen Inhaftierung im Jahr 1995, wobei der Beschwerdeführer insbesondere die mangelhafte bzw. unwirksame Ermittlungstätigkeit im Lichte von Art. 3 und 13 EMRK beanstandete.[36] Denn obwohl der Beschwerdeführer noch im selben Jahr wegen der Misshandlungen im Polizeigewahrsam Anzeige erstattet hatte, gestalteten sich die Ermittlungen als überaus langwierig, sodass das Schwurgericht das Strafverfahren gegen die Polizeibeamten im Frühjahr 2003 wegen Verjährung eingestellt hatte. Hier unterstrich der EGMR, dass das Recht auf eine wirksame Beschwerde im Hinblick auf gravierende Menschenrechtsverletzungen im Sinne von Art. 3 EMRK einer Beendigung des betreffenden Strafverfahrens durch Verjährung, Amnestie oder Begnadigung entgegenstehe. Ähnlich argumentierte er im Fall *Saba*, wo es um die Misshandlung

---

34 EGMR, Urt. v. 22.06.2000, 32492/96 u.a., Coeme u.a./Belgien, Rn. 146.

35 EGMR, Urt. v. 02.11.2004, 32446/96, Abdulsamet Yaman/Türkei, Rn. 55; ebenso EGMR, Urt. v. 17.10.2006, 52067/99, Okkali/Türkei, Rn. 76.

36 EGMR, Urt. v. 02.11.2004, 32446/96, Abdulsamet Yaman/Türkei, Rn. 55; vgl. auch EGMR, Urt. v. 14.10.2008, 19374/03, Erdoğan Yilmaz u.a./Türkei Rn. 56 ff.

von Gefängnisinsassen durch Justizvollzugsbeamte infolge einer Gefängnisrevolte ging. Der EGMR betonte, dass die Konventionsverletzung nach Art. 3 EMRK nicht wegen der Anwendung der strafrechtlichen Verjährung, sondern wegen der Verzögerungen in Ermittlungs- und Prozessphase festgestellt wurde. Daneben rügte der EGMR auch das verhängte geringe Strafmaß (die Polizisten hatten sich für ein sog. abgekürztes Strafverfahren[37] entschieden, das eine pauschale Minderung der ausgesprochenen Strafe um ein Drittel vorsieht) und die Milde der Disziplinarsanktionen, die sich angesichts gravierender Menschenrechtsverstöße als unverhältnismäßig darstellten.[38]

In der Rechtssache *Amine Güzel* ging es hingegen um die Bewertung von Polizeiermittlungen, die gegen Polizeibeamte wegen Foltervorwürfe erhoben worden waren. Der EGMR rügte die verfahrensbeendende Verjährung, weil diese den Verzögerungen bei den Ermittlungen geschuldet sei und dabei nicht nur den Verantwortlichen Straffreiheit bescherte, sondern den Opfern den wirksamen Konventionsschutz nach Art. 13 EMRK vorenthalten hat.[39] Verfahrensverzögerungen bei den Ermittlungen wurden auch in *Turan Cakir*/Belgien und *Paduret*/Moldawien gerügt. Im belgischen Fall hatte das Opfer rechtzeitig einen Strafantrag wegen Misshandlungen durch die Polizei gestellt, während die verfahrenden Gerichte die Behandlung des Falls erst zwei Jahre später ansetzten, nämlich nach Ablauf der Verjährungsfrist.[40] Im moldawischen Fall deckte der EGMR auf, dass die Ermittlungen nicht nur aus unerklärlichen Gründen verspätet begonnen hatten, sondern auch von exzessiver Dauer waren und selbst der Strafprozess ungerechtfertigterweise in die Länge gezogen wurde. All diese Umstände hätten letztlich zur Verjährung der Straftat geführt, weshalb der EGMR eine Verletzung der Verfahrensgarantie nach Art. 3 EMRK feststellte.[41]

Insgesamt ergibt sich folgendes Bild. Der EGMR kritisiert die Verjährungseinstellung insbesondere dann, wenn die zentralen Konventionsgarantien in Art. 2 und 3 EMRK unter Berücksichtigung des Rechts auf wirksame Beschwerde aus Art. 13 EMRK betroffen sind. Der Gerichtshof beanstandet in derartigen Fällen den Verjährungseinwand, weil die staatlichen

37 Zum abgekürzten Strafverfahren in Italien: *Parlato*, ZIS 2012, 513, 517 f.

38 EGMR, Urt. v. 01.07.2014, 36629/10, Saba/Italien, Rn. 79 (Verfahrensverzögerungen), 80 (Höhe Strafausspruch), 81 (Disziplinarmaßnahmen); siehe auch EGMR, Urt. v. 11.04.2019, 38089/12, Sarwari u.a./Griechenland, Rn. 133 f.

39 EGMR, Urt. v. 17.09.2013, 41844/09, Amine Güzel/Türkei, Rn. 39, 43.

40 EGMR, Urt. v. 10.03.2009, 44256/06, Turan Cakir/Belgien, Rn. 69.

41 EGMR, Urt. v. 05.01.2010, 33134/03, Paduret/Moldawien, Rn. 74, 75, 77.

Behörden entweder untätig blieben oder strafrechtliche Ermittlungen sowie Verfahren im konkreten Einzelfall grundlos verzögert hatten. Im Lichte derartiger Einzelfälle pocht der EGMR insbesondere auf die generalpräventive Wirkung des Strafrechtssystems, welches eine abschreckende Wirkung entfalten muss, um in wirksamer Weise rechtswidrige Handlungen im Sinne von Art. 2 und 3 EMRK durch Angehörige staatlicher Behörden zu unterbinden.[42]

II. Verjährung als Strukturproblem einer Rechtsordnung

Seltener hingegen kritisiert der EGMR die Verjährung als ein Strukturproblem einer Rechtsordnung. Dies tritt insbesondere in jenen Urteilsbegründungen zu Tage, in denen der Straßburger Gerichtshof keine Mängel bei den durchgeführten Ermittlungen und Verfahren der Polizei- und Justizbehörden feststellt, sondern vielmehr die gesetzliche Ausgestaltung der Verjährung und ihre Anwendung rügt, weil sie dem EGMR zufolge als „unzulässige Maßnahme zur Verhinderung einer Verurteilung führt".[43]

Deutlich wird dieser Ansatz des EGMR in seiner *Cestaro*-Entscheidung, in der es um justizielle Aufarbeitung der massiven polizeilichen Übergriffe im Zuge des G8-Gipfels in Genua von 2001 ging.[44] Gegen mehrere hochrangige Beamte und gegen eine Reihe von Polizeibeamten wurde wegen der Erstürmung der Diaz-Pertini-Schule sowie in der Pascoli-Schule – dort

---

42 Vgl. etwa EGMR, Urt. v. 09.02.2016, 14777/08, Öztünç/Türkei, Rn. 72; EGMR, Urt. v. 15.11.2016, 41896, Hamdemir u.a./Türkei, Rn. 59.

43 EGMR, Urt. v. 07.04.2015, 6884/11, Cestaro/Italien; EGMR, Urt. v. 29.03.2011, 47357/08, Alikaj u.a./Italien, Rn. 108; i.d.S. führt der Gerichtshof in Rn. 111 weiter aus, dass im konkreten Fall das angewandte Strafrechtssystem bei weitem nicht so rigoros sei und keine abschreckende Wirkung entfalten könne, die eine wirksame Verhütung illegaler Handlungen gewährleisten könnten, wie sie vom Beschwerdeführer gerügt werden. Im Ergebnis konnte durch das Strafverfahren keine angemessene Abhilfe für die Konventionsverletzung nach Art. 2 EMRK und den in dieser Vorschrift verankerten Wert geschaffen werden; die differenzierende Kritik wird auch in EGMR, Urt. v. 28.06.2018, 59142/16, Lazaridou/Griechenland, Rn. 44 fortgeführt und in EGMR (GK), Urt. v. 26.08.2018, 1828/06 u.a., G.I.E.M. s.r.l. u.a./Italien, Rn. 260 kurz gestreift.

44 Der EGMR hat in einer Vielzahl an Entscheidungen die Ereignisse rund um den G8 Gipfel in Genua von 2001 aufgearbeitet, vgl. EGMR, Urt. v. 07.04.2015, 6884/11, Cestaro/Italien m. Anm. *Meyer-Ladewig/Petzold*, NVwZ-RR 2016, 743; EGMR, Urt. v. 22.06.2017, 12131/13 u. 43390/13, Bartesaghi Gallo u.a./Italien; EGMR, Urt. v. 26.10.2017, 28923/09 u. 67599/10, Azzolina u.a./Italien; EGMR, Urt. v. 26.10.2017, 1442/14 u.a., Blair u.a./Italien.

hatten friedliche G8-Demonstranten rechtmäßig eine Unterkunft gefunden – und der dort begangenen Polizeigewalt sowie den nachträglichen Verschleierungsversuchen ermittelt und Strafverfahren eingeleitet. Allerdings wurde eine Reihe von Straftaten von der Berufungsinstanz für verjährt erklärt, andere Straftaten verjährten im letzten Instanzenzug vor dem Kassationsgerichtshof.[45] Die italienischen Gerichte erwirkten lediglich eine Reihe von Verurteilungen mit relativ geringen Freiheitsstrafen und Verbotssanktionen – keine jedoch im Zusammenhang mit den polizeilichen Misshandlungen, die allesamt verjährt waren. Andere Strafen wurden durch den Gesetzgeber im Rahmen eines Straferlasses herabgesetzt, weshalb die Dauer der Freiheitsstrafen letztlich zwischen drei Monate und einem Jahr betrug.[46]

Der EGMR unterstrich in seiner Begründung, dass die aus Konventionssicht unbefriedigenden Ergebnisse nicht auf Verzögerungen oder Nachlässigkeiten seitens der Staatsanwaltschaft oder inländischer Gerichtsbarkeit zurückzuführen sind. Vielmehr sei das Verdienst der Staatsanwaltschaft zu würdigen, die im Ermittlungsverfahren große Hürden überwinden musste, und auch jenes der Gerichte, welche Gerichtsverfahren von enormer Komplexität gegen Dutzende Angeklagte unter Beteiligung von hundert italienischen und ausländischen Zivilparteien führten. Der EGMR kritisierte ausdrücklich nicht die inländischen Gerichte, nämlich dass sie eine Falschbewertung der Anklage oder die Strafgesetzgebung de facto genutzt hätten, um die wirksame Verurteilung der strafrechtlich Verfolgten zu verhindern.[47] Vielmehr richtete sich der Tadel des EGMR gegen das italienische Strafrecht, das sich als ungeeignet erwiesen hat, einerseits die Bestrafung der fraglichen Folterhandlungen und andererseits eine abschreckenden Wirkung zur Verhinderung ähnlicher künftiger Verstöße gegen Art. 3 EMRK zu gewährleisten.[48] Es liege hier ein – in den Worten des EGMR: unbestreitbares – strukturelles Problem vor. Denn es mangele an angemessenen Regelungen für alle Arten von Misshandlungen, die nach italienischem Strafrecht nach Art. 3 EMRK verboten sind. Ebenso fehle es an einer angemessenen Ausgestaltung der Verjährungsfrist und des Straferlasses, weil in der Praxis trotz aller Bemühungen der Strafverfolgungsbehörden die Bestrafung nicht nur hinsichtlich derjenigen verhindert wurde, die für die Folterungen verantwortlich waren (Führungsebene), sondern auch

45 EGMR, Urt. v. 07.04.2015, 6884/11, Cestaro/Italien, Rn. 49, 60, 61, 76, 79, 83.
46 EGMR, Urt. v. 07.04.2015, 6884/11, Cestaro/Italien, Rn. 221.
47 EGMR, Urt. v. 07.04.2015, 6884/11, Cestaro/Italien, Rn. 223 f.
48 EGMR, Urt. v. 07.04.2015, 6884/11, Cestaro/Italien, Rn. 225.

hinsichtlich der unmittelbaren Täter von unmenschlichen und erniedrigenden Behandlungen.[49]

An diese Kritik schließt der EGMR eine Selbstreflexion zu seinem Aufgabenprofil an. Demnach überwacht der Gerichtshof die Einhaltung der staatlichen Verpflichtungen aus Art. 3 EMRK und unterstützt den betreffenden Staat dabei, Lösungen für festgestellte Strukturprobleme (also Mängel in der staatlichen Gesetzgebung) zu suchen. Umgekehrt ist es Sache des betreffenden Vertragsstaates, jene Mittel zu wählen, die in seiner innerstaatlichen Rechtsordnung zur Erfüllung seiner Verpflichtungen aus Art. 46 EMRK eingesetzt werden. Insofern hielt es der EGMR im konkreten Fall für notwendig, dass die italienische Rechtsordnung geeignete Rechtsmechanismen implementiert, um gegen die für Folterakte und andere Misshandlungen nach Art. 3 EMRK verantwortlichen Personen angemessene Sanktionen zu verhängen und zu verhindern, dass diese Personen in den Genuss von Maßnahmen kommen, die mit der Rechtsprechung des EGMR unvereinbar sind.[50]

C. *Warum besteht der EGMR auf den Schutz durch Strafrecht?*

Es hat sich gezeigt, dass der staatliche Strafanspruch in einem Spannungsfeld mit den Opferinteressen steht. Anlässlich dieser Rechtsprechungstendenzen ist der Grundsatzfrage nachzugehen, warum der Gerichtshof in Straßburg vehement auf den Schutz[51] der Grundrechte durch Strafrecht besteht.

I. *Sachverhaltsaufklärung als wirksamer Grundrechtsschutz*

Die Rechtsprechungsanalyse zur Verjährung zeigt, dass die Schutzpflichten zum Einsatz von Strafrecht insbesondere in jenen Fällen weiterentwickelt wurde, in denen die Konventionsverletzungen wie etwa Tötungen,

49 EGMR, Urt. v. 07.04.2015, 6884/11, Cestaro/Italien, Rn. 242.

50 EGMR, Urt. v. 07.04.2015, 6884/11, Cestaro/Italien, Rn. 245, 246.

51 *Lazarus* (Fn. 20), 146 f. hebt diesbezüglich treffend hervor, dass der deutsche Begriff der Schutzpflichten den konkreten Auftrag des EGMR nicht vollständig abbildet: „When the right of life gives rise to a duty on the state it often engages both a *protective* duty directed towards the individual at risk of harm, and a *coercive* duty directed at the perpetrator or potential perpetrator of the harm" (eigene Hervorhebungen).

Folterungen oder zwangsweises Verschwindenlassen durch jene Personen begangen wurden, die zumindest funktional dem Staatsapparat zuzurechnen sind. Die Besonderheit dieser Fälle besteht darin, dass diese Täter des staatlichen Umfelds darauf setzen, durch Verjährung in den Genuss von faktischer Straffreiheit zu gelangen, entweder wegen aktiver Befürwortung der Tat durch den Staatsapparat oder aber zumindest durch eine gewollte Untätigkeit seitens des Staates bei der strafrechtlichen Aufarbeitung des Sachverhalts.[52] In derartigen Situationen, in denen schwerwiegende Konventionsverletzungen durch Personen aus dem Umfeld des Staates begangen werden und der Staatsapparat diesem Treiben wohlwollend gegenübersteht, ist es für die Opfer der Konventionsverletzungen besonders schwierig, innerstaatlich ihre Ansprüche durchzusetzen. Der essenzielle Ausgangspunkt ist dabei einerseits die Aufklärung des Sachverhaltes und andererseits die Identifizierung der für die Konventionsverstöße verantwortlichen Individuen.[53]

Beiden Aufgaben – Sachverhaltsaufklärung und Identifikation der Verantwortlichen – dienen insofern auch dem Opfer.[54] Das verwirklichte Unrecht kann nur durch die Mitwirkung am Strafprozess durch die konkret an der Tat beteiligten Personen (Täter und Opfer) angemessen aufgearbei-

---

52 Vgl. zuletzt EGMR, Urt. v. 01.03.2018, 78241/13, Selami u.a./Mazedonien, Rn. 63; EGMR, Urt. v. 18.12.2018, 15014/11, Hasan Köse/Türkei, Rn. 37 f.; *Zöller* (Fn. 20), 641 kritisiert, dass die – in ihrer Intention an sich sympathische – Schutzpflichtendogmatik nach Art. 2 EMRK nicht nur auf menschenrechtlichen Überlegungen fußt, sondern wohl auch einen ganz praktischen Hintergrund haben. Denn nach Abschaffung der Europäischen Menschenrechtskommission muss der Gerichtshof in seinen Beschwerdefahren zwangsläufig selbst ermitteln. Angesichts seiner Überbelastung überträgt er mit der Schutzpflichtenargumentation i.S.v. nachträglichen Untersuchungspflichten de facto einen Teil seines eigenen Aufgabenbereichs an den Konventionsstaat als potentiellen Beschwerdegegner. Als Alternative schlägt *Zöller* vor, nachträgliche Untersuchungspflichten über die Fairnessgarantie des Strafverfahrens nach Art. 6 Abs. 1 EMRK zu begründen.

53 So betont *Altermann* (Fn. 10), 112 treffend, dass die Ermittlungspflichten unter anderem in generalpräventiver Hinsicht auch dazu dienen, staatlichen Machtmissbrauch zu verhindern. Der staatliche Angestellte muss befürchten, dass die durch ihn begangenen Menschenrechtsverletzungen einer amtlichen und effektiven Ermittlung unterzogen werden.

54 EGMR, Urt. v. 31.05.2018, 33234/12, Al Nashiri/Rumänien Rn. 639 m.w.N.: „[t]he victim should be able to participate effectively in the investigation in one form or another"; vgl. *Bock*, Das Opfer vor dem Internationalen Strafgerichtshof (2010), 173 f.; *Sautner*, Opferinteressen und Strafrechtstheorien. Zugleich ein Beitrag zum restorativen Umgang mit Straftaten (2010), 281 f.; *Weigend*, Deliktsopfer und Strafverfahren (1989), 403 ff.

tet werden.[55] Doch die Opferpartizipation hat auch eine weitere prozessual-praktische Seite. Denn die Ermittlung von Sachverhalt und Verantwortlichen kann nicht durch die Opfer oder ihre Rechtsbeistände in angemessener Weise erledigt werden.[56] Es bedarf einer aktiven Aufklärungsarbeit der Organe der kompetenten öffentlichen Staatsgewalt, namentlich der Polizeikräfte, Staatsanwaltschaften und Strafgerichte. Nur diese Staatsorgane verfügen über das Repertoire an legitimen Zwangsmaßnahmen, um in den Ermittlungen konkrete Ergebnisse zur Sachverhaltsrekonstruktion zu erhalten und Beweise zu sichern.[57] Ermittlungswidrige Umstände, wie sie in derartigen Fällen häufig auftauchen, ziehen die Ermittlungsdauer und -komplexität in die Länge, weshalb die betreffenden Opfer schon allein aus finanzieller Sicht auf die Strafverfolgungsorgane angewiesen sind. Darüber hinaus ist es nicht selten, dass bei derart gravierenden Konventionsverletzungen die Opfer gar nicht in der Lage sind, Verbrechen zu melden, die durch Angehörige des Staatsapparates begangenen wurden,[58] weshalb gerade bei zentralen Konventionsgarantien eine strafrechtliche Aufklärung von Amts wegen von Bedeutung ist.[59] Schließlich sind es im demokratisch Rechtsstaat die Polizei- und Justizorgane, welche eine ausreichende staatstheoretische Legitimation und gleichzeitig eine entsprechende Distanz zur Exekutivgewalt aufweisen, um den Opfern von Grundrechtsverstößen ausreichend Ergebnisse zur Verfügung stellen, damit diese ihre Ansprüche unter den Augen der Öffentlichkeit im Wege der Strafgerichtsbarkeit geltend machen können. Insofern ist die Mitwirkung der Strafgewalt von erheblicher Bedeutung für den Rechtsschutz der Opfer. Denn nur so kann der Rechtsstaat gewährleisten, dass eine effektive Aufklärung der Umstände schwerwiegender Konventionsverletzungen erfolgt.

Genau daran setzt der EGMR an, wenn er den Schutz durch Strafrecht fordert. Denn als Ausgangspunkt für strafrechtliche Ermittlungen im Rechtsstaat dient eine entsprechende Gesetzesgrundlage. Sie ordnet konventionswidriges Verhalten als Straftaten ein und stellt damit die Rechts-

---

55 *Trenczek*, in: Baier u.a. (Hrsg.), Festschrift für Christian Pfeiffer (2014), 605, 611.

56 Dieses praktische Problem spricht auch *Altermann* (Fn. 10), 114 an.

57 Ebenso *Heinze*, ZIS 2019, 169, 181, der im Kontext privater Ermittlungen (durch NGOs) im Zuge von Völkerstraftaten treffend darauf hinweist: „private entities can only be supplementary to the investigations of public authorities".

58 Man denke insb. an Konventionsverletzungen, die gegenüber den Schwächsten der Gesellschaft begangen werden, namentlich Kinder, aber auch Wanderarbeitern der Arbeitskräfte (Kontext: Sklaverei) oder (illegale) Migranten.

59 EGMR, Urt. v. 04.05.2001, 30054/96, Kelly u.a./Vereinigtes Königreich, Rn. 94; EGMR, Urt. v. 04.05.2001, 24746/94, Jordan/Vereinigtes Königreich, Rn. 105; EGMR, Urt. v. 09.11.2006, 69480/01, Luluyev u.a./Russland, Rn. 90.

grundlage für die Tätigkeit der Strafverfolgungsbehörden dar. Die Kriminalisierungspflicht von Konventionsverstößen ist insofern als Kompetenzzuweisung an die Strafverfolgungsorgane zu sehen,[60] um Sachverhaltsaufklärung und Verantwortungsidentifikation i.S.e. wirksamen Opferschutzes zu gewährleisten.

II. Solidarisierung durch Strafausspruch

Die Bedeutung der Sachverhaltsaufklärung und der Identifizierung des für die Konventionsverstöße Verantwortlichen erklärt noch nicht hinreichend, warum der EGMR der konkreten Verhängung einer dem begangenen Unrecht angemessenen Strafe besonderes Gewicht beimisst. Es entsteht der Eindruck, wonach der tatsächlichen Sanktionierung mittels Strafrechts ein eigenständiger Wert im Rahmen der staatlichen Schutzpflichten zukommt.[61]

Als Erklärung bietet sich zunächst die Verbindung der verpflichtenden Verhängung einer Strafe mit dem präventiven Schutz der Konventionsgarantien an. Die verhängte Strafe soll den individuellen Täter (spezialpräventiv), aber auch die Allgemeinheit (generalpräventiv) von der Begehung einschlägiger Taten abschrecken, die gegen Kernwerte der EMRK verstoßen. Die Forderung des EGMR nach einer der Tat bzw. dem verwirklichten Unrecht angemessenen Strafe ist dabei nicht nur im Lichte des sog. Übermaßungsverbots zu sehen, sondern gerade bei staatlichen Akteuren auch im Lichte des Untermaßverbots.[62] Das zeigte sich deutlich in der

---

60 Vgl. auch *Renzikowski*, in: Kothe u.a. (Hrsg.), Festschrift für Armin Höland (2015), 210, 222.

61 *Sautner* (Fn. 54), 287 f. weist in ihrer Studie darauf hin, dass der Aspekt der Sanktionierung des Täterverhaltens ein wichtiges Reaktionsbedürfnis des Opfers ist, wenngleich die überwiegende Mehrheit von Opfern die Verurteilung des Täters zu gemeinnütziger Arbeit bzw. zum Ausgleich des Opferschadens als ideale Bestrafung ansehen; nach *Tonio*, Strafe und Vergeltung – Rehabilitation und Grenzen eines Prinzips (2016), 19 f. wäre die Einführung der gemeinnützigen Arbeit als neue Hauptstrafe eine Folgerung aus der Vergeltungsidee.

62 Vgl. EGMR, Urt. v. 23.04.2013, 24827/05, Külah u. Koyuncu/Türkei, Rn. 40 u. 43; vgl. bereits EGMR (GK), Urt. v. 30.11.2004, 48939/99, Öneryildiz/Türkei, Rn. 96; zum Ganzen siehe auch *Hassemer*, in: ders., Strafrecht. Sein Selbstverständnis, seine Welt (2008), 81, 87 ff., 89 ff. sowie jüngst *Tomiak*, ZStW 2018, 804, 817 ff. m.w.N.

Rechtssache *Gäfgen*[63], in dem das Problem einer zu geringen Strafe bei Folterandrohung durch Polizeibeamte gerügt worden war. Der Staat muss für ein punitives Mindestmaß sorgen, damit die strafjustizielle Antwort auf Konventionsverstöße durch Angehörige des Staatsapparates eine wirksame Präventivwirkung entfalten kann.

Trotz dieser Überlegungen präventiver Natur darf jedoch nicht die besondere Einzelfalllogik der Straßburger Gerichtsbarkeit außer Acht gelassen werden. Denn im EGMR-Urteil steht nicht der Schutz potentieller Opfer vor zukünftigen Taten, sondern der Schutz des Beschwerdeführers infolge der konkret erlittenen Taten im Mittelpunkt. Häufig hält der EGMR in einschlägigen Fällen eine zivilrechtliche Antwort auf das erlittene Unrecht für unzureichend und erwartet eine strafrechtliche Antwort durch den Vertragsstaat, d.h. eine strafrechtliche Verurteilung der für die Konventionsverstöße verantwortlichen Täter und eine dem Unrecht gegenüber verhältnismäßige Strafe.[64]

Die Fokussierung der Opferperspektive stellt sich zunächst als ungewöhnlich dar, da das Strafrecht traditionell eine Täterorientierung aufweist.[65] So wird staatliche Strafgewalt häufig mit der Abkehr von den Privatstrafen begründet[66] und widmet sich als Teil des öffentlichen Rechts zuvorderst Kollektivinteressen. Die Interessen des Opfers hingegen finden traditionell nur wenig Berücksichtigung in den Strafrechtstheorien, wenngleich opferbezogene Strafzweckdiskussionen in jüngerer Zeit gerade unter dem Schlagwort „Restorative Justice"[67] Konjunktur haben.[68] So erscheint der Konnex zwischen dem Schutz des Opfers und der Verhängung

63 EGMR (GK), Urt. v. 01.06.2010, 22978/05, Gäfgen/Deutschland; dazu etwa *Tomiak*, ZStW 2018, 804, 818 ff.

64 Dieser generalpräventiv ausgerichtete Gesichtspunkt wird in EGMR (GK), Urt. v. 01.06.2010, 22978/05, Gäfgen/Deutschland, Rn. 119, 123 f. deutlich.

65 *Schmidt*, in: Asholt u.a. (Hrsg.), Grundlagen und Grenzen des Strafens (2015), 175, 177 ff. m.w.N.

66 *Gärditz* (Fn. 7), 63 f.; *Renzikowski* (Fn. 60), 215 f.

67 Durch den Begriff „Restorative Justice" rückt die Opferperspektive ins Zentrum der Strafzwecksdiskussion, weshalb das strafrechtliche Unrecht nicht nur als Normbruch, sondern zuvorderst als Verletzung des Rechtsträgers angesehen wird: instruktiv dazu *Kilchling*, in: Sautner u.a. (Hrsg.), Opferrechte in europäischer, rechtsvergleichender und österreichischer Perspektive (2017), 63, 64 ff., 75 ff. m.w.N.

68 Vgl. *Bommer*, Offensive Verletztenrechte im Strafprozess (2006), 238 ff. m.w.N. zum „Genugtuungsbedürfnis" im Rahmen der Strafzwecktheorie.

einer konkreten Strafe, wie ihn der EGMR rekonstruiert, zunächst lediglich als staatliche Friedenssicherungsmaßnahme eingängig.[69]

Doch der EGMR geht darüber hinaus und etabliert das Strafrecht und vor allem den Strafprozess als Bestandteil der konventionsrechtlichen Schutzperspektive des Opfers.[70] Die erlittene Konventionsverletzung bedarf einer staatlichen Reaktion durch Strafrecht.[71] Das schlägt sich nicht nur in der Teilhabe des Opfers an strafrechtlichen Ermittlungen nieder: Im Strafprozess selbst hat das Opfer einen Anspruch darauf, gehört zu werden

---

69 *Bock* (Fn. 54), 206 ff.; *Sautner* (Fn. 54), 79 f., 367 f. entwickelt ihre Überlegungen zur „Restorative Justice" im Lichte jener Strafzwecküberlegungen, wonach dem Strafrechtssystem die Aufgabe zuteilwird, für den Konflikt zwischen Täter und Opfer ein Konfliktlösungsverfahren bereitzustellen und seine Durchführung zu fördern. Auf diese Weise soll der durch die strafbare Handlung gestörte Rechtsfrieden wieder hergestellt werden; *Zabel* weist darüber hinaus treffend darauf hin, dass die verstärkte Einbeziehung der Opferperspektive in das Strafrecht nur dann erklärbar wird, wenn man es unter seiner konfliktbezogenen Deutung beleuchtet: *Zabel*, in: ders. (Hrsg.), Strafrechtspolitik (2018), 9, 21 f.; vgl. ferner auch die Überlegungen bei *Hörnle*, Straftheorien (2017), 38, wonach die Verhinderung von spontaner Selbstjustiz bzw. organisierter Blutrache und Familienfehde, aber auch die Verhinderung von destruktiven Konsequenzen für das zukünftige Leben von Opfern und den damit zum Ausdruck gebrachten Vertrauensverlust in die Rechtsordnung Gründe sind, im Lichte des staatlichen Gewaltanwendungsmonopol auch opferorientierte Überlegungen in die Straftheoriediskussion miteinzubringen.

70 Vgl. auch *Tulkens* (Fn. 16), 594 f., wonach die Entwicklung der Menschenrechte in Richtung positiver Schutzpflichten unausweichlich einen Einfluss auf das Verhältnis des Opfers zum Strafrecht mit sich gebracht hat, nämlich zunächst die Stärkung der Rolle des Opfers im Strafprozess und zudem das Ziel der Schadenswiedergutmachung. Der Autor zeichnet eine rechtshistorische Entwicklung der Funktion von Menschenrechten für das Opfer nach, wonach sich die Grundrechte zunächst auf die Möglichkeit für Opfer konzentrierten, vor Gericht Rechtsbehelfe zu erhalten, während sich dieser Ansatz allmählich vom Recht auf zivilrechtliche Rechtsbehelfe auf das Recht auf Genugtuung in Strafverfahren verlagert hat.

71 Vgl. die Nachweise zur einschlägigen EGMR-Rechtsprechung bei BVerfG NStZ-RR 2015, 117. Das BVerfG sieht gerade bei Kapitalverbrechen, die durch Amtsträger bei Wahrnehmung hoheitlicher Aufgaben begangen werden, eine besondere Verpflichtung zur Strafverfolgung, denn „[e]in Verzicht auf eine effektive Verfolgung solcher Taten könne nämlich zu einer Erschütterung des Vertrauens in die Integrität staatlichen Handels führen. In Fällen dieser Art müsse mithin bereits der Anschein vermieden werden, dass gegen Amtswalter des Staates weniger effektiv ermittelt wird und dass insoweit höhere Anforderungen an eine Anklageerhebung gestellt werden."; innovativ zuletzt EGMR, Urt. v. 09.07.2019, 8351/17, Romeo Castano/Belgien zu Opferrechten und staatlichen Kooperationspflichten beim Europäischen Haftbefehl.

und das Unrecht aufzuzeigen, welches durch die staatsnahe Person begangen wurde.[72]

Aus der Perspektive des Rechtsstaats bedeutet diese Opferfokussierung, dass der Staat nicht nur zur Aufklärung von Menschenrechtsverstößen im konkreten Einzelfall beiträgt, sondern dass er seine Verpflichtung zur Etablierung menschenrechtlicher Standards ernst nimmt und den Geltungs- und Allgemeinanspruch seiner Strafgesetze unterstreicht.[73] Ausdruck dieser Ernstnahme ist die konkrete Verhängung einer strafrechtlichen Sanktion[74] gegen den Angeklagten im Wege eines rechtsstaatlichen Strafverfahrens[75]. Insofern geben Strafprozess und Sanktionierung dem Rechtsstaat die Möglichkeit, das von Personen aus dem staatlichen Umfeld verwirklichte Unrecht als solches zu missbilligen.[76] Auf diese Weise gibt der Staat nicht nur ein konkretes Bekenntnis zum effektiven Menschenrechtsschutz ab, sondern zeigt damit gerade in Fällen von Konventionsverstößen durch Angehörige des Staatsapparats auf, dass er nicht den Täter schützt, sondern an der Seite des Opfers steht. So kommt letztlich eine Solidaritätsbezeugung mit dem Opfer durch die Rechtsgemeinschaft zum Ausdruck.[77] Das bedeutet nicht, dass dem Vergeltungsgedanken von Strafe zum Durch-

---

72 *Capus*, forumpoenale 2009, 110, 111, 112; *Walther*, GA 2007, 615, 620 ff.

73 *Gärditz* (Fn. 7), 50.

74 Vgl. *Hörnle* (Fn. 69), 45, wonach die Verstärkung des Unwerturteils durch Übelszufügung (in Form der staatlichen Strafe) notwendig ist. Denn aus Sicht des individuellen Opfers und auch der Allgemeinheit würde Schadenersatz lediglich den finanziellen Status quo vor der Tat wieder herstellen, während Schmerzensgeld bei schwerwiegenden Rechtsverletzungen das Unwertsurteil nur unzureichend verdeutlicht, zumal der mit Strafe zum Ausdruck gebrachte erheblicher Tadel nicht allein durch finanzielle Einbuße zu verdeutlichen ist.

75 Vgl. insb. *Gärditz*, in: Isensee u.a. (Hrsg.), HBdStR XI (2013), § 245 Rn. 23.

76 Ein ähnliches Begründungsmuster zeigt sich bei den Wirkungen der strafrechtlichen Aufarbeitung im Zuge von Transitional Justice. So offenbart sich in der strafrechtlichen Ahndung insofern eine Individualisierung von Schuld, als deutlich gemacht wird, „wie staatsgesteuertes Unrecht aus dem Zusammenwirken bestimmter Individuen entstanden ist", wobei dadurch gleichzeitig den individuell verantwortlichen Personen die Möglichkeit genommen wird, „auf die Verantwortung des Kollektivs zu verweisen und somit ihren eigenen Beitrag zu relativieren.". Gleichzeitig kommt die rechtliche Missbilligung des geschehenen Unrechts mittels Strafurteils in der schärfsten Form zum Ausdruck und hat insofern einen hohen Symbolwert: *Werle/Vormbaum*, Transitional Justice. Vergangenheitsbewältigung durch Recht (2018), 46 f.

77 So *Bommer* (Fn. 68), 253 f.; *Capus* (Fn. 72), 110 f., 113 f.; *Hörnle*, JZ 2006, 950, 955 f.; *Sautner* (Fn. 54), 279 m.w.N.

bruch verholfen[78] oder dem Opfer ein subjektiver Anspruch auf Bestrafung des Täters zuerkannt wird[79]. Vielmehr legt der Strafausspruch dar, dass der Rechtsstaat gewillt ist, dem Opfer nicht nur einen *konkreten*, sondern auch einen *wirksamen* Rechtsschutz hinsichtlich seiner konventionsmäßig garantierten Grundrechte zu gewährleisten.[80] Denn im Strafverfahren leistet der Staat nicht eine wertneutrale Sachverhaltsaufklärung, sondern gibt auch ein Werturteil zum aufgedeckten Konventionsverstoß ab, was sich letztlich auch in der Verhängung einer effektiven Strafe äußert.[81]

In diesem Sinne inspiriert der Opferschutz den staatlichen Strafanspruch gegenüber dem Straftäter, wobei hier freilich nur im weitesten Sinne von einer Wiedergutmachung für das Opfer gesprochen werden kann. Der Aspekt der Wiedergutmachung ist vor allem ideeller Natur, weil sich der Staat durch den Strafausspruch demonstrativ an die Seite des Opfers stellt und insofern an der durch den Konventionsverstoß verletzten Würde des Opfers Wiedergutmachung leistet.[82] Die staatliche Solidarisierung entfaltet ferner auch generalpräventive Wirkung, besonders dann, wenn eine verhältnismäßige Strafe bei schweren Konventionsverstößen dem Übermaßungs- und vor allem dem Untermaßungsverbot entspricht.

Somit zeigt sich, dass staatlich geförderte Sachverhaltsaufklärung und Identifikation des für den Konventionsverstoß Verantwortlichen einerseits und Solidarisierung durch den Strafausspruch andererseits Einflüße sind, warum der EGMR bei schwerwiegenden Konventionsverstößen auf den Schutz durch das Strafrecht drängt.

---

78 Zum Vergeltungsargument bei der opferbezogenen Strafzweckdiskussion vgl. den Überblick zum Schrifttum bei *Schmidt* (Fn. 65), 180 ff. m.w.N.; vgl. ferner auch *Tonio* (Fn. 61), 10 ff.

79 *Renzikowski* (Fn. 60), 214 betont in seinen Ausführungen treffend, dass Strafe keine Wiedergutmachung ist.

80 Das Postulat der Wirksamkeit des Rechtsschutzes von essentiellen Grundrechten wird auch in der Rechtsprechung des BVerfG unter Hinweis auf die EGMR-Rechtsprechung betont, etwa BVerfG NJW 2015, 150 („Gorch Fock"), NStZ-RR 2015, 347 („Münchener Lokalderby"), NJW 2015, 3500 („Kunduz").

81 Nach *Bommer* (Fn. 68), 253 (m.w.N.) kommt durch die Unrechtsfeststellung im Strafprozessurteil zum Ausdruck, dass dem Verletzten letztlich ein strafrechtlich relevantes Unrecht widerfahren ist, und eben kein Unglück; ebenso *Hörnle* (Fn. 69), 39 m.w.N.; die kommunikative Komponente des Strafrechts betont u.a. auch *Gärditz* (Fn. 7), 37.

82 Durch staatliche Aufarbeitung im Strafverfahren kommt eine offizielle Reaktion und eine Auseinandersetzung mit dem Verbrechen zum Ausdruck, die letztlich auch dem Gerechtigkeitsbedürfnis des Opfers dient: *Bock* (Fn. 54), 174 f.

Opfer und Strafanwendungsrecht – Kriminalpolitische, strafrechtsdogmatische und völkerrechtliche Hintergründe des grenzüberschreitenden Schutzes innerstaatlicher Individualinteressen am Beispiel der Ferienbeschneidung und der Zwangsheirat

Pauline Schmitt, Marburg

A. Einleitung

Welche Rolle spielt das Opfer eigentlich im Strafanwendungsrecht? Und kann Strafanwendungsrecht „Opferschutz" bewirken? Bei der ersten Beschäftigung mit diesen Fragen stieß ich auf die relativ jungen Strafvorschriften der §§ 226a und 237 StGB, die die Verstümmelung weiblicher Genitalien und die Zwangsheirat unter Strafe stellen: Bezüglich dieser Tatbestände bestehen interessante und innovative strafanwendungsrechtliche Vorschriften, die in rechtspolitischer Hinsicht erstaunlicherweise als Maßnahmen des Opferschutzes gedacht sind.[1]

Um einer Antwort näher zu kommen, ist also zunächst auf diese Strafvorschriften und die entsprechenden strafanwendungsrechtlichen Normen einzugehen. Zum Verständnis wird dann die strafanwendungsrechtliche Systematik des Strafgesetzbuchs erläutert. Dies führt zu Überlegungen darüber, in welcher Form das Strafanwendungsrecht das Opfer in Bezug nimmt – und welche Bedeutung das Strafanwendungsrecht für das Opfer hat.

B. Die Straftatbestände der §§ 226a, 237 StGB

I. Die Verstümmelung weiblicher Genitalien, § 226a StGB

Der Straftatbestand der Verstümmelung weiblicher Genitalien in § 226a StGB wurde 2013 eingeführt und steht angesichts des fast völligen Fehlens

1 So für die Verstümmelung weiblicher Genitalien die Begründung des Gesetzesentwurfs des Bundesrats in BT-Drs. 17/1217, 6, 7.

entsprechender Fälle im Inland[2] im Verdacht, symbolisches Strafrecht zu sein.[3] Erst durch die Ausdehnung der Strafgewalt in § 5 Nr. 9a. b) StGB wurde ein nennenswerter Anwendungsbereich für die Norm geschaffen.[4] Die strafanwendungsrechtliche Norm ist ihrerseits aber nicht unumstritten.

§ 226a StGB umfasst alle medizinisch nicht gerechtfertigten Eingriffe an den äußeren weiblichen Genitalien, die mit einer Substanzeinbuße oder Substanzverletzung einhergehen.[5] Tatsächlich geht die Praxis in aller Regel mit einer mindestens partiellen Amputation der Klitoris einher[6] und stellt dann einen weitaus gravierenderen Eingriff in die körperliche Unversehrtheit dar als die Knabenbeschneidung.[7]

Unterschiedliche Formen der Verstümmelung weiblicher Genitalien sind vor allem in zahlreichen Regionen Afrikas üblich.[8] Inwiefern es für die oft mit dem Islam in Verbindung gebrachte Praxis entsprechende religiöse Gebote oder auch nur Rechtfertigungen gibt, ist umstritten.[9] Tatsächlich ist das Ritual bereits deutlich älter als der Islam[10] und wird von

---

2 Die Polizeiliche Kriminalstatistik der Bundesrepublik Deutschland des Jahres 2018 erfasst erstmals vier Fälle weiblicher Genitalverstümmelung, davon eine Fehlerfassung, so die Fußnote zu Schlüssel 222000, PKS-Jahrbuch 2018, Band 4, Version V. 1.0, 43.

3 BeckOK-StGB-*Eschelbach*, 43. Aufl. (2019), § 226a Rn. 2; ähnlich LK-StGB-*Grünewald*, 12. Aufl. (2018), § 226a Rn. 12 f. unter Verweis auf das (behebbare, Rn. 13 a.E.) Aufdeckungsdefizit dieser Taten. So kritisiert *Sotiriadis*, ZIS 2014, 320, 323–325, 337 f. ihren Signalcharakter; bedenklich kann man auch finden, dass diese Gesetze von vornherein auf migrantische Gruppen zugeschnitten, also potentiell rassistisch und diskriminierend sind (337 f.); *Mende*, Begründungsmuster weiblicher Genitalverstümmelung (2011), 103 mit Verweis auf weitere Autoren.

4 Kritisch auch dazu LK-StGB-*Grünewald* (Fn. 3), § 226a Rn. 12.

5 „[J]ede nicht nur unerhebliche nachteilige Veränderung des natürlichen Erscheinungsbildes der gesunden äußeren Genitalien durch *mechanische Einwirkung* mit der Folge einer *Einbuße an Körpersubstanz*“, BeckOK-StGB-*Eschelbach* (Fn. 3), § 226a Rn. 8.

6 Zu den Formen *WHO, Department of Reproductive Health and Research*, Eliminating Female Genital Mutilation – an Interagency Statement (2008), 4; *Rosenke*, Rechtliche Probleme im Zusammenhang mit der weiblichen Genitalverstümmelung (2000), 17 ff.; *Mende* (Fn. 3), 62 ff., mit dem Hinweis, die leichtesten Formen der bloßen Vorhautbeschneidung kämen kaum vor.

7 *Rosenke* (Fn. 6), 18 f.; dies betont auch *Wolters*, GA 2014, 556, 565 ff.

8 LK-StGB-*Grünewald* (Fn. 3), § 226a Rn. 4.

9 Dazu ausführlich *Rosenke* (Fn. 6), 59–82; überblicksartig *Mende* (Fn. 3), 127 ff. m.w.N.

10 *Graf*, Weibliche Genitalverstümmelung und die Praxis in Deutschland (2012), 20; *Mende* (Fn. 3), 64.

Anhängern aller Religionen, auch in christlichen und jüdischen Stämmen durchgeführt[11]. Einige Gesellschaften praktizieren die „Beschneidung"[12] junger Frauen als Initiationsritus,[13] zumeist findet der Eingriff jedoch bereits an sehr kleinen Kindern statt.[14] Die Begründungen für seine Durchführung variieren,[15] jedoch wird der Eingriff in allen Gesellschaften, die ihn kennen, als Voraussetzung für die Ehrbarkeit einer Frau und für deren Heirat angesehen.[16] Die Praxis wird als wesentlicher Bestandteil der kulturellen Identität der jeweiligen Gesellschaft verstanden.[17] Man geht davon aus, dass weltweit über 200 Millionen Frauen und Mädchen betroffen und jährlich weitere 3 Millionen bedroht sind.[18]

Infolge von Einwanderung leben auch in Europa zunehmend Menschen, die die Praxis als Teil ihrer Kultur verstehen[19] und ihre Töchter dem Ritual unterwerfen wollen.[20] Diese hiervor zu schützen, ist ein legitimer Ansatz der Strafgesetzgebung. Daher kann man die Einführung einer entsprechenden Norm grundsätzlich begrüßen, zumal umstritten war, inwiefern die anerkannten Fallgruppen des § 226 StGB den Eingriff überhaupt

---

11 *Rosenke* (Fn. 6), 34.

12 Zur Begriffsproblematik *Graf* (Fn. 10), 13 ff.; dazu auch *Mende* (Fn. 3), 60 ff., die ab S. 62 den Begriff „Exzision" verwendet, der jedoch auch für die Frauenbeschneidung gemäß Typ II der WHO-Klassifikation Verwendung findet, vgl. www.who.int/en/news-room/fact-sheets/detail/female-genital-mutilation.

13 Zur Funktion und Gestaltung solcher Initiationsriten *Mende* (Fn. 3), 141 ff.

14 *Unicef*, Female Genital Mutilation/Cutting: A Statistical Overview and Exploration of the Dynamics of Change (2013), 50, abrufbar unter www.unicef.org/cbsc/files/UNICEF_FGM_report_July_2013_Hi_res.pdf.

15 Überblick bei LK-StGB-*Grünewald* (Fn. 3), § 226a Rn. 3; ausführlich *Rosenke* (Fn. 6), 29–36 zu den vorgebrachten Gründen sowie 36 ff. zu den tatsächlichen Mechanismen; aus soziologischer Sicht *Nabaterregga*, A Comparative Study of Female Genital Mutilation (2015).

16 Dazu *Mende* (Fn. 3), 129–141.

17 Das wird z.B. deutlich in Interviews von *Lightfoot-Klein*, Das grausame Ritual (1992), 157 f.; historisch teilweise auch in Opposition zu kolonialen Abschaffungsbestrebungen, dazu *Mende* (Fn. 3), 66–84.

18 Schätzung der *WHO*, vgl. www.who.int/en/news-room/fact-sheets/detail/female-genital-mutilation.

19 *Graf* (Fn. 10), 36 ff. und 46 f. betont den identitätsstiftenden Gehalt der Praxis.

20 Zu den Hintergründen der Durchführung von Beschneidungen in migrantischen Communities aus sozialwissenschaftlicher Sicht *Mende* (Fn. 3), 99 ff.

erfassten[21] und ob eine Einordnung als bloße (gefährliche) Körperverletzung dem Gewicht der Tat gerecht würde.[22]

In völkerrechtlicher Hinsicht ist die weibliche Genitalverstümmelung als schwere Menschenrechtsverletzung durch verschiedene Abkommen international geächtet.[23] Jedoch fehlen in zahlreichen Staaten entsprechende strafbewehrte Verbote, oder diese werden nicht wirksam durchgesetzt.[24]

II. Die Zwangsheirat, § 237 StGB

Der Straftatbestand der Zwangsheirat in § 237 StGB wurde in seiner heutigen Form 2011 ins Strafgesetzbuch eingefügt, nachdem eine Strafbarkeit zuvor als besonders schwerer Fall der Nötigung bestand.[25] Die Neuregelung sollte den Unrechtscharakter der Zwangsverheiratung verdeutlichen[26] und kann daher ebenfalls als symbolische Gesetzgebung gesehen werden.[27] Die Notwendigkeit hierzu sah man, nachdem zunehmend Fälle der Zwangsverheiratung junger Frauen mit überwiegend türkischem Migrationshintergrund ins Licht der öffentlichen Aufmerksamkeit geraten waren.[28]

---

21 Gegen eine Erfassung z.B. Kindhäuser/Neumann/Paeffgen-StGB-*Böse*, 5. Aufl. (2017), § 226a Rn. 3; *Hahn*, ZRP 2010, 37, 38, für eine Erfassung *Rosenke* (Fn. 6), 128 f.

22 *Hahn* (Fn. 21), 38.

23 Dies ergibt sich unter anderem aus der UN-Frauenrechtskonvention, der UN-Kinderrechtskonvention, der Allgemeinen Erklärung der Menschenrechte, IPbpR und IPwskR, die Diskriminierungsverbote, das Recht auf Gesundheit und den Schutz vor Folter festschreiben; die Problematik ist Gegenstand verschiedener GV-Resolutionen der UN; die Abschaffung der Praxis ist eins der Ziele der 2030 Agenda for Sustainable Development der UN aus 2015; die Istanbul-Konvention enthält in Art. 38 eine spezifische Verpflichtung zur Strafbewehrung der weiblichen Genitalverstümmelung; Überblick im Sachstandsbericht von 2018 des Wissenschaftlichen Dienstes des Deutschen Bundestags WD 2–3000–034/18, 4 ff.

24 Dazu *Zöller*, in: Hefendehl u.a. (Hrsg.), Festschrift Schünemann (2014), 729, 738 f.; zum Fehlen entsprechender Verbote *Hahn* (Fn. 21), 38; zu den Gründen *Mende* (Fn. 3), 102 ff.

25 MüKo-StGB-*Wieck-Noodt*, 3. Aufl. (2017), § 237 Rn. 13.

26 BT-Drs. 17/4401, 9; *Sering*, NJW 2011, 2161.

27 Kindhäuser/Neumann/Paeffgen-StGB-*Sonnen*, 5. Aufl. (2017), § 237 Rn. 18; *Valerius*, JR 2011, 430, 431.

28 So die Begründung mehrerer Gesetzesentwürfe, BT-Drs. 16/1035, 1, 6; BT-Drs. 17/1213, 1, 7; BT-Drs. 17/4401, 1, 8.

Zwangsverheiratung kommt vor allem in Gesellschaften vor, in denen Ehen traditionell arrangiert werden.[29] Ehen dienen dabei teils mehr der Schließung und Festigung von Familienbündnissen als der Verwirklichung individueller Lebensentwürfe der zukünftigen Eheleute.[30] Gerade aufgrund einer starken patriarchalen Prägung[31] kann aus einer arrangierten Ehe eine Zwangsverheiratung werden,[32] wenn nämlich ein Einspruch der Heiratskandidatinnen oder Heiratskandidaten gegen den durch ältere Verwandte auserkorenen Partner oder die Partnerin nicht vorgesehen ist und nicht respektiert wird.[33] Da arrangierte Ehen häufig in jungem Alter geschlossen werden,[34] kann der Widerspruch gegen elterliche Heiratspläne als nicht akzeptables Infragestellen der elterlichen Autorität aufgefasst werden und gegebenenfalls dem Ansehen der Familie schaden.[35] Besonders schwer, jedoch keinesfalls ausschließlich, sind Frauen und Mädchen hiervon betroffen,[36] da in entsprechend geprägten Kulturen von ihnen in noch höherem Maße Zurückhaltung und Gehorsam verlangt werden als von Jungen und Männern[37] und ihnen Selbstbestimmung oft nicht zugestanden wird.[38] Zwangsheiraten selbst mögen nicht Bestandteil der betroffenen Kulturen sein, allerdings ist zumindest das Arrangieren von Ehen in manchen Gesellschaften Tradition und stark mit dem Familienverständnis verknüpft.[39] In völkerrechtlicher Hinsicht gilt die Zwangsverheiratung als schwere Menschenrechtsverletzung.[40]

---

29 *Strobl/Lobermeier*, in: BMFSFJ (Hrsg.), Zwangsverheiratung in Deutschland (2007), 27.

30 *Strobl/Lobermeier* (Fn. 29), 43.

31 BT-Drs. 17/4401, 8.

32 Zu den Kontextbedingungen und Ursachen für Zwangsverheiratung das entsprechende Kapitel in der Untersuchung von *Strobl/Lobermeier* mit dem Titel „Zwangsverheiratung: Risikofaktoren und Ansatzpunkte zur Intervention" (Fn. 29), 27.

33 Zur Abgrenzung zwischen Zwangsheirat und arrangierter Ehe *Straßburger*, in: BMFSFJ (Hrsg.), Zwangsverheiratung in Deutschland (2007), 72 ff., 74, 82 f. zum Graubereich.

34 BT-Drs. 17/1213, 7.

35 BT-Drs. 16/1035, 6.

36 BT-Drs. 17/1213, 7.

37 Zur unterschiedlichen Erziehung von Mädchen und Jungen der Beitrag von *Toprak* in BMFSFJ (Hrsg.), Zwangsverheiratung in Deutschland (2007), 171 ff., es klingt auch an bei *Strobl/Lobermeier* (Fn. 29), 56.

38 BT-Drs. 17/4401, 8.

39 *Strobl/Lobermeier* (Fn. 29), 28 f.

40 Art. 16 Abs. 2 der Allgemeinen Erklärung der Menschenrechte der Vereinten Nationenstellt klar, dass die „Ehe [...] nur auf Grund der freien und vollen Willens-

C. *Die flankierenden strafanwendungsrechtlichen Vorschriften*

Sowohl § 237 als auch § 226a StGB kriminalisieren Verhaltensweisen, die hauptsächlich unter Zugewanderten gesellschaftlich verbreitet sind.[41] Schon aufgrund der familiären Anbindung verlagern sich Zwangsheiraten und rituelle Genitalverstümmelungen daher häufig ins Ausland. Man spricht von sogenannter Ferienbeschneidung[42] oder Ferienverheiratung,[43] bei denen die häufig minderjährigen Betroffenen im Zuge eines Familienbesuchs in der Heimat verheiratet oder beschnitten werden. Anders als bei § 226a StGB schuf man bei § 237 eine Norm, die bereits das Verbringen ins Ausland zwecks dortiger Zwangsverheiratung erfasst, die sogenannte Heiratsverschleppung.[44] Auch damit sind jedoch noch nicht reine Auslandssachverhalte erfasst bzw. solche, in denen zumindest nicht nachweisbar ist, dass bei Reiseantritt schon die spätere Zwangsverheiratung geplant war.[45] Für § 226a StGB fehlte eine Vorschrift, die entsprechende Sachverhalte im Ausland erfasste, zunächst völlig.[46]

Dies bedeutete nicht, dass entsprechende Auslandstaten in Deutschland überhaupt nie verfolgt werden konnten. In vielen Fällen dürfte es zumindest Mitwirkungshandlungen auf deutschem Boden geben, die über

einigung der zukünftigen Ehegatten geschlossen werden" darf. Auch die Empfehlung Nr. 21 des UN-Komitees zur Abschaffung aller Formen der Diskriminierung von Frauen bekräftigt das Recht auf Auswahl des Ehegatten und freiwillige Eingehung der Ehe.

41 *Valerius* (Fn. 27), 432; für die Verstümmelung weiblicher Genitalien LK-StGB-*Grünewald* (Fn. 3), § 226a Rn. 2; deshalb kritisiert *Sotiriadis* (Fn. 3), 337–338 die Vorschrift als kulturalisierend: sie richte sich primär an die Mehrheitsgesellschaft und habe symbolischen Charakter. Zur vielschichtigen Bedeutung der Praxis der Genitalverstümmelung in migrantischen Communities *Mende* (Fn. 3), 101.

42 So auch BT-Drs. 17/1217, 7.

43 *Yerlikaya/Çakır-Ceylan*, ZIS 2011, 205, 206.

44 BeckOK-StGB-*Valerius*, 43. Aufl. (2019), § 237 Rn. 8, 8.1.

45 Tatsächlich wurde die Aufnahme des § 226a StGB in den Katalog des § 5 StGB mit Beweisschwierigkeiten bzgl. des Gegebenseins anderer Inlandsbezüge begründet, BT-Drs. 18/2601, 21–22: In der Regel sei wohl eine inländische Mitwirkungshandlung beispielsweise der Eltern gegeben, aber ggf. nur schwer nachweisbar.

46 Der Vorschlag des Bundesrats, BT-Drs. 17/1217, sah bereits eine Aufnahme des § 226a StGB in den Katalog des § 5 StGB vor, einer entsprechenden Regelung wurde jedoch seitens der FDP entgegengehalten, die Durchführung von Verfahren in den relevanten Fällen sei unrealistisch, weshalb man letztlich davon absah, eine entsprechende Regelung in § 5 StGB zu treffen. Dies wurde mit dem Entwurf BT-Drs. 18/2601 nachgeholt.

§ 9 StGB einen deutschen Tatort begründen.[47] Eine Auslandstat kann außerdem unter anderem dann gemäß § 7 Abs. 1, Abs. 2 Nr. 1 StGB auch in Deutschland verfolgt werden, wenn Opfer oder Täterinnen bzw. Täter Deutsche sind und die Tat auch am Tatort mit Strafe bedroht ist. Zumindest in vielen Fällen von Zwangsheirat sind Opfer und Täterinnen oder Täter deutsche Staatsangehörige mit Migrationshintergrund.[48] Bei der Verstümmelung weiblicher Genitalien hingegen verblieb kaum ein Anwendungsbereich.[49] Jedoch sind auch diejenigen auf den Schutz vor entsprechenden Taten angewiesen, die zwar in Deutschland leben, jedoch keine deutschen Staatsangehörigen sind.[50] Die Abhängigkeit der Auslandsstrafbarkeit von der deutschen Staatsangehörigkeit der Beteiligten wurde daher kritisiert.[51] Auch die Abhängigkeit vom Tatortrecht in den Fällen des § 7 StGB erschien problematisch.[52] Zur Beseitigung dieses Missstandes wurde § 5 StGB geändert, der die Anwendbarkeit des deutschen Strafrechts auf Auslandstaten mit besonderem Inlandsbezug unabhängig vom Tatortrecht vorsieht.[53]

Zur Erfassung der Zwangsheirat (§ 237 StGB) wurde Nr. 6. c) eingefügt, zur Erfassung der Verstümmelung weiblicher Genitalien (§ 226a StGB) Nr. 9a. b), die beide wortgleich vorsehen, dass auf diese Taten unter anderem dann deutsches Strafrecht Anwendung findet, „wenn die Tat sich gegen eine Person richtet, die zur Zeit der Tat ihren Wohnsitz oder gewöhnlichen Aufenthalt im Inland hat".

Damit wurde die deutsche Strafgewalt auf Auslandstaten erstreckt, deren einziger Bezug zu Deutschland darin liegt, dass das Opfer in Deutschland lebt. Hier wurde dem Strafanwendungsrecht die Funktion beigemessen, wirksamen Opferschutz erst zu ermöglichen.[54] Inwieweit dadurch tat-

---

47 Darauf verweist auch die Begründung des Gesetzesentwurfs in BT-Drs. 18/2601, 21–22.

48 *Freudenberg*, in BMFSFJ (Hrsg.), Zwangsverheiratung in Deutschland (2007), 246.

49 Die praktische Relevanz von Fallkonstellationen, in denen weder Opfer noch Täterin oder Täter Deutsche sind, arbeitet *Sotiriadis* (Fn. 3), 332 heraus.

50 Treffend stellt *Hörnle*, Verhandlungen des 70. DJT, Bd. I C 61 auf das Gemeinwesen ab, an dem sie teilhaben.

51 Z.B. *Sotiriadis* (Fn. 3), 332 f. für die Verstümmelung weiblicher Genitalien; für eine Erweiterung aus diesen Erwägungen auch *Hörnle* (Fn. 50), C 58, C 60 f.

52 Für die Verstümmelung weiblicher Genitalien *Hörnle* (Fn. 50), C 58.

53 49. Gesetz zur Änderung des Strafgesetzbuches – Umsetzung europäischer Vorgaben zum Sexualstrafrecht, zurückgehend auf BT-Drs. 18/2601 und 18/3202.

54 So klingt es in der Begründung des Gesetzesvorschlags des Bundesrats in BT-Drs. 17/1217, 7 an; auch schon *Hahn* in seinem entsprechenden Vorschlag (Fn. 21), 39.

sächlich Opferschutz geschieht und was man darunter überhaupt zu verstehen hat, ist noch einen genaueren Blick wert.

Aus strafanwendungsrechtlicher Perspektive sind diese Vorschriften in zweierlei Hinsicht diskussionswürdig: zunächst wegen der Regelung in § 5 StGB, dessen einleitender Halbsatz lautet: „Das deutsche Strafrecht gilt, unabhängig vom Recht des Tatorts" – eine Strafgewaltausdehnung *unabhängig vom Recht des Tatorts* ist insbesondere völkerrechtlich problematisch.[55] Zum anderen aber wegen der Anknüpfung *an den Wohnsitz oder ständigen Aufenthalt des Opfers* – man spricht in dieser Hinsicht vom passiven Domizilprinzip,[56] ein Anknüpfungsprinzip, das das deutsche Strafanwendungsrecht sonst noch kaum kennt, das aber gerade aufgrund seiner höheren Flexibilität[57] im Zuge zunehmender Mobilität der Menschen nicht nur in Europa das Potential hat, zweckgerechtere strafanwendungsrechtliche Lösungen in Fällen mit Auslandsbezug zu ermöglichen.[58]

D. Einführung in das Strafanwendungsrecht

Um eine genauere Analyse zu ermöglichen, soll hier eine Einführung in das Strafanwendungsrecht erfolgen.

I. Das deutsche Strafanwendungsrecht

Das deutsche Strafanwendungsrecht widmet sich der Frage nach der Anwendbarkeit deutschen Strafrechts auf Auslandstaten.[59] Das tut es hauptsächlich in den §§ 3–7 und 9 StGB. § 3 legt zunächst fest, dass das deutsche Strafrecht für Taten gilt, die im Inland begangen werden. Der bereits erwähnte § 5 regelt die Anwendung des deutschen Strafrechts auf Auslandstaten mit besonderem Inlandsbezug, § 6 bestimmt die Anwendung deutschen Strafrechts auf Taten gegen international geschützte Rechtsgüter (Stichwort Weltrechtsprinzip) und § 7 bestimmt hauptsächlich die Geltung des deutschen Strafrechts für Auslandstaten von Deutschen oder gegen Deutsche. All diese Normen bestimmen lediglich einseitig, wann deut-

---

55 MüKo-StGB-*Ambos*, 3. Aufl. (2017), § 5 Rn. 9–11.

56 Zum Domizilprinzip allgemein LK-StGB-*Werle/Jeßberger*, 12. Aufl. (2011), Vor § 3 Rn. 254.

57 LK-StGB-*Werle/Jeßberger* (Fn. 56), Vor § 3 Rn. 254.

58 In diese Richtung auch MüKo-StGB-*Ambos* (Fn. 55), Vor § 3 Rn. 42 f.

59 *Ambos*, Internationales Strafrecht, 5. Aufl. (2018), § 1 Rn. 1.

sches Strafrecht angewendet wird und treffen keine allgemeine Regelung darüber, auf welche Sachverhalte das Recht welchen Landes zur Anwendung kommen soll.[60] Dementsprechend kennt das deutsche Strafanwendungsrecht keine echte Fremdrechtsanwendung (im Sinne der Bestimmung der Rechtsfolgen aus der Sanktionsnorm einer fremden Rechtsordnung).[61] Eine echte Fremdrechtsanwendung im Strafrecht ist auch in rechtsvergleichender Sicht unüblich.[62] Damit wird deutlich, dass Auslandssachverhalte nur dann nach deutschem Strafrecht beurteilt werden, wenn deutsche Gerichte dies tun, also international zuständig sind[63] – Gerichte fremder Staaten würden wiederum allenfalls ihr eigenes Strafrecht anwenden.

Diese Betrachtung zeigt, dass „Strafgewaltausdehnung“ mehrere Facetten hat:[64] Unter dem derzeitigen System muss die Ausdehnung des Anwendungsbereichs deutschen Strafrechts auf Auslandssachverhalte mit einer Ausdehnung der internationalen strafrechtlichen Zuständigkeit deutscher Gerichte einhergehen, will sie nicht wirkungslos bleiben; umgekehrt liefe wegen der ausgeschlossenen Fremdrechtsanwendung eine internationale strafrechtliche Zuständigkeit deutscher Gerichte leer, wenn deutsches Strafrecht nicht anwendbar wäre.[65] Auch wenn eine Ausdehnung des Anwendungsbereichs des deutschen materiellen Strafrechts also immer mit einer Ausdehnung der internationalen Zuständigkeit deutscher Strafgerichte einhergeht und umgekehrt, lässt sich logisch zwischen diesen Aspekten unterscheiden[66] und eine Fremdrechtsanwendung erscheint möglich.[67]

---

60 Allgemein dazu und vergleichend zum IPR *Satzger*, Internationales und Europäisches Strafrecht, 8. Aufl. (2018), § 3 Rn. 3–6.

61 *Satzger* (Fn. 60), § 3 Rn. 4, seine Ausführungen bei § 3 Rn. 6, es komme auch im deutschen Strafrecht zu einer Fremdrechtsanwendung, beziehen sich auf die Entscheidung von Vorfragen, nicht auf die Bestimmung der Rechtsfolge.

62 *Satzger* (Fn. 60), § 3 Rn. 3 betont den Ausnahmecharakter der zitierten (mittlerweile weggefallenen) Schweizer Vorschrift.

63 Zur internationalen Zuständigkeit als eigenständige Kategorie im Strafrecht *Mankowski/Bock*, JZ 2008, 555 ff.

64 Überblick dazu bei *Walther*, in: Arnold u.a. (Hrsg.), Festschrift Eser (2005), 925, 928 ff.

65 Ebenfalls wird – was bisher nur selten thematisiert wird, aber gerade im Zuge der Entstehung der Europäischen Staatsanwaltschaft relevant werden kann – eine „Verfolgungszuständigkeit“ deutscher Staatsanwaltschaften bzw. Strafverfolgungsorgane angenommen, so z.B. *Walther* (Fn. 64), 929 f.

66 Dazu *Mankowski/Bock* (Fn. 63), 560; auch *Walther* (Fn. 64), 928 ff.

67 So auch *Satzger* (Fn. 60), § 3 Rn. 5.

II. Völkerrechtlicher Hintergrund des Strafgewaltsrechts

Ist die Rede von einer Ausdehnung der Strafgewalt, scheint vorausgesetzt, dass sie zunächst beschränkt ist – nämlich auf das Inland. Deshalb klingt § 3 StGB auch so banal. Die Strafgewalt eines Staates ist Staatsgewalt und diese ist immer zunächst auf das Staatsgebiet beschränkt.[68] Eine Tat ist zuerst Angelegenheit des Tatortstaats, der das Zusammenleben der Menschen auf seinem Staatsgebiet mit Gesetzen ordnet, die alle beachten müssen, die an diesem Zusammenleben durch ihren Aufenthalt im Staatsgebiet teilnehmen.[69] Wie ein Staat auf den Bruch dieser Gesetze gegebenenfalls reagieren will, um ihre Geltung und damit seine öffentliche Ordnung zu erhalten, ist seine Entscheidung.[70] Die Bestimmung und strafrechtliche Sicherung einer solchen Ordnung auf fremdem Staatsgebiet wäre eine Einmischung in die inneren Angelegenheiten dieses Staates, die dessen Souveränität grundsätzlich verbietet.[71] Daher bedarf es einer besonderen völkerrechtlichen Rechtfertigung, Auslandssachverhalte durch deutsche Strafverfolgungsbehörden nach deutschem materiellen Strafrecht zu ahnden, sie also deutscher Strafgewalt zu unterwerfen.[72]

Auch wenn kein internationales Recht zur eindeutigen Bestimmung der Strafzuständigkeit besteht,[73] sieht das Völkerrecht rudimentäre Regeln dafür vor, unter welchen Bedingungen ein Staat sein Strafrecht auf Auslandssachverhalte zur Anwendung bringen darf.[74] Es ist völkerrechtlich anerkannt, dass die Einmischung in Angelegenheiten eines fremden souveränen Staats, die in der Ausdehnung der Strafgewalt liegt, unter gewissen Voraussetzungen zulässig ist. Das liegt daran, dass gewisse Taten eben nicht als Angelegenheiten nur des Tatortstaats anzusehen sind, sondern auch andere Staaten betreffen – ja in manchen Situationen sogar alle Staaten gemeinsam, als Staatengemeinschaft (Weltrechtsprinzip).[75]

So besteht aus deutscher Sicht eine Verantwortlichkeit für den Schutz eigener Staatsangehöriger vor Auslandstaten, weshalb auch solche Taten

---

68 Dazu *Ambos* (Fn. 59), § 2 Rn. 2.

69 *Satzger* (Fn. 60), § 4 Rn. 5.

70 *Ambos* spricht von der Regelungsgewalt, MüKo-StGB-*Ambos* (Fn. 55), Vor § 3 Rn. 11, 2 f.

71 *Ambos* (Fn. 59), § 2 Rn. 3 f.

72 *Ambos* (Fn. 59), § 2 Rn. 5 ff.

73 Zu Bestrebungen, solche Regeln zumindest innerhalb der EU zu schaffen *Satzger* (Fn. 60), § 3 Rn. 5.

74 *Ambos* (Fn. 59), § 2 Rn. 5 ff.

75 *Satzger* (Fn. 60), § 4 Rn. 12.

durch deutsche Strafgewalt geahndet werden sollen. Angeknüpft wird an die Nationalität des Opfers (passives Personalitätsprinzip).[76]

In den hier interessierenden Fällen misst sich Deutschland allerdings sogar eine Verantwortung für ausländische potentielle Opfer an, die üblicherweise in Deutschland leben. Sollen auch diese durch Ahndung von Auslandstaten geschützt werden, wird zur Strafgewaltsausdehnung also an den Wohnsitz oder ständigen Aufenthalt der Opfer angeknüpft.

Aus völkerrechtlicher Sicht ist die Legitimationskraft dieser Anknüpfungsprinzipien unterschiedlich stark.[77] Während es relativ unumstritten ist, dass ein Staat eigene Staatsangehörige für deren Auslandstaten zur Verantwortung ziehen kann, ist es durchaus zweifelhaft, ob ein Staat eigene Staatsangehörige durch Ausdehnung des Anwendungsbereichs des eigenen Strafrechts auf Auslandstaten schützen darf.[78] Noch problematischer erscheint es dementsprechend, fremde Staatsangehörige aufgrund des Wohnsitzes im Inland vor Straftaten im Ausland zu schützen.[79]

Wenn nun das Strafanwendungsrecht an Merkmale des Tatopfers anknüpft, stellt sich die Frage, welche Rolle das Opfer für das Strafanwendungsrecht spielt – und von welchem Opfer hier überhaupt die Rede ist.

E. Das Opfer im Strafanwendungsrecht

Wie nimmt das Strafanwendungsrecht das Opfer in Bezug?

Das Strafanwendungsrecht könnte ein Mittel sein, im Ausland begangene Taten gegen (wohnsitz-)deutsche Opfer zu ahnden und auf sonstige Weise den Tatopfern zu helfen, weil (Wohnsitz-)Deutsche Opfer geworden sind. Ebenso könnte die Strafgewaltsausdehnung den Zweck verfolgen, (Wohnsitz-)Deutsche davor zu schützen, Opfer einer Auslandstat zu werden, indem den potentiellen Täterinnen und Tätern eine Ahndung entsprechender Taten durch deutsche Strafgewalt angekündigt wird.

Der Blickwinkel auf die Tat unterscheidet sich dabei: Während im ersten Fall der Blick in die Vergangenheit gerichtet ist und ein repressiver, ja,

---

76 *Satzger* (Fn. 60), § 4 Rn. 11.

77 Überblick über die Anknüpfungsprinzipien bei *Satzger* (Fn. 60), § 4 Rn. 3 ff.

78 Überblick bei LK-StGB-*Werle/Jeßberger* (Fn. 56), Vor § 3 Rn. 229 f.; kritisch zur Völkerrechtskonformität MüKo-StGB-*Ambos* (Fn. 55), Vor § 3 Rn. 38 ff.

79 Kritisch zu der Regelung LK-StGB-*Werle/Jeßberger* (Fn. 56), Vor § 3 Rn. 254 sowie § 5 Rn. 112 ff.

ein retributiver Ansatz verfolgt wird, ist der Blick im zweiten Fall auf die Zukunft gerichtet und es wird ein präventiver Ansatz verfolgt.[80]

Das ist keine spezifisch strafanwendungsrechtliche, sondern eine strafrechtliche Überlegung. Es geht um den Zweck des Strafrechts, also um das Verständnis des Strafrechts überhaupt.[81] Aber es geht auch um die Bedeutung des Opfers im Strafrecht[82] und um das Verständnis von Opferschutz.

I. Zum Begriff des „Opferschutzes"

Der Begriff „Opferschutz" ist verwirrend, weil er für Konzepte gebraucht wird, die sich bei näherem Hinsehen fundamental unterscheiden. Der entscheidende Unterschied ist dabei die tatsächliche Opfereigenschaft eines Menschen, also der Umstand, dass eine Person die Erfahrung gemacht hat, Opfer einer Straftat geworden zu sein.[83] Man kann hier vom tatsächlichen, oder aktuellen, Opfer sprechen.[84] „Opferschutz" bedeutet dann, dass Menschen, die sich vielleicht in einer besonders prekären Situation befinden, möglicherweise besonders verletzlich und besonders schutzbedürftig sind, die nötige Unterstützung erfahren.

Sehr häufig geht es aber beim Terminus „Opferschutz" nicht um die Menschen, die tatsächlich Opfer einer Tat geworden sind, sondern um diejenigen, denen das erst droht – also um potentielle Opfer.[85] „Opferschutz" bedeutet dann Schutz davor, Opfer zu werden.[86] Wie wirkt sich also die Strafgewaltausdehnung auf die tatsächlichen und potentiellen Opfer aus?

II. Schutz der potentiellen Opfer vor Auslandstaten

Zunächst liegt der Gedanke nahe, dass es im Strafanwendungsrecht wie überhaupt im Strafrecht um den Schutz potentieller Opfer geht. Nach den

---

80 In diese Richtung auch *Schwander*, Das Opfer im Strafrecht, 3. Aufl. (2019), 24 f.

81 Dazu *Schwander* (Fn. 80), 21 ff.

82 *Schwander* (Fn. 80), 27 ff.

83 Zur Unterscheidung *Hassemer/Reemtsma*, Verbrechensopfer (2002), 100 ff.

84 *Schwander* (Fn. 80), 16; *Hassemer/Reemtsma* (Fn. 83), 100 f. sprechen vom „wirklichen Opfer".

85 *Hassemer/Reemtsma* (Fn. 83), 101.

86 So schlägt *Hahn* (Fn. 21) im Aufsatztitel vor: *„Genitalverstümmelung: Wirksamer Opferschutz durch einen eigenen Straftatbestand"*. Bereits in der Einleitung zeigt sich, dass es ihm darum geht, die Opfer vor, nicht von solchen Taten zu schützen.

heute überwiegend vertretenen präventiven Straftheorien ist das der Zweck des Strafrechts:[87] Soll eine Tat verhindert werden – *um Rechtsgüter potentieller Opfer zu schützen* –,[88] muss sie zunächst verboten werden.[89] Man kann von einer Verhaltensnorm sprechen,[90] weil den Adressatinnen und Adressaten abverlangt wird, ihr Verhalten so anzupassen, dass sie fremde Rechte nicht verletzen.[91] Die Geltungskraft dieser Verhaltensnorm soll durch die Androhung einer Strafe in einem Strafgesetz, einer Sanktionsnorm, sichergestellt werden.[92] Strafrecht ist daher nur mittelbarer „Opferschutz“: Die Sanktionierung entsprechender Normverstöße dient zunächst der Sicherung der Geltungskraft der Verhaltensnorm, die ihrerseits dem Schutz weiterer potentieller Opfer dient.[93] Das Strafanwendungsrecht dürfte danach dem mittelbaren Schutz potentieller Opfer auch im Ausland dienen.

1. *Die Ausdehnung des Geltungsbereichs der Verhaltensnorm*

Zum Ziel des Schutzes potentieller Opfer im Ausland ist es dementsprechend naheliegend, rechtsgutsschädigende Verhaltensweisen auch den potentiellen Täterinnen und Tätern dort zu verbieten.[94] Gerade dann, wenn am Tatort das fragliche Verhalten unverboten ist, bietet sich diese Ausdehnung des Geltungsbereichs der Verhaltensnorm an.[95] Denn wenn das fragliche Verhalten nicht verboten war, verstieße eine Bestrafung gegen das Schuldprinzip.[96] Wird im Strafanwendungsrecht eine Regelung getroffen, nach der das Strafanwendungsrecht für Auslandstaten unabhängig vom

---

87 Die präventive Legitimation betonen *Hassemer/Reemtsma* (Fn. 83), 101; auch *Schwander* (Fn. 80), 22 ff., 26 f.

88 *Schwander* (Fn. 80), 22.

89 *Freund*, Strafrecht AT, 2. Aufl. (2008), § 1 Rn. 6.

90 *Freund* (Fn. 89), § 1 Rn. 6 ff.

91 *Schneider*, Die Verhaltensnorm im Internationalen Strafrecht (2011), 36 f.

92 *Freund* (Fn. 89), § 1 Rn. 7 ff.

93 *Freund* (Fn. 89), § 1 Rn. 6.

94 So für ein herkömmliches Verständnis des § 7 I StGB *Schneider* (Fn. 91), 131 f., 136, die jedoch die Grundannahme, §§ 3 ff. StGB bezögen sich auf den Geltungsbereich von Verhaltensnormen, ablehnt, 273.

95 Es bedürfte einer Regelung unabhängig vom Tatortrecht, dazu *Schneider* (Fn. 91), 121 f., die jedoch die Ausdehnung des Geltungsbereichs von Verhaltensnormen ablehnt, 269, 276.

96 *Freund* (Fn. 89), § 1 Rn. 21; eine Bestrafung wäre danach auch zweckwidrig, § 2 Rn. 8 f.

Recht des Tatorts gelten soll, wie in § 5 StGB geschehen, soll also immer der Geltungsbereich der Verhaltensnorm ausgedehnt werden.[97]

a. Völkerrechtliche Implikationen und der Vorwurf der kulturellen Hegemonie

Völkerrechtlich ist dies problematisch, da es Deutschland nicht zusteht, die inneren Angelegenheiten eines fremden Staates zu regeln.[98] Bei tatortrechtsunabhängigen Regelungen zum Schutz potentieller Opfer im Ausland bestehen schon Zweifel an deren strafanwendungsrechtlicher Schutzbedürftigkeit: Diese begeben sich auf eigene Gefahr in den Staat, in dem ihnen eine dort unverbotene Verletzung ihrer Rechte droht[99]. Gerade bei den hier interessierenden Delikten sind die potentiellen Opfer jedoch häufig minderjährig und entscheiden sich nicht aus freien Stücken zur Einreise in den fraglichen Staat.[100] Die Kriminalisierung bereits der Verbringung in den späteren Tatortstaat, wie in § 237 Abs. 2 StGB vorgesehen, bietet hier einen rudimentären Schutz.

Allerdings steht hier auch schnell der Vorwurf der kulturellen Hegemonie im Raum. So erscheint die Behandlung insbesondere der Verstümmelung weiblicher Genitalien im westlichen Diskurs teilweise als undifferenziert und bevormundend.[101] Dass es aus betroffenen Gesellschaften heraus selbst Abschaffungsbestrebungen gibt, die aufgrund ihrer Verwurzelung in der Gemeinschaft legitimer und erfolgversprechender sein dürften,[102] wird nicht berücksichtigt.[103] So stellten sich westliche Abschaffungsbemühun-

---

97 *Schneider* (Fn. 91), 121 f., die eine entsprechende Regelung in den hier interessierenden Fallkonstellationen jedoch für inhaltsleer hält, wenn eine entsprechende Verhaltensnorm am Tatort fehlt, 280–283.

98 *Ambos* (Fn. 59), § 2 Rn. 3; weitergehend zu Grenzen aus supranationalem Recht die Analyse von *Schneider* (Fn. 91), 210–269.

99 In diese Richtung gehen Überlegungen bei *Oehler*, Internationales Strafrecht, 2. Aufl. (1983), Rn. 161 für Beschuldigte, die sich ihren Tatort ja ausgesucht haben. Bei genauem Hinsehen hat sich aber auch das Opfer grundsätzlich dafür entschieden, sich in einem Staat aufzuhalten, in dem es möglicherweise unzureichend geschützt ist.

100 Zum Alter der Opfer der Zwangsheirat die Studie von *Strobl/Lobermeier* (Fn. 29), 32 f.; für die Opfer der Verstümmelung weiblicher Genitalien *Unicef* (Fn. 14).

101 Ausführlich zu dieser Problematik *Mende* (Fn. 3), 66 ff., insb. 69–75, zusammenfassend 83.

102 *Mende* (Fn. 3), 113.

103 Dazu aber *Mende* (Fn. 3), 78 f.

gen schnell als neokoloniale Einmischung dar.[104] Notwendig wäre auch eine differenziertere Auseinandersetzung mit den Gründen, die zu einer Beibehaltung der Praxis führen.[105]

Deutlich ist auch, dass die westliche Ablehnung der fraglichen Praxis nicht nur unzureichend zwischen ihren Ausprägungen unterscheidet, sondern auch ihrerseits unzweifelhaft kulturell geprägt ist. Bei der Verstümmelung weiblicher Genitalien entsteht dieser Verdacht auch durch die Haltung zu Schönheitsoperationen. So geht der Gesetzgeber davon aus, dass Schönheitsoperationen schon nicht dem Tatbestand des § 226a StGB unterfallen.[106] Dagegen soll er „religiös oder traditionell bedingte […] Beschneidungen von Frauen und Mädchen"[107] in jeder denkbaren Form erfassen, die dann auch aufgrund von Sittenwidrigkeit gemäß § 228 StGB keiner Rechtfertigung zugänglich seien.[108] Auffällig ist die unterschiedliche Behandlung der Knabenbeschneidung und jeder auch noch so oberflächlichen Form der Mädchenbeschneidung:[109] Auch medizinisch weitgehend unbedenkliche Verfahren der Beschneidung von Mädchen[110] erfahren im menschenrechtlichen Diskurs Ablehnung.[111] Hingegen erfolgte in Deutschland eine gesetzliche Erlaubnis der Knabenbeschneidung.[112]

---

104 *Mende* (Fn. 3), 70 f.

105 Ausführliche Auseinandersetzung bei *Mende* (Fn. 3), 102 et passim.

106 BT-Drs. 17/13707, 6.

107 BT-Drs. 17/13707, 6.

108 BT-Drs. 17/13707, 6.

109 Die kulturelle Prägung herausarbeitend *Sotiriadis* (Fn. 3), 324 f., 326 f., 337 f. zur Differenzierung zwischen Knabenbeschneidung und weiblicher Genitalverstümmelung sowie – in dieselbe Richtung gehend – zwischen verschieden motivierten Eingriffen am weiblichen Genital; auch *Wolters* (Fn. 7), 563 ff.; problematisieren kann man auch die Nichterfassung von geschlechtszuweisenden Operationen an einwilligungsunfähigen intersexuellen Kindern, dazu LK-StGB-*Grünewald* (Fn. 3), § 226a Rn. 29.

110 Vorschläge von *Arora/Jacobs*, Journal of Medical Ethics 42 (2016), 148 ff.; über frühere Vorschläge berichtet *Kelley*, Doctor Fights Ban On Circumcising Girls, The Seattle Times, 6. Juni 1996; zur Thematik *American Academy of Pediatrics Committee on Bioethics*: Ritual Genital Cutting of Female Minors (2010), abrufbar unter https://pediatrics.aappublications.org/content/125/5/1088#xref-ref-31-1.

111 Z.B.: *ahafoundation*, Why a „ritual nick" is a smoke screen for Female Genital Mutilation, abrufbar unter www.theahafoundation.org/why-a-ritual-nick-is-a-smoke-screen-for-female-genital-mutilation.

112 Nach der Entscheidung LG Köln NJW 2012, 2128 f. geriet die Knabenbeschneidung in die Diskussion (Nachweise bei *Beulke/Dießner*, ZIS 2012, 338 Fn. 3), die in die Einführung des § 1631d BGB mündete; *Graf* (Fn. 10), 53, weist darauf hin, dass Grausamkeit nicht durch einen Vergleich mit schwererer oder weniger schwerer Grausamkeit entfällt.

Bestrebungen, die Bestrafung von Auslandstaten auch dann sicherzustellen, wenn keine entsprechende Strafnorm am Tatort besteht, stehen daher immer vor der Frage: Will man sich darauf berufen, dass die fraglichen Praktiken international geächtet sind und ebenso gut das Weltrechtsprinzip zum Tragen kommen könnte[113] – oder sollte man respektieren, dass die Bereitschaft der betroffenen Länder zu ihrer Bekämpfung fehlt?

b. Schuldprinzip und Verbotsirrtum im Strafanwendungsrecht

Auch bei quasi-weltrechtlich legitimierter Strafgewaltausdehnung stellt das Schuldprinzip eine Hürde für den wirksamen Schutz potentieller Opfer durch das Strafanwendungsrecht dar: Konnte sich eine Auslandstäterin oder ein Auslandstäter von einer deutschen Verhaltensnorm angesprochen fühlen? Bei näherem Hinsehen handelt es sich dabei jedoch *nicht* um ein strafanwendungsrechtliches Problem, denn: Die völkerrechtliche Legitimität einer entsprechenden Verhaltensnorm vorausgesetzt, kommt es für deren Auslandsgeltung nicht darauf an, ob potentielle Täterinnen und Täter ihre Geltung regelmäßig erwarten.[114] Für die strafanwendungsrechtliche Legitimität genügt es, dass überhaupt denkbar ist, dass potentielle Auslandstäter die Norm kennen. Kannten sie sie nicht und konnte das in ihrem Fall auch nicht erwartet werden, befinden sie sich in einem unvermeidbaren Verbotsirrtum und die Bestrafung ist ausgeschlossen – jedoch nicht wegen der fehlenden Auslandsgeltung der Norm, sondern wegen fehlender Schuld.[115]

Es verbleiben aber zumindest Zweifel an der Sinnhaftigkeit der Strafgewaltausdehnung: In den für das passive Personalitätsprinzip bzw. Domizilprinzip interessanten Konstellationen sind potentielle Täterinnen oder Täter typischerweise mit deutschen Normen nicht vertraut. Gerade wenn die Normen des Tatortstaates inhaltlich deutschen Normen widersprechen – also in den für § 5 StGB relevanten Fällen –, ist nicht zu erwarten, dass sie deutsche Normen befolgen, zumal wenn sie von der Anknüpfungstatsache, der deutschen Staatsangehörigkeit oder dem deutschen Domizil des Opfers, keine Kenntnis haben.[116] Letztere dürfte den Täterinnen und Tä-

---

113 So *Hagemeier/Bülte*, JZ 2010, 409 f.

114 Ähnlich *Schneider* (Fn. 91), 181 f., jedoch auf der Basis eines unrechtsneutralen Verständnisses der §§ 3 ff. StGB.

115 Dazu *Freund* (Fn. 89), § 4 Rn. 60; für das Problem der Auslandsgeltung einer Sanktionsnorm auch *Schneider* (Fn. 91), 181 f.

116 Zur Problematik *Oehler* (Fn. 99), Rn. 127.

tern der Ferienbeschneidungen und Ferienhochzeiten allerdings zumeist bekannt sein. Zumindest die in Deutschland lebenden Beteiligten, gerade die Eltern,[117] dürften auch wissen, dass die entsprechende Praxis in Deutschland verboten ist.[118]

2. *Ausdehnung des Anwendungsbereichs der Sanktionsnorm*

Wenn die Ausdehnung der Geltung schützender Verhaltensnormen auf das Ausland starken völkerrechtlichen Bedenken ausgesetzt ist, könnte der Anwendungsbereich bloß der Sanktionsnorm ausgedehnt werden. Diese würde sich dann auf die Verletzung einer Verhaltensnorm des Tatorts beziehen, also die Geltungskraft einer fremden Verhaltensnorm schützen.[119] Die Strafgewaltausdehnung in dieser Form ist immer tatortrechtsabhängig: Das Verhalten muss am Tatort zumindest verboten sein.[120] Deutschland erhebt in diesem Fall nicht den Anspruch, das Zusammenleben in einem fremden Staat durch deutsche Verhaltensnormen ordnen zu wollen. Völkerrechtlich gesehen liegt trotzdem eine Einmischung vor, denn es obliegt grundsätzlich dem Tatortstaat, zu entscheiden, ob und in welcher Form die Geltungskraft der eigenen Verhaltensnormen durch Sanktionsnormen sichergestellt werden soll.[121]

---

117 So auch *Schramm*, in: Heger u.a. (Hrsg.), Festschrift Kühl (2014), 603, 629.

118 Dies geht aus einer vom BMFSFJ geförderten Studie von Integra hervor, *Nestlinger/Fischer/Jahn/Ihring/Czelinski*, Eine empirische Studiue zu weiblicher Genitalverstümmelung in Deutschland (2017), 35, 42, 47, 53, www.netzwerk-integra.de/startseite/studie-fgm.

119 Dazu *Schneider* (Fn. 91), 276–279.

120 *Schneider* (Fn. 91), 280–283 geht dementsprechend davon aus, dass die Vorgaben des § 5 StGB teilweise leerlaufen, soweit keine entsprechende Verhaltensnorm am Tatort existiert.

121 Dass es eine eigene Frage ist, ob und in welcher Form die Verhaltensnormgeltung durch Sanktionsnormen gesichert werden soll, zeigt *Freund* (Fn. 89), § 1 Rn. 25 f.

3. Ausweitung der internationalen Zuständigkeit deutscher Gerichte

Zuletzt ist eine Ausweitung nur der internationalen Zuständigkeit deutscher Gerichte denkbar. Das erforderte eine Fremdrechtsanwendung.[122]

Hiermit wäre kein verstärkter rechtlicher Schutz der potentiellen Opfer erreichbar, da diese lediglich durch die Tatortgesetze geschützt wären. Sinnvoll könnte dies nur mit Blick auf den Schutz eigener Staatsangehöriger im Ausland insofern sein, als ein Tatortstaat Taten gegen ausländische Opfer möglicherweise nicht mit hinreichendem Nachdruck verfolgt.[123] Bei Fällen der Ferienbeschneidungen und Ferienzwangsheirat sind die Opfer allerdings oftmals Staatsangehörige des Tatortstaats, sodass zumindest diese Gefahr der Diskriminierung gering erscheint.

III. Schutz der Interessen tatsächlicher Opfer im Ausland durch das Strafanwendungsrecht?

Tatsächlich beginnt hier allerdings ein Bereich, in dem nicht mehr nur potentielle Opfer betroffen sind: Unzureichende Strafverfolgung könnte auch die Interessen der tatsächlichen Opfer verletzen. Nachdem untersucht wurde, inwiefern potentielle Opfer durch das Strafanwendungsrecht geschützt werden können, soll daher nun beleuchtet werden, welche Bedeutung die Ausdehnung der deutschen Strafgewalt für die tatsächlichen Opfer hat und wie sie sich auf deren Interessen auswirkt.

1. Lebenshilfe

Es besteht zunächst unabhängig von strafrechtlicher Ahndung ein Bedürfnis des potentiellen Opfers nach Hilfe. Dem Opfer muss zuallererst eine Lebensperspektive gegeben werden.[124]

Erstreckt Deutschland seine Strafgewalt auf Auslandstaten, könnte dies den Opfern den Zugang zu Unterstützung eröffnen, die ihnen anderenfalls verwehrt bliebe. Allerdings ist dies keinesfalls zwingend. Zum einen

---

122 Diese Möglichkeit zeigt das von *Satzger* (Fn. 60), § 3 Rn. 3 gewählte Beispiel der inzwischen geänderten Schweizer Regelung. Die Neuregelung kodifiziert für einige Fälle das Lex-Mitior-Prinzip, Art. 7 Abs. III StGB-CH.

123 *Oehler* (Fn. 99), Rn. 127.

124 Darauf geht für die Zwangsheirat *Ateş* ein, in: BMFSFJ (Hrsg.), Zwangsverheiratung in Deutschland (2007), 229 ff.

ist es durchaus denkbar, dass beispielsweise der Tatortstaat deutlich umfassendere und wirksamere Maßnahmen der Opferhilfe kennt,[125] zum anderen könnten die Anwendbarkeit des deutschen Strafrechts und die Möglichkeit der Opferhilfe entkoppelt werden. Zumindest aufgrund des Hinzutretens der Zuständigkeit eines weiteren Staates neben dem Tatortstaat könnte dem Opfer jedoch eine Wahlmöglichkeit eröffnet werden, in welchem Land es Opferhilfe in Anspruch nehmen will.

Was ausländische Opfer wie in den Fällen der §§ 226a, 237 StGB betrifft, stellt sich auch die Frage nach der Bleibeperspektive;[126] hier kommt das Aufenthaltsrecht ins Spiel. So waren Opfer von Zwangsheirat vor der Einführung des § 237 StGB mit aufenthaltsrechtlichen Problemen konfrontiert.[127] Zugleich mit der Einführung von § 237 änderte man das Aufenthaltsgesetz, das nun für diesen Fall in § 37 Abs. 3 AufenthG ein Rückkehrrecht vorsieht.[128] Tatsächlich handelt es sich hierbei jedoch nicht um ein strafanwendungsrechtliches Problem, denn da § 37 AufenthG nicht auf § 237 StGB verweist, sondern selbst – nahezu wortgleich zu § 237 StGB – die Voraussetzungen des Bestehens einer Zwangsheirat festsetzt, ist eine entsprechende Rückkehrmöglichkeit nicht an die strafanwendungsrechtliche Anwendbarkeit des § 237 StGB gekoppelt.[129] Problematischer ist in dieser Hinsicht die Gefährdung des Aufenthaltsstatus der möglicherweise tatbeteiligten Eltern.[130] Dies dürfte vor allem bei den in der Regel deutlich jüngeren Opfern der Genitalverstümmelung zu beachten sein. Gerade durch die Strafgewalterstreckung wird die Verurteilung ihrer Eltern wegen eines Verbrechens möglich (§ 226a StGB sieht eine Mindestfreiheitsstrafe von einem Jahr vor). Zwar ist die Ausweisung keinesfalls zwingend. Insbesondere ist sie gemäß § 53 AufenthG nur zulässig bei Ausländern, deren Aufenthalt die öffentliche Sicherheit und Ordnung, die freiheitlich-demokratische Grundordnung oder sonstige erhebliche Interessen der Bundesrepublik Deutschland gefährdet und es muss eine Interessensabwägung erfolgen,[131] bei der auch die Belange von Kindern der Betroffenen zu be-

---

125 In diese Richtung *Walther* (Fn. 64), 942 für den Tatortstaat und die Beschuldigten. Die Ausführungen lassen sich aber auf Opferrechte übertragen.

126 Dazu *Freudenberg* (Fn. 48), 246 ff.

127 Dazu *Freudenberg* (Fn. 48), 246 ff.

128 BT-Drs. 17/4401, 1 f.; dazu *Sering* (Fn. 26), 2163 f.

129 Unklar aber BeckOK-Ausländerrecht-*Dollinger*, 23. Aufl. (2013), § 37 AufenthG, Rn. 47, der fordert, zumindest der objektive Tatbestand des § 237 StGB müsse erfüllt sein.

130 So auch *Sotiriadis* (Fn. 3), 338.

131 Dazu Bergmann/Dienelt-AufenthG-*Bauer/Dollinger*, 12. Aufl. (2018), § 53 Rn. 11 ff.; 50 ff.

rücksichtigen sind.[132] Allerdings wird auch weiterhin eine Ausweisung aus generalpräventiven Gründen für zulässig erachtet.[133] Und gemäß § 54 Abs. 1 Nr. 1a AufenthG besteht ein besonders schwerwiegendes Ausweisungsinteresse bei einer Verurteilung zu einem Jahr Freiheitsstrafe wegen einer vorsätzlichen Straftat gegen die körperliche Unversehrtheit, wenn die Tat – wie wohl in den Fällen der Verstümmelung weiblicher Genitalien stets anzunehmen – mit Gewalt begangen ist.[134] Andererseits begründet das Personensorgerecht für aufenthaltsberechtigte Minderjährige gemäß § 55 Abs. 2 Nr. 3. AufenthG wiederum ein schwerwiegendes Bleibeinteresse.[135] In Anbetracht des Umstands, dass das Kind in diesen Fällen gerade das Opfer der Tat ist, die das besonders schwerwiegende Ausweisungsinteresse begründet, wäre es wünschenswert, dessen Belange zu bevorzugen.[136] Es ist daher zu hoffen, dass sich die Situation der Opfer durch die Strafgewaltausdehnung nicht aus aufenthaltsrechtlichen Gründen verschlechtert. Eine entsprechende Berücksichtigung der Opferbelange bei aufenthaltsrechtlichen Entscheidungen ist jedenfalls durch aufenthaltsrechtliche Regelungen sicherzustellen und nicht auf strafrechtlicher oder gar strafanwendungsrechtlicher Ebene anzugehen.[137]

2. *Die Möglichkeiten der Mitwirkung*

Viele Opfer wollen bei der Aufarbeitung der gegen sie gerichteten Tat eine aktive Rolle spielen können, während umgekehrt die Rolle, die die öffentliche Strafverfolgung dem Opfer beimisst, als belastend erlebt wird (sekundäre Viktimisierung).[138] Sie wollen an den Verfahren beteiligt sein können, sich Gehör verschaffen können.[139] Es geht also um Mitwirkungsmöglichkeiten.

---

132 Huber-AufenthG-*Beichel-Benedetti*, 2. Aufl. (2016), § 53 Rn. 17.

133 Dazu Bergmann/Dienelt-AufenthG-*Bauer/Dollinger* (Fn. 131), § 53 Rn. 34.

134 Dazu Bergmann/Dienelt-AufenthG-*Bauer/Dollinger* (Fn. 131), § 54 Rn. 10 f., zum gesetzgeberischen Hintergrund BT-Drs. 18/9097, 32: Ahndung als Mittel zur Bekämpfung von Gefahren für die öffentliche Sicherheit und Ordnung.

135 Dazu *Cziersky-Reis*, NK-Ausländerrecht, 2. Aufl. (2016), AufenthG § 55 Rn. 31 ff.

136 Das klingt auch bei *Sotiriadis* (Fn. 3), 338 an, der überdies die Anzeigebereitschaft für aufgrund dieser Gefahr reduziert hält.

137 Kindhäuser/Neumann/Paeffgen-StGB-*Böse* (Fn. 21), § 226a Rn. 2; *Schramm* (Fn. 117), 618–621; *Wüstenberg*, ZMGR 2012, 263, 264 f.

138 Dazu *Kilchling*, NStZ 2002, 57, 60 f.

139 Dazu *Kilchling* (Fn. 138), 61 f.: Opfer wünschen sich umfassende „Informations-, Akteneinsichts- und Anhörungsrechte".

Hier kann den Opfern eine Ausdehnung der deutschen Strafgewalt deshalb zugutekommen, weil sie immer mit einer Ausdehnung der deutschen internationalen Zuständigkeit einhergeht, ein Verfahren wegen der Tat also in Deutschland geführt werden kann. Ob dies für das Opfer von Vorteil ist, hängt allerdings von dessen Wohnort und Sprachkenntnissen ab:

So kann ein in Deutschland wohnhaftes Opfer von einem Verfahren in Deutschland insofern profitieren, als die Anreise zum Prozess deutlich weniger zeitaufwändig und finanziell günstiger ist als die Anreise zu einem Verfahrensort im Ausland. Dies spricht insbesondere für das passive Domizilprinzip, bei dem an den Wohnort des Opfers angeknüpft wird.[140]

Ein Verfahren in Deutschland kann dem Opfer die Verfahrensbeteiligung auch in sprachlicher Hinsicht erleichtern. Gerade die von §§ 226a, 237 StGB betroffenen Opfer sind zwar häufig Ausländerinnen und Ausländer, allerdings oft in Deutschland gut integrierte deutschsprachige Minderjährige.

In rechtlicher Hinsicht profitiert das Opfer nicht zwingend von einer Verfolgung der Tat in Deutschland – ist es doch durchaus denkbar, dass die Prozessordnungen anderer Länder deutlich weitergehende Rechte der Mitwirkung für die Verletzten vorsehen.[141]

3. *Ahndung und Wiedereingliederung*

Nicht zuletzt besteht oft ein Wunsch der Opfer nach Aufarbeitung, nach Ahndung der Tat und ggf. nach materieller und immaterieller Wiedergutmachung.[142]

Wie angesprochen, kommt dem Opfer in den gängigen Strafzwecktheorien eine marginale Rolle zu. Dabei ist umstritten, welche Theorie das Opfer noch am ehesten in den Blick nimmt.[143] Die rechtsphilosophische Diskussion wird relevant für die Frage, ob das Opfer ein Recht auf die Bestrafung der Täterin oder des Täters hat und welche Position ihm im Strafverfahren gegen die Täterin oder den Täter zukommt.[144] Auch wer ein ent-

---

140 Das klingt auch bei *Ambos* an, MüKo-StGB-*Ambos* (Fn. 55), Vor § 3 Rn. 42.

141 In diese Richtung *Walther* (Fn. 64), 942 für den Tatortstaat und die Beschuldigten. Die Ausführungen lassen sich aber auf Opferrechte übertragen.

142 Zu den Opferinteressen *Kilchling* (Fn. 138), 61, 62.

143 Überblick über die Theorien bei *Schwander* (Fn. 80), 27 ff.

144 Der Frage nach dem Bestehen eines solchen Rechts widmet sich *Reemtsma*, Das Recht des Opfers auf Bestrafung des Täters (1999); *Kilchling* (Fn. 138), 57 ff. untersucht auch die prozessualen Implikationen, insb. 61 f., 63.

sprechendes Recht des Opfers ablehnt, kann ein Interesse des Opfers hieran jedenfalls schwer bestreiten.[145]

Mit der Bedeutung der Ahndung der Tat für das Opfer hat sich *Jan Philipp Reemtsma* eingehend befasst.[146] Er ist der Ansicht, dass auch das Opfer der „Resozialisierung“ bedarf, also der Wiedereingliederung in die Gesellschaft,[147] die eben dadurch ermöglicht wird, dass sich die Gesellschaft mit dem Opfer solidarisiert, indem sie die Tat ahndet.[148] Das durch die Tat erschütterte Normvertrauen des Opfers muss wieder hergestellt werden.[149] *Reemtsma* fasst es so zusammen, dass dem Opfer, dessen Vertrauen in die Gesellschaft und seine Stellung in ihr durch die Tat erschüttert worden ist, durch die Ahndung von der Gesellschaft versichert wird, dass das, was ihm widerfahren ist, Unrecht war und nicht nur Unglück.[150]

Dabei stellt sich aber die Frage, welche Gesellschaft dies dem Opfer vermitteln soll, wenn es um eine Auslandstat geht. Gerade in Fällen, in denen am Tatort erlaubt ist oder wenigstens toleriert wird, was im Wohnungsstaat des Opfers ein Verbrechen ist, lässt sich diese restaurative Aussage schlecht treffen. Dem Opfer kann beispielsweise in den Fällen der §§ 226a, 237 StGB lediglich vermittelt werden, dass in seinem Wohnungsstaat ein solches Geschehen Unrecht wäre und nicht bloß Unglück, auch wenn es im Tatortstaat möglicherweise sogar Recht ist. Aber vielleicht kommt es auf eine entsprechende Aussage des Wohnungsstaats auch eher an als auf eine des Tatortstaats. Die „Resozialisierung“, also die Wiedereingliederung des Opfers in die Gesellschaft, müsste in der Gesellschaft erfolgen, in der das Opfer leben und wiedereingegliedert werden möchte – und das muss ja keinesfalls der Herkunftsstaat, sondern könnte gerade der Wohnortstaat sein, wenn sich das Opfer hier eine Lebensperspektive wünscht. Dabei zeigt sich die Überlegenheit des passiven Domizilprinzips gegenüber dem passiven Personalitätsprinzip in Fällen des Auseinanderfallens von Wohnort und Herkunftsland.[151]

---

145 Die Interessen der Opfer an Strafverfolgung untersucht *Kilchling* (Fn. 138), 57 ff.

146 *Reemtsma* (Fn. 144), sowie *ders.*, Im Keller (1997), 215 f.

147 *Reemtsma* (Fn. 144), 20 f., 25 ff.

148 *Reemtsma* (Fn. 146), 215 f.

149 *Kilchling* (Fn. 138), 59.

150 *Reemtsma* (Fn. 144), 20 f., 25 f.

151 Das Strafanwendungsrecht ist auf den nur noch bedingt typischen Fall einer Person ausgerichtet, die (nur) in dem Land fest verwurzelt ist, dessen Staatsangehörigkeit sie hat und schon zur Tatzeit hatte, so *Walther* (Fn. 64), 940 ff.

F. Ergebnis

Die Gesamtschau der drei Opferinteressen zeigt, dass es lediglich bei der Partizipation auf den Ort der Aufarbeitung ankommt, also räumliche und sprachlich-rechtskulturelle Nähe dem Opfer zu Gute kommen kann. Die entscheidende Rolle spielt aber das jeweilige Prozessrecht, das am Tatort auch deutlich opferfreundlicher sein könnte. Für die „Resozialisierung" wiederum kommt es entscheidend auf die Gesellschaft an, in der das Opfer leben und wiedereingegliedert werden möchte.

Inwiefern der durch § 5 StGB angestrebte stärkstmögliche Schutz potentieller Opfer erreicht werden kann, ist fraglich. Allerdings lassen sich in den Fällen der §§ 226a, 237 StGB zumindest die völkerrechtlichen Bedenken durch einen Verweis auf die internationale Ächtung der fraglichen Praktiken entkräften. Auch die Befürchtung, die Täterinnen oder Täter der Auslandstat entgingen aufgrund eines unvermeidbaren Verbotsirrtums der Bestrafung, ist unbegründet zumindest hinsichtlich der mit dem Kind in Deutschland wohnhaften Eltern, von denen entsprechende Normkenntnis zu erwarten ist.

Insgesamt erscheint die Orientierung weg von der Staatsangehörigkeit und hin zum Schutz derjenigen, die am Zusammenleben in der Gesellschaft teilnehmen, als zukunftsweisender Ansatz des Strafanwendungsrechts. Deshalb erscheint es aus Opferschutzgesichtspunkten grundsätzlich begrüßenswert, wenn im Strafanwendungsrecht zunehmend das (passive) Domizilprinzip herangezogen wird.

Verantwortungsverteilung bei Opfermitwirkung

Georgia Stefanopoulou, Hannover

Eine Bande von Jugendlichen, zwei rasende Sportautos, zwei junge Fahrer und eine Felsenschlucht am Ende der Strecke. Wer die Nerven behält und am längsten im Fahrersitz bleibt, bevor das Auto in die Schlucht hinunterstürzt, gewinnt. Wer das Auto als erster verlässt, gilt als Schwächling. Er hat bei der Mutprobe versagt. Dies sind die Spielregeln des sog. „Chicken-Game" oder „Feiglingspiels", auf das sich zwei Jugendliche in dem bekannten US-amerikanischen Film „... denn sie wissen nicht was sie tun" (Originaltitel „Rebel Without a Cause", 1955) einlassen. Das Spiel zwischen den zwei Männern, Jim und Buzz, nimmt allerdings ein tragisches Ende. Während Jim es schafft, rechtzeitig aus dem Wagen zu springen, bleibt Buzz im Auto hängen. Er stürzt in die Tiefe.

Während die herkömmliche strafrechtliche Behandlung des Falles auf eine einseitige Erfolgszurechnung hinauslaufen würde (Wer hat den Wagen gelenkt?), lässt der (deutsche) Filmtitel keine eindimensionale Verantwortungszuschreibung zu: Alle Beteiligten, alle Spielenden „wissen nicht, was sie tun", d.h. Irrationalität und Fehleinschätzung der riskanten Folgen zeichnet das Verhalten beider Fahrer aus. Damit ist der Film näher an der psychosozialen Realität des Vorgangs als das Strafrecht, das die gruppendynamischen Einflüsse bei den Beteiligten außer Acht lässt.

A. Gefährdungsfälle – Phänomenologie und Familienähnlichkeiten

Ich will hier[1] argumentieren, dass das Strafrecht nicht darin überzeugt, hochriskante interaktive Geschehnisse zwischen Tätern und Opfern sachgerecht zu behandeln. Der Grund des Mangels liegt in der üblichen Unterscheidung zwischen eigenverantwortlicher Selbstgefährdung und einver-

1 Bei dem Beitrag handelt es sich um eine kurze Zusammenfassung der Hauptthesen meiner Dissertationsschrift „Verantwortlichkeit und Schuldzumessung in Mitwirkungsfällen" (2018). Der Vortragstil wurde beibehalten.

ständlicher Fremdgefährdung. Sie ist – trotz einiger kritischer Stimmen[2] – zu einem verfestigten und verselbständigten Topos geraten. Erst wenn diese Unterscheidung aufgegeben wird, erhält man einen sachgerechten Blick auf die berühmte „Eigenverantwortung des Opfers“.

Jeder Versuch, eine Trennungslinie zwischen der eigenverantwortlichen Selbstgefährdung und der einverständlichen Fremdgefährdung zu ziehen, ist zwangsläufig mit Tatherrschaftserwägungen verbunden, die im Bereich der Fahrlässigkeit sachfremd sind.[3] Außerdem ist eine gedankliche Zirkelbewegung zu beobachten. Die Annahme, dass eigenverantwortliche Selbstgefährdung und einverständliche Fremdgefährdung zwei selbständige Fallgruppen sind, verlangt ein bestimmtes Kriterium und das Kriterium bestätigt dann wieder die Annahme von zwei selbständigen Gruppen. Damit wir uns aus diesem Zirkel befreien zu können, ist ein radikaler methodischer Schritt vonnöten, den ich mit dem Begriff Edmund Husserls als *phänomenologische Reduktion* bezeichnen möchte: Ausschaltung aller „theoretischen Vormeinungen“ und „Vorannahmen“ und zu den Phänomenen selbst![4] Das ist der Grund, warum ich ab jetzt den rein deskriptiven Terminus der *Mitwirkungsfälle* verwende, als Bezeichnung für jene Fälle, in denen das Opfer bei seiner eigenen Gefährdung mitwirkt.

Begibt sich man nun unvoreingenommen und „rein schauend“[5] in Sinne der phänomenologischen Reduktion auf die Suche nach Gemeinsamkeiten zwischen den verschiedenen Mitwirkungsfällen kommt man zum folgenden Ergebnis: Die Mitwirkungsfälle weisen kein gemeinsames Merkmal auf, sondern nur *Familienähnlichkeiten*. Auch dieser bekannte Begriff von Ludwig Wittgenstein ist rein deskriptiv und dient nur der Veranschaulichung. Wittgenstein spricht von einem „Netz von Ähnlichkeiten, die einander übergreifen und kreuzen“.[6] Es gibt, so das modifizierte Bild, keine Faser, die durch die ganze Länge des Fadens läuft.[7] Genauso ist es mit den Mitwirkungsfällen. Dass mitgewirkt wird, ist kein taugliches gemeinsames

---

2 Für die Nichtunterscheidung zwischen „eigenverantwortlicher Selbstgefährdung“ und „einverständlicher Fremdgefährdung“ sprechen *Otto*, in: Jescheck u.a. (Hrsg.) Festschrift für Herbert Tröndle (1989), 157, 170 ff., 174 f.; *Frisch*, Tatbestandmäßiges Verhalten und Zurechnung (1988), 87, 115 ff.; *Melia*, ZStW 1999, 357, 369; *Puppe*, GA 2009, 486, 490.

3 Statt vieler *Puppe* (Fn. 2), 492 f.

4 Hierzu *Ströker*, Husserls transzendentale Phänomenologie (1987), 29, 32.

5 *Husserl*, Die Idee der Phänomenologie (1986), 30, 44.

6 *Wittgenstein*, Philosophische Untersuchungen (1984), Nr. 66.

7 *Wittgenstein* (Fn. 6), Nr. 67.

Merkmal, weil kein Begriff zu sich selbst im Verhältnis des eigenen Merkmals stehen kann.

Wie beim Betrachten und Vergleichen von Personen auf einem Familienfoto, kann man in Ansehung der Mitwirkungsfälle bemerken, dass sie zum Teil Gemeinsamkeiten haben, aber auch Unterschiede aufweisen.[8] Vergleichen wir zur Veranschaulichung zwei bekannte Fallkonstellationen, den Sadomasochismus-Fall und den Autorennen-Fall.[9] Nach h.M. gehören beide Fälle zur Kategorie der „einverständlichen Fremdgefährdung". Tat- oder Gefährdungsherrschaft liegen nicht beim Opfer, die unmittelbar zur tatbestandsmäßigen Gefährdung führende Handlung geht von dem Dritten aus.[10] Ein entscheidender Unterschied fällt allerdings doch auf: Während sich im Falle sadomasochistischer Praktiken der Gefährdende typischerweise nicht selbst der Gefahr aussetzt, geht der Fahrer im Autorennen-Fall die Gefahr ein, dass er selbst das Opfer seines tollkühnen Unternehmens wird. Er setzt sich im selben Maß wie das spätere Opfer dem Lebensrisiko aus. Man sieht also, dass sich die zwei Fälle aus dem Gesichtspunkt der „Mitselbstgefährdung" entscheidend voneinander unterscheiden.

Betrachtet man die Mitwirkungsfälle als Mitglieder einer Familie, die nur einander übergreifende und kreuzende Ähnlichkeiten aufweisen, sollte man von fixen Gruppeneinteilungen Abstand nehmen. Kreuzende und übergreifende Merkmale lassen diverse und gleichberechtigte Taxonomien zu. Merkmale, die von Mitwirkungsfall zu Mitwirkungsfall in Erscheinung treten können (aber nicht müssen) sind: a) die Gefahrengemeinschaft von Gefährdetem und Drittem, b) die triebhafte Motivationslage, c) die spielerische Interaktion zwischen den Beteiligten. Dazu ist zu beachten, dass von Fall zu Fall variiert, wer von den Beteiligten der Anreger und Initiator des riskanten Unternehmens ist.[11] Meine These ist, dass alle diese Merkmale bei der Bewertung einer Interaktion lediglich als Indizien für Fremdbestimmung und Beeinflussung fungieren können, aber nicht als harte Ab-

---

8 *Wittgenstein* (Fn. 6), Nr. 67.

9 BGHSt 49, 166 und BGHSt 53,55.

10 *Roxin*, GA 2012, 655, 659; *ders.*, JZ 2009, 339, 402.

11 Dieses Kriterium lässt Roxin in seine Bewertung des Einzelfalls als straflose „einverständliche Fremdgefährdung" einfließen, s. *Roxin* (Fn. 10), 665 ff., 669. Damit rückt zu Recht der motivationale Entscheidungsgrund des Täters ins Zentrum der Behandlung der Mitwirkungsfälle. Roxin geht auf die sozialpsychologische Dimension des Kriteriums ein und lokalisiert seine Bedeutung – anders als die hier vorgeschlagene Lösung – auf der Ebene der objektiven Zurechnung, statt der subjektiven.

grenzungskriterien. Das wird vor allem auch deutlich, wenn man die Erkenntnisse der Sozialpsychologie und vor allem jene der empirischen Gruppenforschung zu Hilfe nimmt.

B. Sozialpsychologischer Perspektivenwechsel

Ein Rekurs auf die Sozialpsychologie als Wissenschaft, die Prozesse der sozialen Beeinflussung und zwischenmenschlicher Interaktion untersucht, setzt an dieser Stelle einen Perspektivenwechsel, oder besser: eine Perspektivenerweiterung voraus. Schon der übliche Begriff der Selbstverantwortung des Opfers deutet an, dass bei der Behandlung der Mitwirkungsfälle in der Regel lediglich die Perspektive des Opfers zu Grunde gelegt wird. Inwieweit sich das Opfer z.B. im Falle eines Süchtigen, freiwillig gefährdet, wird diskutiert; ob aber auch der Täter am Gefährdungsgeschehen selbstbestimmt und vollverantwortlich mitgewirkt hat, wird kaum problematisiert. Die Verantwortung des Täters wird lediglich als eine von der Verantwortung des Opfers abhängige Größe behandelt, die Person des Täters, seine Motivationslage und seine Autonomie werden von der Diskussion um die Mitwirkungsfälle ausgeblendet. Wenn das Opfer selbstbestimmt handelt, ist es für den Erfolg verantwortlich. Handelt es nicht selbstbestimmt, wird der Erfolg dem Täter zugerechnet. Dieses Zurechnungskonzept weist zwei Schwächen auf: Erstens impliziert es unzulässige Erwägungen zu der Schutzwürdigkeit des Opfers, zweitens wird dieses Konzept durch eine nicht nachvollziehbare Abkoppelung des Verantwortungsbegriffs von der Frage der Autonomie des Täters vollzogen. Mein Vorschlag ist, das Interesse immer auch auf die Motivationslage des Täters zu richten und ihre sozialpsychologische Bedeutung für dessen Selbstbestimmungsfähigkeit in Rechnung zu stellen.

Betrachtet man nun die Mitwirkungsfälle unter einem sozialpsychologischen Blickwinkel, erkennt man: Bei vielen Opfer-Täter-Konstellationen, wie bei Autorennen-Autosurfen-Wettkampf-Fällen, bei Interaktionen innerhalb der Drogenszene oder in Fällen von gefährlichen sexuellen Umgangsformen unter Interaktionspartnern kann eine „hohe affektive und emotionale Koordination der Beteiligten in der Tatsituation“ [12] entstehen, die nicht unerheblich das Selbstbestimmungspotenzial aller mitwirkenden Personen, d.h. sowohl die Willensfreiheit des Opfers als auch die des Täters beeinflusst. Je nach Gestaltung des Sachverhalts ist von Gruppendyna-

12 *Schumacher*, NJW 1980, 1880, 1883.

mik, Konformitätsdruck, Sucht- und Triebdynamik zu sprechen. Diese außerpersonalen und situativen Kräfte können sowohl auf die Willensbildung als auch die Wahrnehmung der Akteure eines interaktiven und hochriskanten Geschehensablaufes einwirken.[13]

Legt man ein hierarchisches volitives Model wie dasjenige von Harry Frankfurt zugrunde, wonach die Willensfreiheit die Kontrolle und Steuerung der ersten Impulse durch sog. Volitionen zweiter Stufe voraussetzt,[14] kann man sagen, dass es jener Kontrollmechanismus des eigenen Willens ist, der bei allen Beteiligten durch den situativen Druck beeinträchtigt wird. Gruppendynamische und suchtdynamische Antriebskräfte, Konformitäts- und Anpassungsdruck führen zur Steigerung der Risikobereitschaft, zur Hemmungslosigkeit, zum leichtsinnigen und impulsiven Verhalten.[15]

Auch die Urheberschaft der Idee, etwas Riskantes zu unternehmen, kann nicht immer – vor allem nicht im Rahmen einer Gruppe – bestimmt werden. Bei der Sachverhaltsschilderung des aus der Rechtsprechung wohlbekannten „Stechapfeltee-Falles" liest man: „Die Schüler entzündeten ein Lagerfeuer; nach und nach gesellte sich ein wechselnder Kreis von Personen dazu [...]. Während des Gesprächs kam in der Runde der Gedanke auf, einen Stechapfeltee zu kochen und gemeinsam zu trinken."[16] Die Urheberschaft der Idee, den Tee zu kochen, die später zum Ertrinken des einen im Rausch befindlichen Jugendlichen geführt hat, ist nicht eindeutig einer der anwesenden Personen zuzuordnen. Der Urheber ist die Gruppe, deren Wirkungen „übersummativ" zu sein scheinen.[17]

C. *Überlegungen zur dogmatischen Behandlung*

Stellt man auf der Grundlage der sozialpsychologischen Betrachtung der Mitwirkungsfälle fest, dass bei interaktiver, wechselseitiger Verstärkung zwischen Täter und Opfer situative Kräfte entfaltet werden können, die die

13 *Schumacher* (Fn. 12), 1881; zu außerpersonalen und situationellen Aspekten einer Handlung s. *Bierbrauer*, Sozialwissenschaften im Studium des Rechts Bd. III (1978), 133 f.

14 *Frankfurt*, Freiheit und Selbstbestimmung (2001), 72 ff. Das hat Frankfurt natürlich nicht erfunden, sondern entspricht im Wesentlichen der herkömmlichen philosophischen Unterscheidung von Handlungs- und Willensfreiheit.

15 *Schumacher* (Fn. 12), 1881.

16 BGH NStZ 1985, 25 f.

17 *Schumacher* (Fn. 12), 1881.

Lenkung des eigenen Willens bei allen Beteiligten erheblich erschweren, sind folgende Schlussfolgerungen für die dogmatische Behandlung der Mitwirkungsfälle zu ziehen:

Es ist nicht überzeugend, von einer Eigenverantwortung des Opfers zu sprechen, die dem Täter die Verantwortung ganz abnimmt und ihn straffrei stellt. Sachgerechter ist es, von einer Mitverantwortung des Opfers zu sprechen, die Raum für eine Mitverantwortung des Täters lässt. Bei einem interaktionalen Vorgang trägt das Opfer kaum jemals allein die ganze Verantwortung.[18] Einseitige Verantwortungszuschreibungen im Hinblick auf das Opfer werden zudem dem Gedanken des Opferschutzes nicht gerecht.[19] Deswegen sind bei der Frage der dogmatischen Verortung sog. Tatbestandslösungen abzulehnen. Das charakteristische Zurechnungsschema „Werk des Täters“ oder „Werk des Opfers oder anderer Faktoren“ ist einfach zu grobkörnig. Auch die Suche nach Lösungen auf der Ebene der Rechtswidrigkeit (Einwilligungslösung) hilft kaum weiter, um ein Austarieren von Opferinteressen und Täterinteressen zu ermöglichen. Bei dem Unrecht handelt sich um eine quantitativ abstufbare Größe.[20] Weder bei dem Ausschluss der objektiven Zurechnung noch bei der Einwilligungslösung werden die Zwischenstufen des Unrechts wahrgenommen, die Feststellung des Unrechts wird auf eine Ja-Nein-Frage reduziert, die zu einseitigen Belastungen führt. Zwei wichtige Dinge fallen hier unter den Tisch: Zum einen, dass die Opfermitwirkung grundsätzlich nur eine Unrechtsminderung entfaltet; und zweitens, dass die Willenssteuerung des Opfers wegen der psychosozialen Kräfte erschwert wird. Eine einseitige Belastung des Täters, die sich aus einer Ja/Nein–Alternative auch ergeben kann, ist allerdings ebenso wenig einleuchtend, da auch er bei Mitwirkungskonstellationen häufig starkem situativem Druck ausgesetzt ist.

Es geht um die Frage, wo im System strafrechtlicher Zurechnung der richtige Ort für die Einbeziehung sozialpsychologischen Wissens ist. Geeigneter als die Orientierung am Schema „Werk des Täters oder Werk des Opfers?“ dürfte die Einbeziehung in den generellen Sorgfaltsmaßstab sein. Die sozialpsychologischen Erkenntnisse betreffen gerade das Verhalten des „Durchschnittsmenschen“ unter den Bedingungen einer Gruppe und starken situativen und psychosozialen Kräften. Wenn also der „Durchschnittsmensch“ in bestimmten Konstellationen dem Konformitätszwang schwer

---

18 *Hillenkamp*, Vorsatztat und Opferverhalten (1981), 232.

19 *Hillenkamp* (Fn. 18), 232.

20 *Hillenkamp* (Fn. 18), 238; *Kern*, ZStW 1952, 255 ff.; *Noll*, ZStW 1956, 181; *Welzel*, ZStW 1939, 491, 536.

widerstehen kann, dann könnte der Erfolg als objektiv unvermeidbar gelten. Die Vermeidbarkeit wäre unabhängig von der Frage der Autonomie des Täters festzustellen. Es geht bei dieser Fragestellung nicht um die individuellen Fähigkeiten des Täters in der konkreten Situation, sondern um den „durchschnittlichen" Maßstab, so dass es nicht zu einer Vorverlagerung der Willensfreiheitfrage in den objektiven Tatbestand käme. Nichtdestotrotz ist auch dieser Lösungsansatz grobkörnig. Die Frage der objektiven Vermeidbarkeit kann nur mit Ja oder Nein beantwortet werden.

Ich favorisiere deshalb die Berücksichtigung gruppen- und triebdynamischer Vorgänge bei der Frage der Strafzumessung. Erst eine Strafzumessungslösung berücksichtigt alle Interessen in angemessener und gerechter Weise. Die Verortung des Problems in der Strafzumessung ist opferfreundlicher als die Verortung im Tatbestand oder in der Rechtswidrigkeit. Sie nimmt aber gleichzeitig auch die psychosozialen Erschwerungen der autonomen Willensbildung beim Täter wahr. Die Strafzumessungslösung stellt einen gerechten Kompromiss zwischen Täter- und Opferinteressen dar. Solche Kompromisse sind der Strafrechtswissenschaft nicht unbekannt, z.B. wird einem Opfer bei schuldhafter Provokation der Notwehrlage das Notwehrrecht wegen des schuldhaften Vorverhaltens nicht völlig genommen, sondern es wird durch eine abgestufte Vorgehensweise lediglich eingeschränkt.

Daher schlage ich vor, die psychosozialen Faktoren in die Schuldfähigkeitsprüfung einzubeziehen. Was erforderlich ist, wäre eine Lesart des § 21 StGB, nach der vor allem die Erheblichkeitsgrenze für die Annahme einer Beeinträchtigung der Steuerungsfähigkeit nicht zu hoch angesetzt wird, also – im Grunde – eine *teleologische Extension* des § 21 StGB, die der Einbeziehung psychosozialer Kriterien am besten Rechnung trägt.[21] Der Vorschlag würde keine Abkehr von normativer Schuld bedeuten, sondern helfen, kontrafaktische Unterstellungen unbeeinträchtigter Entscheidungsfreiheit zu vermeiden.

Eine extensive Auslegung von § 21 StGB mit der Folge der Heranziehung der privilegierten Strafrahmen des § 49 StGB, ist aber nicht die einzige Option. Psychosoziale Einflüsse wie die Gruppendynamik, Suchtdynamik, triebhafte Dynamik und der Konformitätsdruck können auch als Strafmilderungsgründe nach § 46 StGB Berücksichtigung finden. Die Aufzählung strafzumessungsrelevanter Kriterien in § 46 Abs. 2 S. 2 StGB ist nicht abschließend, so dass weitere Faktoren berücksichtigt werden können.

---

21 Zur umfassende Darstellung des Vorschlags s. *Stefanopoulou* (Fn. 1), 195 ff., 203 ff.

D. Ausblick

Unabhängig aber davon, ob § 46 StGB oder § 49 StGB oder eben vielleicht doch Zurechnungsstufen im System der Straftat der vorzugswürdige Ort einer dogmatischen Behandlung sind, wäre schon einiges für die angemessene Behandlung der Mitwirkungsfälle gewonnen, wenn psychosozialen Faktoren der Täter-Opfer-Dynamik überhaupt Beachtung geschenkt würde. Dann erst lösen sich die Ungereimtheiten der dogmatisch unergiebigen und zunehmend selbstreferentiellen Abgrenzung von eigenverantwortlicher Selbstgefährdung und einverständlicher Fremdgefährdung auf und dann erst ergibt sich die Möglichkeit, wirklich zu verstehen, was die zunehmend unreflektierte Rede von der Selbstverantwortung des Opfers wirklich bedeutet.

Von Rücktritt und Reue – Subjektive Vorstellungen vor objektivem Opferschutz?

Felix Ruppert, Bayreuth

A. *Die Ausgangslage von Rücktritt und Reue*

Während der Rücktritt vom Versuch dem allgemeinen Teil des Strafgesetzbuchs entstammt und dem Zurücktretenden Straffreiheit verspricht,[1] finden sich Regelungen zur tätigen Reue im Besonderen Teil jeweils innerhalb des systematischen Kontexts spezifischer Delikte und gewähren oftmals lediglich die ungewisse Aussicht auf Strafmilderung oder -freiheit.[2] Auf den ersten Blick scheint die tätige Reue demnach kontextgebunden sowie bisweilen lediglich fakultativ und bereits daher divergent zum Rücktritt vom Versuch ausgestaltet zu sein. Dementsprechend wird ihr nicht nur eine deutliche Uneinheitlichkeit,[3] sondern darüber hinaus ein um sie gewobenes, zufällig gesponnenes „Paragraphenknäuel"[4] attestiert.

Allerdings ließe eine derart oberflächliche Unterscheidung der beiden Institute deren innere Verknüpfung außer Acht. Schließlich soll es die tätige Reue sein, die den Ausgleich für die weitgehende Unanwendbarkeit der

---

1 Zur Geschichte des Rücktritts vom Versuch etwa *M.P. Müller*, Die geschichtliche Entwicklung des Rücktritts vom Versuch bis zum Inkrafttreten des neuen StGB – AT 1975 (1995), 19 ff. Generell zur Historie des Rücktritts sowie entsprechender Regelungen *Schröder*, in: Geerds u.a. (Hrsg.), Festschrift für Friedrich Mayer (1966), 377 ff.

2 *Schäfer*, Die Privilegierung des „freiwillig-positiven" Verhaltens des Delinquenten nach formal vollendeter Straftat (1992), 195 ff. stellt eine unglaubliche Diversität der an die tätige Reue anknüpfenden Rechtsfolgen fest, die bis heute nachhallt, auch wenn sich der Gesetzgeber zunehmend um gewisse Harmonisierungen bemüht. Freilich finden sich unter den Vorschriften zur tätigen Reue auch obligatorische Strafaufhebungsgründe wie etwa §§ 264 Abs. 4, 264a Abs. 3, 265b Abs. 2 StGB; vgl. zu verschiedenen Anwendungsfällen der tätigen Reue und deren Gemeinsamkeiten *Blöcker*, Die tätige Reue (2000), 42 ff., 82 ff.

3 Schönke/Schröder-*Eser/Bosch*, 30. Aufl. (2019), § 24 Rn. 116 bescheinigen, dass der tätigen Reue „offensichtlich kein anderes Prinzip als das des Zufalls zugrunde liegt"; eine Willkür bei der Auswahl der Tatbestände stellt *Krack*, NStZ 2001, 505, 510 f. fest.

4 *Hillenkamp*, in: Schöch (Hrsg.), Wiedergutmachung und Strafrecht (1987), 81, 83.

Rücktrittsvorschrift des § 24 StGB bezüglich Delikten schafft, deren Tatvollendung typischerweise vorverlagert ist.[5] Sie fungiert demnach als „Rücktrittssurrogat für Vorfelddelikte"[6]. Schon vor diesem Hintergrund erklärt sich, dass sie zwangsläufig deliktsgebunden zu normieren ist,[7] um zusammen mit dem Rücktritt vom Versuch eine umfassende Funktions-Einheit zu bilden. Nach herrschender Auffassung fungiert dieser als persönlicher Strafaufhebungsgrund.[8] Bereits angesichts dessen verwundert es zunächst, dass dessen Pendant hinsichtlich Straftatbeständen mit frühzeitigem Vollendungszeitpunkt nicht stets als gleichsam obligatorischer Strafaufhebungsgrund, sondern bisweilen auch nur als fakultativer Strafmilderungsgrund ausgestaltet ist.[9] Der Grund für diese unterschiedliche Ausgestaltung der Rechtsfolgen wird weithin in dem Hauptthema des 7. Symposiums des jungen Strafrechts gesehen: dem Verletzten der Tat.[10] Während beim versuchten Delikt eine Verletzung im Sinne der Norm noch ausbleibt, tritt mit vorzeitiger Deliktsvollendung bereits die entsprechende Rechtsgutsverletzung ein, sodass dem Institut der tätigen Reue die Aufgabe zukommt, eine andere Ausgangssituation aufzulösen: wo im Rahmen des Rücktritts vom Versuch Verletzung und Verletzter fehlen, berücksichtigt die tätige Reue das bereits vorliegende objektive Unrecht, sodass sich oftmals ein obligatorischer Strafausschluss verbietet.[11] Die Bedeutung ei-

5 *Mitsch*, in: Baumann u.a. (Hrsg.), Strafrecht Allgemeiner Teil, 9. Aufl. (2016), § 23 Rn. 71; *Krack* (Fn. 3), 505; *Radtke*, Die Dogmatik der Brandstiftungsdelikte (1998), 415 f.; vgl. ferner BGHSt 48, 14, 22 f.; *Wolff*, JR 2003, 391, 392.

6 *Oğlakcıoğlu/Kulhanek*, JR 2014, 462, 463; ferner SSW-*Kudlich/Schuhr*, 4. Aufl. (2019), § 24 Rn. 8.

7 Schließlich kann das das bereits vollendete objektive Unrecht kompensierende Verhalten nicht allgemein ohne Blick auf die konkrete Norm gefasst werden.

8 RGSt 72, 349, 350; BGH NStZ 1982, 78; *Fischer*, 66. Aufl. (2019), § 24 Rn. 2. MüKo-StGB-*Hoffmann-Holland*, Bd. I, 3. Aufl. (2017), § 24 Rn. 7 sieht darin einen zwar angemessenen, aber vereinfachenden Befund, werde doch schließlich der mit dem Versuch entstehende staatliche Strafanspruch zum Erlöschen gebracht.

9 Kritisch zu § 306e StGB, der seit dem 6. StrRG statt obligatorischer Straffreiheit lediglich fakultative Strafmilderung oder Straffreiheit vorsieht MüKo-StGB-*Radtke*, Bd. V, 3. Aufl. (2017), § 306e Rn. 3. Bedenken ob der Rechtsfolge des § 83a StGB anmeldend Schönke/Schröder-*Sternberg/Lieben* (Fn. 3), § 83a Rn. 13. Kritisch zum ebenso durch den Gedanken der tätigen Reue geprägten § 158 StGB etwa NK-StGB-*Vormbaum*, 5. Aufl. (2017), § 158 Rn. 8.

10 Siehe etwa *Hillenkamp* (Fn. 4), 81 (84), *Blöcker* (Fn. 2), 84 f., *Herrmann*, Der Rücktritt im Strafrecht (2015), 203 f. und *Weinert*, Vorbereitungsdelikte und tätige Reue (2005), 105 f.

11 BGHSt 15, 198, 199 zieht selbst die Gefährdung des Rechtsguts als Kriterium heran.

nes Verletzten auf die an eine Umkehr des Täters geknüpfte Rechtsfolge zeigt sich im Zuge des Rücktritts nicht zuletzt daran, dass die Strafaufhebung bezüglich eines versuchten Delikts wie selbstverständlich nicht zur Strafbefreiung von einem Straftatbestand führen kann, der eine vollendete Verletzung anderer Rechtsgüter erfasst.[12]

Doch die demnach scheinbar zentrale Rolle des Verletzten für das Strafverdikt wird durch die gegenwärtige Handhabung beider Institute zunehmend zu der eines Statisten degradiert. Angesichts dessen soll im Folgenden erörtert werden, inwiefern der gelebte Fokus auf subjektive Vorstellungen einer objektiven Berücksichtigung des Opferschutzes entgegensteht und ob der Verletzte der Straftat in das Zentrum der Überlegungen gerückt werden sollte.

B. Die gegenwärtige Handhabung im Lichte des Grundes der Straflosigkeit

I. Die Gegenwart der Institute

1. Zur Subjektivierung des Rücktritts vom Versuch

a. Subjektive Theorie als Gradmesser

Den Grundpfeiler der Subjektivierung des Rücktritts vom Versuch bildet die Rücktrittsperspektive, welche nach herrschender Ansicht anhand des Urteils des Täters über das bisher Geleistete bemessen wird.[13] Auf dieser Grundlage wird jedenfalls die Differenzierung zwischen beendetem und unbeendetem Versuch einzig aufgrund der Tätervorstellung nach der letzten Ausführungshandlung beurteilt,[14] sodass diese subjektive Sichtweise auch darüber entscheidet, ob der Täter durch das Aufgeben der weiteren Tatausführung strafbefreiend zurücktreten kann. Durch diese Betrachtung

---

12 BGH JZ 2002, 413; NStZ 2005, 150, 151; Lackner/Kühl-StGB-*Kühl*, 29. Aufl. (2018), § 24 Rn. 23; MüKo-StGB-*Hoffmann-Holland* (Fn. 8), § 24 Rn. 26; *Krack* (Fn. 3), 506; *Oğlakcıoğlu/Kulhanek* (Fn. 6), 463 f.

13 BeckOK-StGB-*Cornelius*, 42. Ed. (Stand: 1.5.2019), § 24 Rn. 22; NK-StGB-*Zaczyk* (Fn. 9), § 24 Rn. 13, 37; vgl. RGSt 43, 137, 138; 45, 183, 185; BGHSt 31, 170, 171; 33, 295, 300; BGH NStZ 2011, 35; 2015, 261.

14 BGHSt 31, 170, 175 ff.; 33, 295, 300; 39, 221, 231; Lackner/Kühl-*Kühl* (Fn. 12), § 24 Rn. 3. Zustimmend *Roxin*, Strafrecht Allgemeiner Teil Bd. II (2003), § 30 Rn. 163, der jedoch entgegen dieser Ausführung die objektive Verletzung für den Fall der fehlenden Tätervorstellung doch heranzieht (ebenda, Rn. 169 ff.).

aus der Täterperspektive kann auch bei objektiv gegebener Höchstgefahr oder gar Verletzung des Opfers eine Strafbefreiung durch bloße Untätigkeit erlangt werden, obwohl ein Eingreifen des Täters geboten wäre.[15] Zu denken sei etwa an den Täter, der seinem Opfer mit Tötungsabsicht die objektiv tödliche Menge eines Gifts verabreicht, irrtümlich jedoch glaubt, er habe noch nicht genügend Gift verabreicht und dessen Opfer, welches wie durch ein Wunder überlebt. Nach der subjektiven Vorstellung des Täters konnte dieser durch die freiwillige Aufgabe der Tatausführung zurücktreten, was angesichts des mittels des Strafrechts anvisierten Rechtsgüterschutzes zumindest bedenklich erscheint.[16]

Um dem zu entgegnen, wurden seit jeher Vorschläge ins Feld geführt, welche die Anforderungen an den Rücktritt rein objektiv bemessen und insofern das Kriterium der Vollendungsgefahr heranziehen.[17] Maßgeblich wäre demnach der Grad der objektiven Rechtsgutsgefährdung. Doch auch dieser Ansatz sieht sich dem Vorwurf ausgesetzt, dass der Versuch als subjektiv-objektive Einheit ausgestaltet ist, sodass dessen Neutralisierung sich gleichermaßen zusammensetzen dürfte.[18] Zudem sei eine Strafbarkeit wegen Versuchs ohnehin unmittelbar an das Täterverhalten geknüpft, sodass auch die diesem zugrundeliegende Vorstellung über den Verwirklichungsgrad dezisiv sei.[19] Gleichwohl endet das darüber hinaus angeführte Argument, der Täter könne nur durch das Aufgeben der Tatausführung vom Versuch zurücktreten, wenn er davon ausgehe, dass sein bisheriges Verhalten nicht ausreiche, den tatbestandlichen Erfolg herbeizuführen,[20] in einem Zirkel an der Ausgangsthese. Vielmehr dürfte einer rein objektiven Handhabung die gesetzliche Formulierung des § 24 Abs. 1 S. 1 Var. 2 StGB

---

15 NK-StGB-*Zaczyk* (Fn. 9), § 24 Rn. 45; *Puppe*, JR 2000, 72, 73.

16 *Treplin*, ZStW 1964, 441, 468 spricht daher von einem nicht zu billigenden Resultat.

17 In unterschiedlichen Nuancen *Borchert/Hellmann*, GA 1982, 429, 436 ff.; *Henkel*, JW 1937, 2375, 2375 ff.; *Jäger*, NStZ 1999, 608, 608 f.; *Otto*, Jura 2001, 341, 346; *Heckler*, Die Ermittlung der beim Rücktritt vom Versuch erforderlichen Rücktrittsleistung anhand der objektiven Vollendungsgefahr (2002), 170 ff.; *Jäger*, Der Rücktritt vom Versuch als zurechenbare Gefährdungsumkehr (1996), 65 ff. Für diesen Beitrag unerheblich ist dabei, ob insofern von *Gefährdung* (*Jäger*, a.a.O.), *Erfolgsgefahr* (*Ulsenheimer*, Grundfragen des Rücktritts vom Versuch in Theorie und Praxis [1976], 219 f.), *Erfolgstauglichkeit* (*Borchert/Hellmann*, a.a.O.) oder *Erfolgsfähigkeit* (*Backmann*, JuS 1981, 336, 340) gesprochen wird.

18 Dazu eingehend *Gössel*, ZStW 1975, 3, 26 ff.

19 LK-StGB-*Lilie/Albrecht*, Bd. I, 12. Aufl. (2006), § 24 Rn. 154; MüKo-StGB-*Hoffmann-Holland* (Fn. 8), § 24 Rn. 78.

20 So MüKo-StGB-*Hoffmann-Holland* (Fn. 8), § 24 Rn. 79.

entgegenstehen, ergibt eine Pflicht zur Vollendungsverhinderung doch wenig Sinn, wenn der Täter subjektiv nicht davon ausgeht, dass die Vollendung überhaupt eintreten könne. Zudem wäre fraglich, wie mit dem untauglichen Versuch zu verfahren bliebe. Gleichwohl müsste eine rein objektive Betrachtung von dem Täter in Fällen wie dem soeben geschilderten Gift-Beispiel eine aktive Rettung fordern.[21]

Demgegenüber setzen gemischt subjektiv-objektive Methoden darauf, die zur Beurteilung des Versuchsbeginns genutzte subjektiv-objektive Beurteilung[22] auch auf die Abgrenzung der Versuchsstadien zu übertragen.[23] Nach derartigen Konzeptionen soll ein Versuch stets beendet und somit Verhinderungsaktivität erforderlich sein, wenn objektiv die nahe Gefahr des Erfolgseintritts besteht und der Täter dies subjektiv erkennt.[24] Darüber hinaus soll nach anderer Ausgestaltung dieser Grundsatz in Fällen der akuten Gefahrschaffung dahingehend überzeichnet werden, dass die objektive Gefährdung die subjektive Vorstellung überlagere, mithin auch ohne Kenntnis des Täters ein beendeter Versuch vorliegen könne.[25] Freilich verbirgt sich hinter der subjektiv-objektiven Methode spätestens in einem solchen Einzelfall die Entscheidung, ob subjektiven *oder* objektiven Kriterien der Vorzug eingeräumt wird.[26] Dennoch lässt sich festhalten, dass die derzeit gelebte, ausschließlich subjektive Bestimmung des Versuchsstadiums[27] den Verletzten weitgehend außen vor lässt.

---

21 Wie dies auch *Borchert/Hellmann*, GA 1982, 429, 437 aus ihrer Warte konsequent tun.

22 Vgl. statt vieler *Jescheck/Weigend*, AT, 5. Aufl. (1996), 518 f.; Lackner/Kühl-StGB-*Kühl* (Fn. 12), § 22 Rn. 1, 4.

23 *Kienapfel*, JR 1984, 72, 73 f.; *Maurach/Gössel/Zipf*, Strafrecht Allgemeiner Teil (2014), § 41 Rn. 20.

24 *Kienapfel*, in: Melnizky u.a. (Hrsg.), Festschrift für Franz Pallin (1989), 205, 218 f.; *ders.* (Fn. 23), 73. Nach *Feltes*, GA 1992, 395, 421 sei in objektiver Hinsicht ausreichend, dass die Gefahr des Erfolgseintritts nicht auszuschließen sei.

25 *Hauf*, JR 1996, 29, 29; *ders.*, Strafrecht Allgemeiner Teil, 2 (2001), 189. Ebenso *Feltes* (Fn. 24), 418 ff., der bei einer Verletzung des Opfers keinen Raum mehr für einen unbeendeten Versuch sieht, sich jedoch in unmittelbarem Zusammenhang selbst revidiert, indem er fordert, dass der Erfolgseintritt zudem nach der Vorstellung des Täters nicht außerhalb jeder Wahrscheinlichkeit liege.

26 Insofern zutreffend *Heckler* (Fn. 17), 169 f.

27 Interessant zeigt sich auch die Beurteilung der Frage, ob ein fehlgeschlagener Versuch vorliegt. So soll diese zwar nach herrschender Auffassung gleichfalls primär subjektiv zu bestimmen sein (BGH NStZ 2011, 629; 2015, 331; *Fischer* [Fn. 8], § 24 Rn. 12; LK-StGB-*Lilie/Albrecht* [Fn. 19], § 24 Rn. 90; Schönke/Schröder-*Eser/Bosch* [Fn. 3], § 24 Rn. 8), während die Rechtsprechung bisweilen uneinheitlich

b. Korrektur des Rücktrittshorizontes

Ein weiterer Faktor, der den Schutz des Verletzten in den Hintergrund rückt, ist die weithin anerkannte, sogenannte Korrektur des Rücktrittshorizonts.[28] Geht der Täter nach dessen letzter Ausführungshandlung zunächst von einem bevorstehenden Erfolgseintritt aus, erkennt jedoch in unmittelbarem Zusammenhang dazu die fehlende Erfolgsgeeignetheit seines Tuns, so liege demnach dennoch ein unbeendeter Versuch vor, von dem durch bloße Aufgabe der Tatausführung zurückgetreten werden kann.[29] Gibt der Täter also einen sein Opfer schwer verletzenden Schuss ab, nach welchem der Verletzte blutüberströmt zu Boden geht, ist keine Hilfeleistung nötig, wenn der Täter in unmittelbarem Zusammenhang dazu erkennt, dass der Schuss doch nicht todbringend sein wird. Auch wird zu Gunsten des Täters, der sich einen bereits erfolgten Erfolgseintritt vorstellt, davon ausgegangen, dass ein Strafbefreiung ermöglichender Rücktrittshorizont auch nachträglich entstehen könne.[30]

Bedenklich stimmen in diesem Gefilde indes Fallkonstellationen, die das Kriterium des für eine Korrektur ursprünglich geforderten unmittelbaren Zusammenhangs sukzessive aufweichen. So soll zwar formell ein räumlich-zeitlicher Zusammenhang erforderlich sein.[31] Tatsächlich präsentiert sich die Judikatur insofern allerdings generös.[32] Schließlich sollen Erkenntnisse 20 Minuten nach der Tat noch ohne Weiteres als unmittelbar der Tathandlung nachfolgend gelten.[33] Daher wird bisweilen auf eine zeitliche Begrenzung bereits gänzlich verzichtet.[34] Auch die räumliche Komponente wird vernachlässigt, wenn in Fällen eine Korrektur angenommen wird, in denen das verletzte Opfer die Flucht ergreift[35] oder Täter sowie Opfer sich einen Kilometer vom Tatort entfernen.[36]

Begünstigt wird diese inflationäre Handhabung der Korrektur dadurch, dass sie nicht wie ansonsten bei der Abgrenzung üblich rein subjektiv be-

---

auch den objektiven Fehlschlag fordert (BGHSt 34, 53, 56; BGH NStZ 2014, 634; 2016, 207, 208).

28 Zur grundsätzlichen Akzeptanz dieser Figur *Rengier*, AT (2018), § 37 Rn. 36.

29 Vgl. BGHSt 36, 224; BGH NStZ 1999, 299, 300; 2012, 688, 689; NStZ-RR 2008, 335.

30 BGH NStZ 2011, 688, 689; MüKo-StGB-*Hoffmann-Holland* (Fn. 8), § 24 Rn. 76.

31 BGH NStZ 2010, 146; 2012, 688, 689; dazu NK-StGB-*Zaczyk* (Fn. 9), § 24 Rn. 42.

32 Kritisch dazu *Nestler*, NStZ 2014, 569, 571.

33 BGH StrV 1987, 389; BGH NStZ 2010, 146: 15 Minuten.

34 *Otto* (Fn. 17), 345; NK-StGB-*Zaczyk* (Fn. 9), § 24 Rn. 42.

35 So etwa BGH NStZ 2013, 463; NStZ-RR 2014, 420; 2015, 106, 107.

36 BGH NStZ 2014, 569, 570.

urteilt wird, sondern bisweilen aus objektiven Umständen geschlossen wird. Dies ergibt zwar vordergründig Sinn, wird sich auch eine neue Vorstellung des Täters zumeist aus objektiven Umständen speisen. In Frage gestellt werden dürfte dies jedoch zumindest dann, wenn nicht nur die Flucht des unversehrt scheinenden Opfers eine Korrektur nahelegt,[37] sondern vielmehr in jedem Nachtatverhalten des Opfers ein die Korrektur begründender Umstand gesehen wird:[38] so sollen Hilfeschreie des Verletzten, dessen Gesundheitszustand sich nicht noch zunehmend verschlechtert,[39] aber auch die ausbleibende Flucht des Opfers aus dem Haus der Tat genügen.[40] Die unmittelbare Konsequenz dieser Überzeichnung des unmittelbaren Zusammenhangs durch vielfache objektive Anhaltspunkte für eine Korrektur des Rücktrittshorizonts liegt nicht nur in einer Erweiterung der Fälle des Rücktritts nach einem unbeendeten Versuch, sondern auch in einer Beeinflussung des Versuchsstadiums durch Flucht- oder Überlebensversuche des Verletzten. Insofern wird also das Nachtatverhalten des Verletzten herangezogen, um einen Rücktritt des Täters zu stützen.

c. *In dubio pro* Rücktritt

Weiter zurückgedrängt wird die Berücksichtigung des Verletzten insbesondere durch die Anwendung des Zweifelsgrundsatzes auf die Korrektur des Rücktrittshorizontes, wenn keine Feststellungen zum jeweiligen Rücktrittshorizontes getroffen werden oder getroffen werden können.[41] Die fehlende Vorstellung des Täters bezüglich der weiteren Erfolgsgeeignetheit seiner Handlung, die zur Annahme eines beendeten Versuchs führt,[42] sei eben nicht mit der fehlenden *Feststellung* über diese Vorstellung gleichzusetzen, die in dubio pro reo einen unbeendeten Versuch annehmen lasse. Eine solche Feststellung sei zudem in besonderem Maße geboten, wenn

---

37 BGH NStZ 2013, 463; NStZ-RR 2014, 420; 2015, 106, 107.

38 Kritisch bereits *Ruppert*, JR 2018, 88, 90 ff.

39 BGH NStZ 2017, 450, 460 m. krit. Anm. *Jäger*, der treffend darauf hinweist, dass die dem Opfer zugefügte 20 cm lange, klaffende Schnittwunde am Hals bei einem medizinischen Laien niemals den Eindruck erwecken könne, das Opfer sei nicht lebensgefährlich verletzt, nur weil es noch einige Minuten lebe.

40 BGH NStZ-RR 2015, 106; kritisch zu einem ähnlichen Fall bereits *Bosch*, Jura 2014, 395, 404 f.

41 Zurückhaltend noch BGH NStZ 2009, 264, 266; ungleich fordernder dagegen BGH NStZ 2014, 143; NStZ-RR 2014, 202, 202 f.; 2014, 241, 242; BGH JR 2018, 113, 114; *Fischer* (Fn. 8), § 24 Rn. 15c.

42 BGHSt 31, 170, 175; BGH NStZ 2013, 703, 704; NStZ-RR 2013, 202, 203.

objektive Umstände eine Änderung der Tätervorstellung nahelegen.[43] Lässt man dazu mit soeben Gesagtem nahezu jedwedes Nachtatverhalten des Verletzten gereichen, so wird der Anwendungsbereich des Zweifelsgrundsatzes bedeutend erweitert. Die Rechtsprechung tendiert mitunter dazu, den Täter, der seinem Opfer auf dessen vermeintlichem Weg in den Tod zusieht, von diesem erweiterten Anwendungsbereich profitieren zu lassen.[44] Dazu trägt auch der sukzessive Verzicht auf den unmittelbaren Zusammenhang mit der Tathandlung bei, zwingt dieser in der Zusammenschau doch zu weitreichenden, einen nicht unerheblichen Zeitraum umfassenden Feststellungen des Gerichts.[45]

Jedenfalls dem kann in dieser Konsequenz nicht zugestimmt werden. Schließlich gilt im Rahmen der Ermittlung des Tötungsvorsatzes die objektive Gefährlichkeit der Tathandlung oftmals als dezisiver Indikator des Vorsatzes.[46] Der subjektive Tatbestand wird also mittels objektiver Umstände begründet. Sollen nunmehr bereits die Flucht des Opfers, Hilferufe oder das Überleben einer gewissen Zeitspanne geeignet sein, ein Festhalten an der ursprünglich getroffenen Feststellung zu erschüttern, so wäre der Maßstab ein differenter. Dies gilt umso mehr vor dem Hintergrund, dass der Zweifelsgrundsatz seine Anwendung eben dann erfahren soll, wenn zunächst die Vorstellung hinsichtlich der Erfolgsgeeignetheit positiv festgestellt wurde. Dem mit Tötungsvorsatz agierenden Täter wird so letztlich die Nichtkenntnis der Erfolgseignung unterstellt,[47] obwohl bereits feststeht, dass er nach der letzten Ausführung gerade von dieser Erfolgstauglichkeit ausging. Weshalb im Anschluss daran die fehlende Feststellung um einen korrigierten Horizont mittels des Zweifelsgrundsatzes dazu führen soll, das ursprüngliche Verdikt wieder aufzuheben, erschließt sich schwerlich. Jedenfalls ist deutlich, dass einer in diesem Gedankenspiel wenig Beachtung erfährt: der Verletzte der Tat.

Dies wird zwar in der Theorie dadurch relativiert, dass jedenfalls der Bundesgerichtshof in einem solchen Falle in der Regel keine endgültige Entscheidung trifft, sondern die Sache zu erneuter Verhandlung zurück-

---

43 So BGH NStZ 2014, 143; NStZ-RR 2014, 202, 202 f.; 2014, 241, 242; BGH JR 2018, 113, 114; *Fischer* (Fn. 8), § 24 Rn. 15c.

44 So deutlich BGH JR 2018, 113, 114.

45 Der festzustellende Zeitraum hat dabei ebenso weit zu reichen, wie der, in dem theoretisch eine Korrektur des Rücktrittshorizonts erfolgen kann. Denn nach der Rechtsprechung ist nur dann kein Raum für den Zweifelsgrundsatz, wenn die Vorstellung des Täters für eben diese Zeitspanne gänzlich feststeht.

46 Vgl. BGH NJW 1999, 2533, 2534; NStZ 2006, 98, 99; NStZ-RR 2015, 172, 173.

47 *Bosch*, Jura 2014, 395, 401.

verweist.[48] Wie sich der entsprechende Täter im Falle einer Zurückverweisung samt Hinweis auf Straffreiheit einlässt, dürfte in der Praxis dagegen vorhersehbar sein.[49] Vor diesem Hintergrund erscheint es dem erkennenden Gericht kaum möglich, eine mittels des Zweifelsgrundsatzes begründete Korrektur des Rücktrittshorizontes abzulehnen.

d. Fazit

Damit ist es die Subjektivierung des Rücktritts vom Versuch, die den Fokus auf die Vorstellungen des Täters statt auf die Realität um das Opfer legt. Eine weitgehende Abkehr von letzterer erfolgt sodann mittels der Anwendung des Zweifelsgrundsatzes, der jedwedes Nachtatverhalten zum Anlass einer Korrektur des Rücktrittshorizontes erhebt und dem Täter auch entgegen zuvor getroffener Feststellungen eine solche korrigierte Vorstellung unterstellt. Der Verletzte dient insofern lediglich als Anlass einer solchen Korrektur, spielt jedoch darüber hinaus für die Beurteilung kaum eine Rolle.

2. *Zur Subjektivierung der tätigen Reue*

Sind alle Merkmale des Straftatbestandes verwirklicht, so gilt die Straftat als vollendet.[50] Ein strafbefreiender Rücktritt nach § 24 StGB ist dann nicht mehr möglich. Um eine weite Vorverlagerung der Strafbarkeit wie etwa im Rahmen gewisser Gefährdungsdelikte zu parieren, kennt das Gesetz mitunter speziell für diese die Möglichkeit zur Strafbefreiung oder Strafmilderung über den Weg der tätigen Reue.[51] So wird letztlich deliktsspezifisch die Kompensation für die Unanwendbarkeit der Rücktritts-

48 So ja auch in BGH NStZ 2014, 143; NStZ-RR 2014, 202, 202 f.; 2014, 241, 242; BGH JR 2018, 113, 114.

49 Wie *Jäger*, NStZ 2017, 459, 461 festhält.

50 Statt vieler BGHSt 3, 40, 43; *Heinrich*, Strafrecht AT (2016), Rn. 707 ff.

51 *Heinrich* (Fn. 50), Rn. 709 f.; *Krack* (Fn. 3), 505 ff.; vgl. auch MüKo-StGB-*Freund* (Fn. 9), § 323c Rn. 121 f. Auch dies gilt indes nicht allgemein: so kennen etwa §§ 265c f. StGB, die die Strafbarkeit gleichsam weit vorverlagern, keine Regelungen zur tätigen Reue, kritisch dazu etwa *Bohn*, KriPoZ 2017, 88, 94 und eine Lösung über § 31 StGB fordernd *Stam*, NZWiSt 2018, 41, 47.

vorschriften aufgrund einer vorverlagerten Tatvollendung geschaffen.[52] Die damit einhergehende Tatbestandsakzessorietät steht nach bisheriger Einschätzung des Gesetzgebers einer Regelung der tätigen Reue in einer allgemeinen Vorschrift entgegen.[53] Trotz dieser Normgebundenheit zeichnen sich Fälle der tätigen Reue jedoch dadurch aus, dass die diese regelnden Vorschriften beschriebene, freiwillig vorzunehmende Reuehandlungen erfordern, welche der Täter zumeist aktiv auszuüben hat, sofern die Intensivierung der Rechtsgutsbeeinträchtigung nicht von weiteren Handlungen abhängig ist.[54] Ist in diesem Beitrag von tätiger Reue die Rede, so soll dabei demzufolge der Kreis an Normen bezeichnet sein, welche den Täter hinsichtlich dessen Strafe für ein der Tat nachfolgendes Verhalten privilegieren, mittels dessen er außertatbestandliche Schadensfolgen seiner ursprünglichen Tat verhindert.[55]

a. Freiwilligkeit der Reuehandlung

Die zuhauf geäußerte Kritik an der Diversität dieser Vorschriften brachte den Gesetzgeber zumindest dazu, Anwendungsfälle der tätigen Reue zunehmend zusammengefasst zu kodifizieren, wie etwa §§ 306e, 314a, 320 StGB belegen.[56] In diesem Zuge wurden ferner die Anforderungen an eine Reuehandlung bisweilen denen des Rücktritts angenähert.[57] Dafür zeichnet insbesondere die Einfügung des Freiwilligkeitskriteriums in genannten

52 MüKo-StGB-*Freund* (Fn. 9), § 306e Rn. 1; *Geppert*, Jura 1989, 417, 418; eingehend *Radtke* (Fn. 5), 415 f.; ferner BGHSt 48, 14, 22; *Wolff* (Fn. 5), 393.

53 Sehr weitreichend dagegen *Schmidt-Hieber*, NJW 1992, 2001, 2003 f., der bei allen ohne Anwendung von Drohung oder Gewalt begangenen Vermögensdelikten eine Strafbefreiung durch tätige Reue auf Grundlage einer allgemeinen Norm fordert.

54 *Oğlakcıoğlu/Kulhanek* (Fn. 6), 464; *Blöcker* (Fn. 2), 84 f.; ähnlich auch *Weinert* (Fn. 10), 132 ff., die insofern jedoch einen in der Verhinderung der materiellen Vollendung liegenden Erfolg der tätigen Reue fordert.

55 Ebenso *Heinrich* (Fn. 50), Rn. 709 f.; *Geppert* (Fn. 52), 418; *Krack* (Fn. 3), 505 ff.

56 Eine noch weiterreichende, abschnittsweise Zusammenfassung entsprechender Normen unterblieb jedoch bewusst, vgl. BT- Drs. 13/8587, 52, 75; 13/9064, 22, befürwortend *Wolters*, JR 1998, 271, 275, kritisch MüKo-StGB-*Wieck-Noodt* (Fn. 9), § 320 Rn. 2.

57 BeckOK-StGB-*Heintschel-Heinegg* (Fn. 13), § 306e Rn. 1; *Geppert*, Jura 1998, 597, 605; *Rengier*, JuS 1998, 397, 401; *Wolters* (Fn. 56), 275. In der Literatur lässt sich daher bereits beobachten, wie die Vorschrift des § 24 StGB zur Erklärung jüngerer Vorschriften über die tätige Reue herangezogen wird, so etwa stimmig bei MüKo-StGB-*Ceffinato* (Fn. 9), § 264 Rn. 118. Dagegen wurde die nach altem

und jüngeren Reue-Vorschriften verantwortlich.[58] Entgegen des einst für die Brandstiftungsdelikte gestalteten § 310 StGB a.F. erfordert etwa § 306e StGB die freiwillige Reuehandlung des Täters und gibt so einer entsprechend § 24 StGB gelebten subjektiven Betrachtungsweise der Situation den Vorzug.[59] Anders als zuvor kommt es damit nicht mehr auf die objektive Gegebenheit der Entdeckung eines Brandes,[60] sondern nur noch auf die Vorstellung des Täters an.[61] Ist der Brand entdeckt, so sperrt dies die Anwendung des Strafprivilegs also nicht mehr, wenn der Täter ihn nur für unentdeckt hält. Die tatsächlich eingetretene Rechtsgutsverletzung wird demzufolge insofern für irrelevant erklärt. Auch insoweit verschiebt sich somit der Fokus der Betrachtung von objektiven Gegebenheiten hin zu subjektiven Vorstellungen.

b. Erheblichkeit des Schadens

Darüber hinaus fällt bei genauerer Betrachtung der Reue-Vorschriften der §§ 306e, 314a Abs. 2 und 3, 320 Abs. 2 und 3 StGB auf, dass der objektive Eintritt eines Schadens einer Anwendung der Strafprivilegierung nicht entgegensteht, solange noch kein *erheblicher* Schaden entstanden ist.[62] Dadurch soll ein Anreiz geschaffen werden, den Täter in einem als relativ ungefährlich eingeschätzten Deliktsstadium zum Beschreiten des Weges aus der Strafbarkeit zu bewegen.[63] In diesem Lichte dürfte es zunächst zu begrüßen sein, dem Täter einen derartigen Weg nicht bereits zu versagen, weil ein lediglich geringwertiger Schaden eingetreten ist, bleibt so der An-

Recht oftmals bestehende Kongruenz mit § 24 StGB auf Rechtsfolgenseite oftmals aufgegeben.

58 Dies betonend *Geppert* (Fn. 57), 605; *Rengier* (Fn. 57), 401; *Wolters* (Fn. 56), 275; dem Freiwilligkeitskriterium kommt exemplarisch ferner dezisive Bedeutung bezüglich §§ 264 Abs. 5, 265b Abs. 2 StGB zu.

59 BGH NStZ 2003, 264, 265 f.; MüKo-StGB-*Radtke* (Fn. 9), § 306e Rn. 2: *Geppert* (Fn. 57), 605; *Rengier* (Fn. 57), 401; *Wolters* (Fn. 56), 275.

60 Zustimmend *Radtke*, ZStW 1998, 848, 882; zu früheren Problemen aufgrund dieses Merkmals *Geppert*, JR 1994, 72, 73; *Otto*, Jura 1986, 52, 54.

61 *Geppert* (Fn. 57), 605; *Wolters* (Fn. 56), 275.

62 Wobei das Kriterium der Erheblichkeit des Schadens auf § 330b StGB zurückgeführt wird (so *Wolters* (Fn. 56), 275).

63 *Geppert* (Fn. 57), 605; *Rengier* (Fn. 57), 401.

wendungsbereich der tätigen Reue doch weitaus länger eröffnet und so dem Grunde nach der Verletzte auch weitreichender geschützt.[64]

Allerdings erscheint fraglich, ob die vorherrschende Bestimmung eines erheblichen Schadens im Vergleich zwischen Personen- und Sachschäden eine tragfähige Beurteilungsgrundlage darstellt: während bei Schädigungen von Sachen mitunter auf die wirtschaftliche Bedeutung[65] oder auf eine fixe Wertgrenze[66] abgestellt wird, die unter Heranziehung der §§ 315b f. StGB auf ca. 750 EUR zu taxieren sein soll,[67] soll bei Schädigungen von Personen eine Körperverletzung mit erheblicher Verletzungsgefahr im Sinne des § 224 Abs. 1 Nr. 2 StGB zu fordern sein.[68] Dem kann zwar vor dem Hintergrund zugestimmt werden, die Erheblichkeit des Schadens anhand des Rechtsgutsbezugs der Schädigung im Hinblick auf die spezifische Norm zu beurteilen;[69] allerdings dürfte das Erfordernis eines Verletzungspotenzials einer gefährlichen Körperverletzung im Vergleich zu einer Summe von 750 EUR die Erheblichkeit eines Sachschadens in Ansehung der zugrundeliegenden Rechtsgüter widersinnig weit vor jener eines Personenschadens stellen. Die Konsequenz wäre die weiterreichende Irrelevanz von Verletzungen einer Person für die Anwendung der tätigen Reue. Auch dieser Aspekt dürfte den Schutz des Verletzten hinsichtlich erlittener Verletzungen zurückstellen, jedenfalls den Blick von einer objektiven Verletzung auf eine subjektive Tätervorstellung lenken.

c. Angleichung an den Rücktritt vom Versuch

Eine weitere Subjektivierung der tätigen Reue bleibt durch die weithin propagierte Angleichung an die Voraussetzungen des Rücktritts zu be-

---

64 Zur gleichzeitig geschaffenen flexibleren Handhabung der Norm bereits zuvor *Bergmann*, Die Milderung der Strafe nach § 49 Abs. 2 StGB (1988), 73 ff.

65 Bezüglich § 306 StGB etwa Schönke/Schröder-*Heine/Bosch* (Fn. 3), § 306e Rn. 8 und SK-StGB-*Wolters*, 9. Aufl. (2017), § 306e Rn. 9 ff.

66 BGHSt 48, 14, 22 f.; Lackner/Kühl-*Heger* (Fn. 12), § 306e Rn. 2; *Rengier* (Fn. 57), 401.

67 BGH NStZ 2011, 215, 216; 2015, 278; gegen diese pauschale Betrachtung aber Schönke/Schröder-*Heine/Bosch* (Fn. 3), § 306e Rn. 5/6.

68 Lackner/Kühl-*Heger* (Fn. 12), § 306e Rn. 2; SK-StGB-*Wolters* (Fn. 65), § 306e Rn. 12; *Geppert* (Fn. 57), 605; *Radtke* (Fn. 60), 882; *Rengier* (Fn. 57), 401.

69 Dazu allgemein *Fischer* (Fn. 8), § 306e Rn. 3 und NK-StGB-*Kargl* (Fn. 9), § 306e Rn. 4.

fürchten.[70] Zu denken sei etwa an eine Übertragung der in-dubio-Rechtsprechung auf das Merkmal der Freiwilligkeit der Reuehandlung oder eine Korrektur des Freiwilligkeitsverdikts. Die Forderung nach sukzessiver Harmonisierung steht zumeist auf der Grundlage der Umschreibung der tätigen Reue als Kompensation für die Unanwendbarkeit der Rücktrittsvorschriften,[71] welche dem Grunde nach auch zutreffend ist. Angesichts der unterschiedlichen Verletzungsfolgen, die auch genannte Gefährdungsdelikte mit sich bringen können und welche im Rahmen des Versuchs eines Erfolgsdelikts jenes zu einem vollendeten erheben würden und somit einen strafbefreienden Rücktritt ausschließen würden, erscheint die pauschale Übertragung der Gedanken zum Rücktritt vom Versuch auf die tätige Reue jedoch zu weitreichend und wenig tragend. Ferner lassen derart generelle Bestrebungen gänzlich außer Acht, dass die tätige Reue zumindest einen formellen Erfolg der Vollendung, sei es auch in materieller Gestalt einer Gefährdung, voraussetzt oder einen Schaden oftmals bis zu einer wenig bestimmten Erheblichkeit gestattet, sodass bisweilen bereits ein durch die Tat Verletzter im Sinne der konkreten Strafnorm existiert, den der Rücktritt vom Versuch in dieser Form nicht kennt. Daher wäre eine vertiefte Erörterung des Grundes des Strafprivilegs der tätigen Reue vor diesem Hintergrund wünschenswert, erscheint mithin gar als nötig.

II. Der Grund des Strafprivilegs

1. Rücktritt vom Versuch

Nun mag man dem Verletzten zwar pauschal eine größere Rolle im Gefilde der Institute zusprechen. Dies erscheint jedoch ohne einen Abgleich mit dem Grunde des jeweiligen Strafprivilegs voreilig und zu eindimensional. Schließlich ist es naheliegend, dass die Handhabung des konkreten Instituts mit dessen Telos verwoben ist.[72] Daher soll die Diskussion um den

---

70 Eine Angleichung fordernd etwa *Wolters* (Fn. 56), 275, *Blöcker* (Fn. 2), 86 ff. und *Weinert* (Fn. 10), 132 ff.; eine solche durch Vergleich schaffend MüKo-StGB-*Ceffinato* (Fn. 9), § 264 Rn. 118; zunehmende Ähnlichkeit feststellend MüKo-StGB-*Radtke* (Fn. 9), § 306e Rn. 2 und Schönke/Schröder-*Heine/Bosch* (Fn. 3), § 306e Rn. 1.

71 Dazu *Krack* (Fn. 3), 505 und *Radtke* (Fn. 5), 415 f.; vgl. ferner die Handhabung bei BGHSt 48, 14, 22 f.

72 So zutreffend *Bergmann*, ZStW 1988, 329, 334.

die Straffreiheit bedingenden Grund des Rücktritts vom Versuch zumindest kurz skizziert werden.[73]

Einen solchen Grund sah vornehmlich das Reichsgericht in der Darbietung einer goldenen Brücke, die den Täter zurück in die Legalität führe.[74] Nur noch wenig Zuspruch erhält deren positive Konzeption, nach welcher dem Täter ein Anreiz gegeben werden solle.[75] Dagegen erfährt deren negative Ausprägung, wonach eine unumkehrbare Versuchsstrafbarkeit die Vollendung des Verbrechens fördern würde, zumindest in ergänzender Funktion weitaus mehr Zustimmung.[76] Dergestalt wahrt sie den gleichsam ausgerufenen Opferschutzgedanken, wonach der Rücktritt vom Versuch die Rettungschance für das Opfer erhöht oder schafft.[77] Zumindest nach letztgenannten Überzeugungen steht der Verletzte zwar im Fokus der Überlegungen. Dem ist indes zuzugeben, dass dessen Schutz von der Rechtskenntnis des Täters zum Zeitpunkt der Tatbegehung abhängen würde und somit ein spärlicher bliebe.[78] Auch gerät eine derartige Konzeption in Widerspruch zu dem normierten Merkmal der Freiwilligkeit, ist ihr Ansinnen doch schließlich einzig die Verhinderung von Straftaten, sodass es auf die Motivationslage des Täters nicht ankommen dürfte.[79]

---

73 Die Entscheidung für eine bedingungslose Straflosigkeit war dabei an sich nicht alternativlos; *Herrmann* (Fn. 10), 204 ff. zeigt die historische Entwicklung der Rücktrittsnorm sowie ihrer Rechtsfolgen in verschiedenen Rechtsordnungen auf und erörtert diskutierte Alternativen; ablehnend gegenüber obligatorischer Straffreiheit etwa *Cohn*, Zur Lehre vom versuchten und unvollendeten Verbrechen Bd. I (1880), 611 ff. oder *Welzel*, in: Niederschriften über die Sitzungen der Großen Strafrechtskommission, Bd. II, Allgemeiner Teil (1958), 198. Eine Milderungsmöglichkeit fordernd etwa *Lang-Hinrichsen*, in: Bockelmann (Hrsg.), Festschrift für Karl Engisch (1969), 353, 372 und *Bergmann* (Fn. 72), 353 ff.

74 RGSt 6, 341, 342; 72, 349, 350; 73, 53, 60; zustimmend *Puppe*, NStZ 1984, 488, 490.

75 Kritisch dazu statt vieler *Bockelmann*, NJW 1955, 1417, 1420 oder *Gores*, Der Rücktritt des Tatbeteiligten (1982), 150 f.

76 Dazu *Günther*, in: Dornseifer (Hrsg.), Gedächtnisschrift für Armin Kaufmann (1989), 541, 546; dahingehend auch *Puppe* (Fn. 74), 490.

77 Dahingehend BGHSt 35, 184, 186; 39, 221, 232; aus dieser Warte auch *Kampermann*, Grundkonstellationen beim Rücktritt vom Versuch (1992), 201 ff. und *Weinhold*, Rettungsverhalten und Rettungsvorsatz beim Rücktritt vom Versuch (1990), 30 ff.

78 Kritisch daher BGHSt 9, 48, 52; BeckOK-StGB-*Cornelius* (Fn. 13), § 24 Rn. 5 f.; Schönke/Schröder-*Eser/Bosch* (Fn. 3), § 24 Rn. 2b; *Lang-Hinrichsen* (Fn. 73), 353, 368; *Bülte*, ZStW 2010, 550, 565.

79 *Amelung*, ZStW 2008, 205, 210; *Jescheck*, MDR 1955, 562, 563; *Bockelmann*, in: Niederschriften über die Sitzungen der Großen Strafrechtskommission Bd. II, Allgemeiner Teil (1958), 171, 178.

Dagegen erblickt der weit verbreitete Prämiengedanke in der Straffreiheit eine Belohnung für denjenigen Täter, der umkehrt und die Deliktsvollendung verhindert.[80] Der Rücktritt wiege das schuldhafte Verhalten des Täters derart auf, dass dieser nicht zu bestrafen sei, sondern mit Straflosigkeit für seine Umkehr belohnt werden müsse. Doch vielmehr als eine Beschreibung der geltenden Regelung dürfte auch darin nicht zu erblicken sein, lässt dieser Ansatz den Grund des Rücktrittsprivilegs doch weitgehend offen.[81]

Nach wohl überwiegender Auffassung besteht der Grund der Straflosigkeit nach der sog. Strafzwecktheorie hingegen in dem Wegfall der Notwendigkeit einer Bestrafung aufgrund des Entfallens des Strafbedürfnisses.[82] Schließlich habe der Täter durch seinen Rücktritt gezeigt, dass sein verbrecherischer Wille nicht stärker als der Wille zum Normgehorsam ist.[83] Der rechtserschütternde Eindruck sei gleichsam beseitigt. Unter Heranziehung diverser general-oder spezialpräventiver Aspekte wird so der Wegfall des Strafgrunds angenommen.[84] Beliebt scheint auch die Aufladung der Strafzwecktheorie mittels des Opferschutzgedankens, der bei der Deutung des Rücktrittsprivilegs zu beachten sei.[85] Auch kann dem Vorwand, die Strafzwecktheorie biete gleichsam keine Antwort auf das Warum der Straffreiheit an,[86] mit einer Ergänzung durch den Gedanken der Gefährdungsumkehr begegnet werden.[87] Demnach wäre es die Umkehr der Gefährdung, die den Wegfall des Strafbedürfnisses dergestalt begründe, als dass sie eine konkret bestehende Gefährdung umkehrt.

Schon angesichts dieser verkürzten Darstellung wird verständlich, dass die Wahrheit der Strafbefreiung sich auf mehrere dieser Aspekte stützen

80 *Wessels/Beulke/Satzger*, Strafrecht Allgemeiner Teil (2018), Rn. 870a; *Bergmann* (Fn. 72), 334; *Bockelmann* (Fn. 75), 1420; *Otto*, GA 1967, 144, 150; *Schröder*, MDR 1956, 321, 322.

81 Schönke/Schröder-*Eser/Bosch* (Fn. 3), § 24 Rn. 2a; *Haas*, ZStW 2011, 226, 233; *Heintschel-Heinegg*, ZStW 1997, 29, 40; *Schünemann*, GA 1986, 293, 323; verteidigend dagegen MüKo-StGB-*Hoffmann-Holland*, (Fn. 8), § 24 Rn. 30 f.

82 BGHSt 9, 48, 52; Schönke/Schröder-*Eser/Bosch* (Fn. 3), § 24 Rn. 2b; *Ranft*, Jura 1987, 527, 532; *Rudolphi*, NStZ 1989, 508, 512; *Bloy*, Die dogmatische Begründung von Strafausschließungs- und Strafaufhebungsgründen (1976), 157 ff.

83 BGHSt 9, 48, 52; 14, 75, 80.

84 Vgl. *Bülte* (Fn. 78), 569; *Haas* (Fn. 81), 234 ff.

85 SSW-*Kudlich/Schuhr* (Fn. 8), § 24 Rn. 5; *Weinhold* (Fn. 77), 30 ff.

86 *Ulsenheimer* (Fn. 17), 79.

87 SK-StGB-*Jäger* (Fn. 65), § 24 Rn. 5; *Roxin* (Fn. 14), § 30 Rn. 34; zustimmend *Heckler* (Fn. 17), 117 ff.; näher zum Gedanken der Gefährdungsumkehr *Jäger* (Fn. 17), 65 ff.

dürfte. Dementsprechend setzt sich zunehmend die Erkenntnis durch, dass es den *einen* Grund der Straflosigkeit nicht zu geben scheint, sondern die Rücktrittsfolge auf die Verbindung verschiedener Gedanken zurückzuführen ist, wobei insbesondere eine Kombination verschiedener Ansätze unter dem Mantel der Strafzwecktheorie weithin bevorzugt wird.[88]

2. *Tätige Reue*

Demgegenüber fällt die Erörterung des Grundes der Strafprivilegierung bei tätiger Reue zumeist weitaus kürzer aus. Dies verwundert auf den ersten Blick, hat sich der Täter doch bereits strafbar gemacht, sodass eine Strafbefreiung oder Privilegierung nur umso begründungsbedürftiger erscheint. Die Kürze der Ausführungen erklärt sich indes vor dem herrschenden Verständnis der tätigen Reue als Surrogat des Rücktritts vom Versuch: soll die Reuevorschrift die Unanwendbarkeit der Rücktrittsregelungen kompensieren, so dürfte sie sich auch dessen Grundes bedienen.[89] Zum Teil wird schlicht auf ihr zugrundeliegende, ähnliche Prinzipien verwiesen.[90]

Auch wenn der Schluss auf den identischen Grund der Strafprivilegierungen aus der Kompensationsfunktion der tätigen Reue gezogen wird,[91] wird durch den Verweis auf diesen Begründungsansatz doch übergangen, dass nicht nur die Anwendungsbereiche, sondern auch die Rechtsfolgen zuhauf differieren. Soll sich dies anhand der für die tätige Reue notwendig

---

88 Lackner/Kühl-*Kühl* (Fn. 12), § 24 Rn. 2; Schönke/Schröder-*Eser/Bosch* (Fn. 3), § 24 Rn. 2b; *Jescheck/Weigend* (Fn. 22), 540; *Heckler* (Fn. 17), 110; *Kampermann* (Fn. 77), 201 ff.; *Weinhold* (Fn. 77), 30 ff.; dazu auch *Gössel*, ZStW 1975, 3, 25 ff.

89 So etwa *Blöcker* (Fn. 2), 97 ff. und *Weinert* (Fn. 10), 110 ff. m.w.N.; inhaltlich ferner *Oğlakcıoğlu/Kulhanek* (Fn. 6), 464; dahin zielend bereits *Bockelmann* (Fn. 75), 1420. Dies zeigt sich auch an der Umschreibung der Vorschriften zur tätigen Reue als Regelungen über Rücktrittsmöglichkeiten bei formell vollendeten Delikten, so etwa NK-StGB-*Zaczyk* (Fn. 9), § 24 Rn. 132. Auch der Gesetzgeber zieht wohl diesen Schluss, hält er etwa fest, der Grundgedanke der tätigen Reue sei, den Täter einer strafbaren Vorbereitungshandlung durch die Möglichkeit der Straflosigkeit dazu zu bewegen, die Tat abzubrechen, BR-Drs. 111/73, 266.

90 Schönke/Schröder-*Eser/Bosch* (Fn. 3), § 24 Rn. 116, die wohl aufgrund ihrer Einschätzung, die Vorschriften zur tätigen Reue würden auf Zufall beruhen, kein konkretes Prinzip benennen. Eine enge Verwobenheit der Institute lässt sich auch der Argumentation bei MüKo-StGB-*Hoffmann-Holland* (Fn. 8), § 24 Rn. 26 entnehmen.

91 *Blöcker* (Fn. 2), 97 ff.; *Weinert* (Fn. 10), 110 ff. m.z.N.

eingetretenen Vollendung eines Deliktes samt Rechtsgutsverletzung erklären,[92] so dürfte sich diese Erklärung allerdings auch im Grunde der Strafprivilegierung widerspiegeln. Schließlich kann weder von einer vollkommenen Rückkehr in die Legalität noch von einer vollständigen Gefährdungsumkehr oder gar einer verhinderten Deliktsvollendung gesprochen werden. Die zum Rücktritt vertretenen Theorien müssten demgemäß zumindest um die Berücksichtigung der faktisch gegebenen Verletzung ergänzt werden. Wie sie dies ohne weitergehende Modifikationen zu leisten vermögen sollen, erscheint fraglich. Ein pauschaler Verweis auf die Surrogatsfunktion der tätigen Reue ist zwar möglich, lässt aber jedenfalls den Verletzten und die unterschiedliche Ausgangssituation weitgehend außen vor. Dies ist zumindest vor der herrschenden Prämisse, dass der Verletzte den Grund für die unterschiedliche Rechtsfolge im Vergleich zum Rücktritt vom Versuch darstellen soll, wenig konsequent. Vor diesem Hintergrund erscheint auch fraglich, ob die tätige Reue überhaupt als Surrogat des Rücktritts begriffen werden kann, wenn sie doch aufgrund der bereits eingetretenen Vollendung des Deliktes eigentlich mehr Unrecht kompensieren muss, als es der Rücktritt vom Versuch zu leisten imstande ist.[93]

III. Kongruenz oder Diskrepanz?

1. Rücktritt vom Versuch

Die im Rahmen der subjektivierenden Auslegung des Rücktritts vom Versuch entstandenen Bedenken bestätigen sich im Lichte des Grundes des Strafprivilegs. Legt man die überwiegende Strafzwecktheorie zugrunde, so fragt sich, weshalb der Strafzweck entfallen soll, wenn bei objektiv akuter Gefährdung des Opfers eine rein subjektive Umkehr stattfindet, die von dem lediglich zufälligen Überleben des Verletzten begleitet wird. Präventive Ansätze vermögen dies zumindest schwerlich zu erklären, besteht der faktische Anlass für die Straflosigkeit doch letztlich in einem subjektiven Irrtum, nicht in einer objektiven Erstarkung der Rechtsordnung oder Rückkehr in die Legalität. Ferner bietet der innerlich gelebte Verzicht auf

92 Siehe etwa *Hillenkamp* (Fn. 4), 81, 84, *Blöcker* (Fn. 2), 84 f., *Herrmann* (Fn. 10), 203 f. und *Weinert* (Fn. 10), 105 f.

93 Vor diesem Hintergrund interessant zeigt sich die Umschreibung bei *Zimmermann*, JR 2018, 23, 30, der vor einem anderen Untersuchungsziel den Rücktritt als Ausprägung des Gedankens der tätigen Reue umschreibt und somit das herrschende Verhältnis umkehrt.

weitere Tathandlungen vor dem Hintergrund etwa äußerlich erkennbar lebensgefährlicher Verletzungen keinen Anhaltspunkt für objektiv wahrnehmbare präventive Gesichtspunkte.[94] Zwar könnte der Gedanke des Opferschutzes dahingehend herangezogen werden, dass dem Täter generell eine längere Rücktrittsmöglichkeit verbleibe, die das Opfer faktisch schütze. Lässt er diese jedoch irrig verstreichen, so wird jedenfalls der Schutz des konkreten Verletzten nicht mehr erreicht. Zudem versagt der Hinweis auf den objektiven Schutz des Verletzten jedenfalls dann, wenn dieser objektiv akut gefährdet ist und das Gesetz von der Normierung gegenläufiger Rettungsbemühungen absieht. In diesem Falle wird der allgemeine Opferschutzgedanke davon überzeichnet, dass der Täter, solange er es in der Hand hat, die Verletzung des jeweiligen, konkreten Rechtsguts abzuwenden, auch dazu motiviert werden soll.[95] Insofern bleibt also zwischen generellem und individuellem Opferschutz zu unterscheiden; dass jedenfalls Letzterer beim Rücktritt vom Versuch oftmals theoretischer Natur ist, liegt indes auf der Hand.[96]

Auch der Gedanke der Gefährdungsumkehr, der oftmals zur vertieften Begründung des Strafzweckentfalls herangezogen wird, versagt in dieser Konstellation. Bringt der Versuch eine objektive Gefährdung mit sich, so erscheint fraglich, deren subjektiven Ausgleich genügen zu lassen. Zwar setzt eine Versuchsstrafbarkeit einen gewissen Grad an Gefährdung per se nicht voraus; wenn dieser der Versuchshandlung jedoch anhaftet, erscheint es im Sinne des Verletzten zielführend, diesen auch im Rahmen der zu bewerkstelligenden Rücktrittshandlung zu berücksichtigen. Schließlich stellt der Aspekt der Gefährdungsumkehr auf eine objektiv gegebene Gefährdung ab, die als solche umgekehrt werden oder zum Ausgleich gebracht werden muss.

Angesichts dessen trägt die subjektivierende Handhabung des Rücktritts vom Versuch dem Grund der Straffreiheit kaum Rechnung. Die gebotene Abkehr von einer sukzessiven Subjektivierung wird auch von einem Blick

---

94 Es fehlt also an jenem Signal der Pflichterfüllung in Gestalt freiwilligen Rücktritts, da sich der Rücktritt gerade als Zufall, nicht als selbstständige Erfüllung einer Pflicht darstellt, dazu MüKo-StGB-*Hoffmann-Holland* (Fn. 8), § 24 Rn. 21. In anderen Worten fehlt das Gegengewicht, welches das Gewicht des Schuldvorwurfs aufwiegt, vgl. dazu *Bockelmann* (Fn. 75), 1420; *Otto*, GA 1967, 144, 150.

95 BGHSt 39, 221, 232; *Kudlich*, JuS 1999, 240, 241.

96 *Jäger* (Fn. 17), 5; *Heckler* (Fn. 17), 111; ferner BGHSt 9, 48, 52; zur ohnehin gegebenen Begrenzung des generellen Opferschutzes durch das Schuldprinzip etwa *Weinhold* (Fn. 77), 40; zum Disput zwischen generellem und individuellem Opferschutz MüKo-StGB-*Hoffmann-Holland* (Fn. 8), § 24 Rn. 27.

auf den eigentlichen *Straf*grund des Versuchs unterstrichen. Dies gilt freilich in besonderem Maße für objektive Theorien, die eine objektive Gefährdung des jeweiligen Rechtsguts zum Grund einer Versuchsstrafbarkeit erheben.[97] Dies lässt zwar nicht unmittelbar den Schluss zu, dass die Folge der Straflosigkeit lediglich an einer objektiv zu beurteilenden Situation anzuknüpfen vermag. In Kombination mit dem Gedanken des Strafzweckentfalls erscheint die Bemessung anhand objektiver Faktoren jedoch zumindest naheliegend, wird so doch die strafbegründende objektiv geschaffene Gefährdung selbst objektiv umgekehrt, sodass die objektive Gefährdung als Grund der Strafbarkeit selbst aufgehoben wird.

Ähnliches dürfte ferner für Ansätze gelten, die eine Gefährdung der Rechtsordnung als Grund der Versuchsstrafbarkeit anführen.[98] Denn dann ist es naheliegend, den Rücktritt als Form der tätigen Reue zu begreifen[99] und eine Aufhebung der geschaffenen, zumindest abstrakten Gefahr zu fordern, um die objektiv strafbegründende Gefahr des Rechtsguts aufzuheben.

Doch auch demgegenüber subjektive Theorien, die den Grund der Versuchsstrafbarkeit in dem mit dem Ansetzen zur Tatbestandsverwirklichung zum Ausdruck gebrachten rechtsfeindlichen Willen,[100] gegebenenfalls ergänzt um die weitere Voraussetzung des dadurch erschütterten Vertrauens der Allgemeinheit auf die Geltung der Rechtsordnung,[101] erblicken, stehen einer derartigen Forderung nicht entgegen. Schließlich erfordern auch diese eine Manifestation der Handlung in der Außenwelt und nehmen so auf eine geschaffene Gefährdung oder etwas objektiv Wahrnehmbares Bezug. Insbesondere, wenn durch die Versuchshandlung bereits das Vertrauen der Allgemeinheit auf die Geltung der Rechtsordnung erschüttert wurde, erscheint es naheliegend, den Entfall dieser Erschütterung auch, wenn objek-

97 So etwa MüKo-StGB-*Hoffmann-Holland* (Fn. 8), § 22 Rn. 12 ff.; *Sax*, JZ 1976, 429, 432 f.; *Spendel*, ZStW 1953, 519, 521 ff.; ähnlich *Bloy*, ZStW 2001, 76, 82; kritisch zu daraus folgenden Friktionen mit der Strafbarkeit des untauglichen Versuchs statt vieler *Haas* (Fn. 81), 331.

98 *Mir Puig*, in: Achenbach u.a. (Hrsg.), Festschrift für Claus Roxin (2001), 729, 745 f. und eingehend *Zimmermann* (Fn. 93), 27 ff.

99 So ja *Zimmermann* (Fn. 93), 30, der damit den oben kritisierten Schluss von Rücktritt auf Reue verkehrt und damit hinsichtlich des Grundes des Strafprivilegs die richtige Richtung vorgibt.

100 BGHSt 11, 324, 327; 15, 210, 214; 41, 94, 96; Lackner/Kühl-*Kühl* (Fn. 12), § 22 Rn. 11.

101 So die wohl herrschende Auffassung im Sinne der sogenannten Eindruckstheorie, Schönke/Schröder-*Eser/Bosch* (Fn. 3), Vor § 22 Rn. 22; *Jescheck/Weigend* (Fn. 22), 514, 530; *Roxin*, JuS 1979, 1; *Streng*, ZStW 1997, 862, 865.

tiv nach den Spezifika des Einzelfalles notwendig, dem Täter aufzubürden. Schließlich vermag eine rein subjektive Umkehr bei objektiv fortbestehender Höchstgefahr den objektiven Eindruck nicht aufzuheben. Angesichts dessen erscheint es daher naheliegend, einer sukzessiven Subjektivierung des Rücktritts vom Versuch den Rücken zu kehren.

2. *Tätige Reue*

Was hier für den Rücktritt vom Versuch gelten soll, beansprucht für die tätige Reue nur umso mehr Geltung. Dies liegt nicht einzig an dem herrschenden Verständnis der tätigen Reue als Kompensation für die Unanwendbarkeit der Regelungen des Rücktritts vom Versuch.[102] Unter Zugrundelegung dieses Verhältnisses dürfte, insbesondere im Zuge der angestrebten Harmonisierung[103], die tätige Reue ohnehin rücktrittsähnlich ausgelegt werden. Vielmehr ergibt sich dies aus dem den Reuevorschriften anlastenden Makel, einen eigenständigen Grund für das Strafprivileg nicht offerieren zu können und so durch den Rekurs auf § 24 StGB den Verletzten sowie die unterschiedlichen Ausgangssituationen außen vor zu lassen. Besieht man sich die für die Anwendbarkeit einer Reuevorschrift notwendige Vollendung des Delikts, so ist festzustellen, dass diese jedenfalls auch objektiv gegeben sein muss. Der Hinweis im Rahmen der Rücktrittsvorschrift auf die subjektive Prägung des Rücktritts verfängt im Rahmen der tätigen Reue somit nicht. Damit kann die objektive Deliktsvollendung auch nicht durch eine subjektive Umkehr aus der Welt geschafft werden und einen Strafzweck entfallen lassen. Vor diesem Hintergrund dürfte es lohnenswert erscheinen, die stetig wiederkehrende Forderung der Angleichung beider Institute zu überdenken und eine gelebte Subjektivierung der tätigen Reue zu hinterfragen.

C. *Ein Appell zum Schutze des Verletzten*

In der Gesamtschau bleibt festzuhalten, dass die zunehmende Subjektivierung des Rücktritts vom Versuch sowie der tätigen Reue den Verletzten zu einem Statisten ohne besondere Bedeutung degradiert. Dies mag mitunter

---

102 Dazu bereits mehrfach oben, siehe daher statt vieler nur *Oğlakcıoğlu/Kulhanek* (Fn. 6), 463.

103 Exemplarisch *Krack* (Fn. 3), 505 f. und *Blöcker* (Fn. 2), 84 ff.

dem Spagat zwischen individuellem und generellem Opferschutz geschuldet sein. Gleichwohl kann dem vor dem Hintergrund des eigentlichen Grundes der Strafprivilegierung nicht zugestimmt werden. Sollen die Institute ihrem zugeschriebenen Zwecke nach gehandhabt werden, so kann auf die objektive Komponente nicht gänzlich verzichtet werden. Soll deren einzige Berücksichtigung ihr Einfluss auf die Vorstellung des Täters sein, so spiegelt eine derart untergeordnete Rolle nicht die subjektiv-objektive Prägung des Versuchs, schon gar nicht die auch objektiv erforderliche Deliktsvollendung bei der tätigen Reue wider. Wird hier der Vorschlag unterbreitet, den Verletzten wieder mehr zu berücksichtigen, so erfüllt dies dementsprechend keinen Selbstzweck, sondern dient dem Rekurs auf die den beiden Instituten zugrundeliegenden Intentionen unter Einbeziehung des dem vorhergehenden Handeln anhaftenden Strafzwecks. Unter Berücksichtigung dessen dürfte etwa im Rahmen des Rücktritts vom Versuch eine teilweise objektive Überzeichnung der Bestimmung des Versuchsstadiums ein Ansatzpunkt sein, der ab einem ex ante naheliegenden hohen Grad an Gefährlichkeit der Situation für das geschützte Rechtsgut keinen Raum mehr für subjektive Fehlvorstellungen des Täters lässt.[104] Der anzulegende Maßstab eines objektiven Beobachters der Situation ex ante könnte so, mitunter unter Einbeziehung des Ingerenzgedankens, irrige Tätervorstellungen im Rahmen der Beurteilung des Versuchsstadiums für unbeachtlich erklären mit der Konsequenz, dass bei objektiv erheblicher Gefährdung eines Verletzten objektiv Gegenmaßnahmen zu ergreifen sind. Eine weitere Subjektivierung der tätigen Reue könnte demgegenüber bereits dadurch vermieden werden, dass zu deren Handhabung nicht unbesehen auf den Rücktritt vom Versuch zurückgegriffen wird, sondern die Kompensation der jeweiligen zumindest formellen Deliktsvollendung in das Zentrum gestellt wird. Auf diesem Wege dürfte letztlich der Verletzte in Übereinstimmung mit den Gründen von Bestrafung und Strafprivilegien wieder Teil der strafrechtlichen Betrachtung werden.

---

104 Ähnlich *Feltes* (Fn. 24), 418 ff. und *Hauf* (Fn. 25), 29.

Opferbeteiligung auf internationaler Ebene

Gurgen Petrossian, Erlangen

A. *Einleitung*

Die Erklärung der Vereinten Nationen (UN) über die Grundprinzipien zur rechtmäßigen Behandlung von Verbrechensopfern und Opfern von Machtmissbrauch von 1985 gab einen Anstoß zu Reformen der Opferrechte in der ganzen Welt. Zwar begannen die Reformen der Opferrechte in der europäischen Gesetzgebung schon 1983 mit dem Europäischen Übereinkommen über die Entschädigung für Opfer von Gewalttaten, jedoch blieben die Opfer von Völkerstraftaten bis zur Unterzeichnung des Römischen Statutes 1998 außer Betracht.

Die Internationalen Militärgerichtshöfe in Nürnberg und in Tokio berücksichtigten Opfer nur als Zeugen der Verbrechen. Diese Praxis wurde dann auch in den *Ad-hoc*-Tribunalen des ehemaligen Jugoslawiens und Ruanda übernommen. Tausende Opfer von Kriegsverbrechen, Verbrechen gegen die Menschlichkeit und Völkermord hatten keine Möglichkeit, an dem Verfahren gegen die Täter teilzunehmen und nach einem Schuldspruch eine Entschädigung zu verlangen. Heute ermöglicht Artikel 68(3) Römisches Statut (RS) die Opferbeteiligung am Strafverfahren vor dem Internationalen Strafgerichtshof (IStGH) in Den Haag. Ebenso kann nach erfolgtem Schuldspruch das Opfer Entschädigungsansprüche geltend machen. Zwar findet somit das Opfer im internationalen Strafverfahren Gehör, seine Beteiligung ist dennoch eines der kontroversesten Themen. Das gilt insbesondere für die Frage, wie sinnvoll eine solche Beteiligung ist. Eine Opferbeteiligung findet auch in den Außerordentlichen Kammern an den Gerichten von Kambodscha (Khmer-Tribunal, oder ECCC), dem Sondertribunal für den Libanon (STL) und den Besonderen Kammern in Kosovo (KSC) statt.

Umsetzungsschwierigkeiten bei der Opferbeteiligung im internationalen Strafverfahren entstehen aufgrund der abstrakten Verbindung zwischen den Opfern der Massenverbrechen und dem angeklagten „Schreibtischtäter“. Die Straftatbestände im Völkerstrafrecht sind, anders als die „klassischen“ Straftatbestände des nationalen Rechts, Distanzdelikte. Die Opfer von Völkerstraftaten „bekommen den Täter nicht zu Gesicht“. Damit einher geht die Tatsache, dass Tausende von Opfern einen Anspruch auf die Beteiligung am internationalen Strafverfahren haben. Dies geht über die Grenzen des praktisch Möglichen eines Strafverfahrens hinaus. Die hohe Beteiligung in den Verfahren gegen *Bemba* (5229 anerkannte Opfer), gegen *Ongwen* (4100 anerkannte Opfer) und gegen *Ntaganda* (2142 anerkannte Opfer) weist darauf hin, dass die Opfer zwar anerkannt und zugelassen werden, aber nicht jeder die Möglichkeit bekommen kann, aktiv an dem Verfahren teilzunehmen. Die Beteiligung erfolgt über einen allgemeinen Opfervertreterr, der das Recht hat, sich im Namen der Opfergemeinschaft während des Prozesses zu äußern, wenn die Interessen des Opfers betroffen sind. Der Vertreter der Opfergemeinschaft hat allerdings keinen Parteistatus im Verfahren.[1] Die Opferbeteiligung in einem Verfahren verfolgt das Ziel, nach einem Schuldspruch eine Entschädigung durchzusetzen. Diese Entschädigung kann in individueller oder kollektiver Form ergehen. In vielen Fällen fehlen dem Verurteilten aber die Mittel, den Schaden des Verletzten monetär zu begleichen.

In den drei Phasen der Opferbeteiligung – die Anerkennung der Opfereigenschaft, die Zulassung zur Teilnahme am Verfahren sowie der Wiedergutmachung – treten folgende praktische Fragen auf:

- Wer ist das Opfer?
- Wie nehmen die Opfer an dem Verfahren teil?
- Wie sieht die Entschädigung für die Opfer aus?

B. Kurze Einführung in das internationale Strafverfahren

Die 1990iger Jahre waren in den verschiedenen Teilen der Welt die Zeit der Rekonstruierung von Gesellschaften nach Ende des Kalten Krieges. Die zahlreichen grausamen Auseinandersetzungen verdeutlichten die Notwendigkeit eines ständigen internationalen Strafgerichtshofs. Das Thema der Einrichtung eines ständigen internationalen Strafgerichtshofes (IStGH) war zwar schon vor dem Zweiten Weltkrieg diskutiert worden.[2] Der IStGH wurde in seiner heutigen Form erst aber durch das Römische

1 Der Opfervertreter hat weder den Status als Nebenkläger, noch als privater Ankläger oder als „Civil Party".

2 Siehe *Schiff*, Building the International Criminal Court (2008), 22; *Schabas*, An Introduction to the International Criminal Court (2017), 1 ff.; *Çakmak*, A Brief History of International Criminal Law and International Criminal Court (2017), 44 ff.

Statut (RS) 1998 gegründet. Die Gerichtsbarkeit und die Zuständigkeit des Gerichtshofes basieren auf den vier Kernstraftaten, dem Völkermord, dem Verbrechen gegen die Menschlichkeit, den Kriegsverbrechen und seit 2018 auf dem Verbrechen der Aggression. Um ein Verfahren vor dem IStGH einzuleiten, müssen die Voraussetzungen der Gerichtsbarkeit gemäß den Artikeln 11 und 12 RS, der Auslösemechanismen, bekannt als *„trigger-mechanism“* im Sinne des Artikels 13 RS und des Komplementaritätgrundsatzes gemäß Artikel 17 RS erfüllt sein.[3] Die Vertragsstaaten waren sich in Rom einig, dass nur in drei Fällen die Einleitung eines Strafverfahrens möglich sein sollte, wenn die sonstigen Grundvoraussetzungen erfüllt sind. In der Folge können zum einen die Mitgliedstaaten und zum anderen der Sicherheitsrat der UN durch die Übertragung einer Situation zur Ermittlung an den IStGH ein Verfahren einleiten. Als dritte Möglichkeit kann der Ankläger Ermittlungen aus eigener Initiative einleiten. Hierfür müssen die Grundlagen des Artikels 15 RS erfüllt sein. Die Opfer haben kein Antragsrecht. Haben sie jedoch Kenntnis von Tatsachen erlangt, die vermuten lassen, dass Völkerstraftaten möglicherweise begangen wurden, so können sie entsprechend Meldung beim Ankläger erheben. Es steht dann aber im Ermessen des Anklägers, *proprio motu* eine Untersuchung einzuleiten. Um die Gerichtsbarkeit auszuüben, weist das Präsidium des Gerichtshofes eine Situation einer Vorverfahrenskammer zu (Regelung 20 Regelungen der Kanzlei (RoR)).[4] Der IStGH differenziert zwischen Situationen und Fällen. Erstere unterscheidet sich von den Fällen dadurch, dass sie nur die zeitlichen, räumlichen und sachlichen Grenzen der Verfolgbarkeit der begangenen Verbrechen ziehen. Im Gegensatz dazu behandeln die Fälle, die Vorwürfe gegen konkreten Angeklagten.[5] Diese Unterscheidung im Verfahren hat auch Auswirkungen auf die Opfer. Der Beitrag befasst sich mit den Schwierigkeiten, die eine solche Teilung für die Opferseite mit sich bringt.

C. Das Grundkonzept der Opferbeteiligung am IStGH

Ein Makroverbrechen richtet sich nicht allein gegen ein Individuum, sondern gefährdet das kollektive Zusammenleben. Es ist darauf gerichtet, die

---

3 Siehe näher in *Safferling*, Internationales Strafrecht, Strafanwendungsrecht, Völkerstrafrecht, Europäisches Strafrecht (2011), 277 ff.

4 Regulation of the Registry.

5 Vgl. *Safferling*, International Criminal Procedure (2012), 92; *El Zeidy*, The Principle of Complementarity in International Criminal Law (2008), 132 ff.

Existenz einer Opfergruppe, basierend auf den gemeinsamen Gruppenmerkmalen, zu beenden.[6] In der Regel wird im Rahmen von Völkerstraftaten das Opfer nicht aufgrund ihm individuell anhaftender Eigenschaften ausgewählt. Vielmehr gerät er in den Blickwinkel der Täter durch seine Zugehörigkeit zu einer bestimmten Gruppe. Dadurch wird wiederrum die ganze Gruppe viktimisiert. [7] Zwar ist die Frage des geschützten Rechtsgutes im Völkerstrafrecht sowohl in der Literatur als auch in der Rechtsprechung immer noch umstritten,[8] jedoch wird überwiegend die Meinung vertreten, dass es vorrangig die kollektiven Interessen schützt.[9] Dementsprechend stellt das Grundkonzept des Völkerstrafrechts auf das Opferkollektiv ab, was aber aus verfahrensrechtlicher Perspektive zu mehreren praktischen Schwierigkeiten führt.[10]

> „Sind die persönlichen Interessen der Opfer betroffen, so gestattet der Gerichtshof, dass ihre Auffassungen und Anliegen in von ihm für geeignet befundenen Verfahrensabschnitten in einer Weise vorgetragen und behandelt werden, welche die Rechte des Angeklagten sowie die Fairness und Unparteilichkeit des Verfahrens nicht beeinträchtigt oder damit unvereinbar ist. Diese Auffassungen und Anliegen können in Übereinstimmung mit der Verfahrens- und Beweisordnung von den gesetzlichen Vertretern der Opfer vorgetragen werden, wenn der Gerichtshof dies für angebracht hält“ Artikel 68(3) RS.

Der Artikel 68 RS ist die Grundlage für die Opferbeteiligung am IStGH. Er legt grundsätzlich fest, dass Betroffene in den verschiedenen Verfahrensabschnitten vor dem Gerichtshof einbezogen werden können. Die Opfer sind

---

6 *Werle/Jeßberger*, Völkerstrafrecht (2016), 90; vgl. *Petrossian*, Staatenverantwortlichkeit für Völkermord (2018), 106 ff.

7 *Safferling* (Fn. 5), 165 ff.

8 Vgl. die Ansätze des BGH mit dem JStGH und dem IGH in *Schäfer*, in: Safferling/Kirsch (Hrsg.), Völkerstrafrechtspolitik (2014), 244; BGH Beschl. v. 30. April 1999–3 StR 215/98; JStGH, *Prosecutor v. Kristic*, Urteil, Verfahrenskammer, 02.08.2001, § 572, § 711.

9 Seihe *Safferling* (Fn. 3), 68 ff; vgl. MüKo-VStGB-*Kreß*, Bd. VIII, 3. Aufl. (2018), § 6 Rn. 71 f.; *Boas/Bischoff/Reid/Don Taylor III*, Elements of Crimes under International Law (2008), 160 ff.

10 Die hohe Anzahl der möglichen Opfer kann sich auf die Verfahrenslänge deutlich auswirken, was auch die Rechte der Angeklagten betrifft und den Grundsatz des fairen Verfahrens gefährdet; siehe auch *Trüg*, ZStW 2013, 42, vgl. *Kuijer*, Human Rights Law Review 2013, 777, 780.

keine Partei des Verfahrens, sondern nur Teilnehmer am Verfahren.[11] Bevor sie aber aktiv am Verfahren teilnehmen können, müssen sie zuerst als solche nach Regel 85 der Verfahrens- und Beweisordnung (VBO) anerkannt und zugelassen werden. Zudem setzt die Teilnahme voraus, dass der Gerichtshof der Überzeugung ist, dass die persönlichen Interessen der Opfer von den konkreten Umständen betroffen sind.[12]Aus diesem Grund liegt es im Ermessen des Gerichts, den Opfern unterschiedliche Rechte einzuräumen.[13] Durch diese Regelungen werden der spezifische Kreis der Opfer in der konkreten Sache festgestellt und eine sinnvolle Beschränkung der teilnehmenden Opfer herbeigeführt.[14]

D. Die Anerkennung der Opfer

Der Prozess der Anerkennung des Opferstatus im Verfahren fängt mit der Antragstellung seitens der Opfer gemäß Regel 89 VBO an. Um eine Opferstellung im Verfahren nach der Regel 85 VBO zu erhalten, müssen die Antragsteller Folgendes nachweisen:

- *prima facie* Identifizierung der Rechtspersönlichkeit
- Den erlittenen Schaden
- Die Kausalität zwischen den Verbrechen, die der Gerichtsbarkeit des Gerichtshofes unterliegen und dem erlittenen Schaden.

Der Antrag wird von der Kanzlei bearbeitet und dem Gericht übermittelt. Dieses entscheidet über mögliche Schutzmaßnahmen für die Opfer und leitet ihn an die Parteien zur Stellungnahme gemäß der Regelung 86 Regelungen des Gerichtshofes (RoC) weiter. Nach den Stellungnahmen der

---

11 IStGH, *Prosecutor v. Katanga, Chui*, Verfahrenskammer, ICC-01/04–01/07, Decision on the Modalities of Victim Participation at Trial, 22.01.2010, § 75.

12 Sog. zweistufige Teilnahmevoraussetzung, siehe Commentary on the Rome statute of the ICC-*Donat-Cattin*, 1695, Rd. 22; IStGH, *Prosecutor v. Lubanga*, Vorverfahrenskammer, ICC-01/04–01/06, Prosecutor's 25 August Observations on the Application for Participation of Applicants a/0047/06 – a/0052/06, 06.09.2006, § 10; IStGH, *Prosecutor v. Lubanga*, Berufungskammer, ICC-01/04–01/06-824, Judgment on the appeal of Lubanga against the decision of Pre-Trial Chamber I entitled 'Decision sur la demande de mise enliberte' provisoire de Thomas Lubanga Dyilo', 13.02.2007.

13 Z.B. IStGH, *Prosecutor v. Ongwen*, Verfahrenskammer, ICC-02/04–01/15, Decision on the Legal Representatives for Victims Requests to Present Evidence and Views and Concerns and related requests, 06.03.2018, §§ 17–25.

14 Siehe *Guhr*, ZIS 2008, 367.

Verteidigung und des Anklägers trifft der Gerichtshof individuelle Entscheidungen über die einzelnen Anträge auf Opferbeteiligung nach Regel 85 VBO.[15]

I. Die Rechtspersönlichkeit des Antragstellers

Der IStGH kann sowohl natürliche als auch juristische Personen (Regel 85(b) VBO) als Opfer anerkennen. Jedoch müssen die einzelnen Opfer im konkreten Fall einzeln identifiziert werden. Diese Identifizierung kann sich insbesondere dann als schwierig erweisen, wenn entsprechende Identifikationsnachweise wegen der kriegerischen Auseinandersetzung in den betroffenen Gebieten nicht erbracht werden können. Aus diesem Grund akzeptiert der IStGH für die Feststellung der Rechtspersönlichkeit des Opfers jede Art von Nachweis.[16]

Während die Menschenrechtsgerichtshöfe die Teilnahme des verstorbenen Beschwerdeführers im Verfahren durch einen Nachfolger akzeptieren,[17] ist es dies beim IStGH anders. Dieser vertritt grundsätzlich die Meinung, dass nur lebende Personen einen Antrag stellen und im Verfahren teilnehmen können. Demnach haben Verwandte nur einen Anspruch auf die Anerkennung der Opfereigenschaft wegen des durch den Tod erlittenen Schadens.[18]

Die Praxis zeigt, dass die Beteiligung von Kindern in bewaffneten Auseinandersetzungen als Täter und/oder als Opfer weit verbreitet ist. Probleme können sich bei der Beteiligung von Kindern vor dem IStGH in Bezug

15 Siehe *Van den Wyngaert*, Case Western Reserve Journal of International Law 44 (2011), 475, 495.

16 Reisepass, Führerschein, Studenten- oder Mitarbeiterausweis, Brief einer örtlichen Behörde, Camp Registration Card, Karte von einer humanitären Agentur, Steuerbeleg; anderes Dokument zur Identifizierung der Person, Zeugenaussage siehe Regelung 86(2)(a) Regulations of Court (RoC); vgl. IStGH, Situation in *Democratic Republic of Congo*, Vorverfahrenskammer, ICC-01/04, Decision on the Requests of the Legal Representative of Applicants on applicationprocess for victims' participation and legal representation, 17.08.2007, § 15.

17 IAGMR, *Case of Aloeboetoe et al v Suriname*, Urteil, 10.09.1993, § 54, IAGMR; *Case of Garrido and Baigoma v Argentina*, Urteil, 27.08.1998, § 50.

18 IStGH, *Prosecutor v. Muthaura, Kenyatta and Ali*, Vorverfahrenskammer, ICC-01/09–02/11–267, Decision on Victims' Participation at the Confirmation of Charges Hearing and in the Related Proceedings, 26.08.2011, § 47; vgl. IStGH, *Prosecutor v. Bemba*, Vorverfahrenskammer, ICC-01/05–01/08–320, Fourth Decision on Victims' Participation, 12.12.2008, §§ 39–52.

auf die Altersfeststellung ergeben.[19] Einerseits werden gemäß Artikel 8(2)(b)(xxvi) RS Kindersoldaten unter 15 Jahren nicht als Täter, sondern als Opfer angesehen. Dementgegen steht Artikel 26 RS, der das Verbot der strafrechtlichen Verfolgung von Personen unter 18 Jahren normiert. Als Folge daraus ist eine Lücke von drei Jahren entstanden, in denen Kinder zwischen 15 und 17 Jahren weder als Opfer noch als Täter betrachtet werden.[20]

Der Schutz der Grundrechte von juristischen Personen wird zwar nicht vom Internationalen Pakt über bürgerliche und politische Rechte (IPbpR) unmittelbar vorgesehen, jedoch haben juristische Personen die Möglichkeit Beschwerde vor dem EGMR nach Artikel 34 EMRK zu erheben. Im Gegensatz gewährt der IAGMR juristischen Personen keinen vollständigen Schutz mit der Begründung, dass einer solchen nur natürlichen Person nach Artikel 1(2) IAMRK zustünden. Obwohl der IStGH die Beteiligung juristischer Personen als Opfer nach der Regel 85(b) VBO vorsieht, beschränkt er den Kreis der möglichen Nutznießer auf diejenigen, deren Eigentum, das religiösen, wissenschaftlichen, kulturellen oder gemeinnützigen Zwecken gewidmet war, beschädigt wurde. Dazu zählen unter anderem historische Denkmäler, Krankenhäuser und Objekte, die humanitären Zwecken dienen. Dementsprechend ist die Beteiligung von gewinnerzielenden geschädigten juristischen Personen fraglich. Im Vergleich zu einer natürlichen Person ist die juristische Person verpflichtet, weitergehende Voraussetzungen im Rahmen der Identitätsprüfung zu erfüllen.[21]

II. Der erlittene Schaden

Während die internationalen Menschenrechtsgerichtshöfe die Rechtsverletzung als eines der Hauptkriterien für die Zulässigkeit einer Beschwerde ansehen, wird im Völkerstrafrecht vielmehr auf die Existenz eines vom Op-

---

19 *Leveau*, Osgoode Hall Review of Law and Policy 4 (2013), 39.

20 Siehe *Chaikel*, The ICC's Child Soldier Provisions: Time to Close the Three-Year Gap (2015), 127; *Drumbl*, Reimagining Child Soldiers in International Law and Policy (2012), 167.

21 Die Form der Organisation, die Berechtigung und Identifikation der im Namen der Organisation handelnden Personen, der erlittene Schaden, die Kausalität des Schadens sowie die Frage, ob das Verbrechen der Gerichtsbarkeit des IStGH unterliegt; siehe auch IStGH, *Prosecutor v. Al Mahdi*, Verfahrenskammer, ICC-01/12–01/15–97-Red, Public Redacted Version of 'Decision on Victim Participation at Trial and on Common Legal Representation of Victims', 08.07.2016, § 23.

fer erlittenen Schadens abgestellt.[22] Dementsprechend haben Opfer für ihre Anerkennung vor dem IStGH den von ihnen erlittenen Schaden nachzuweisen. Der IStGH hat in Einklang mit den vorhandenen internationalen Definitionen drei Arten von Schaden festgestellt,[23] und zwar materielle,[24] psychologische[25] und physische[26] Schäden.[27] Fälle von materiellen und physischen Schäden und deren Umfang lassen sich relativ leicht feststellen, Schwierigkeiten bestehen jedoch bei psychologischen Schäden. Darunter werden auch solche gefasst, bei denen der psychische Schaden zu einem körperlichen Schaden geführt hat.[28] Um diese Kette der potentiellen mittelbaren Opfer nicht ausufern zu lassen, fordert der Gerichtshof, dass, eine *„close personal relationship"* vorliegt, wie etwa zwischen Eltern und Kindern.[29]

III. Die Kausalität

§ 2 Erklärung der UN über die Grundprinzipien zur rechtmäßigen Behandlung von Verbrechensopfern und Opfern von Machtmissbrauch re-

---

22 Right-focused versus Injury-focused.

23 In Verbindung mit Art. 21(3) RS, UN GA Resolution 60/147, Basic Principles and Guidelines on the Right to a Remedy and Reparation for Victims of Gross Violations of International Human Rights Law and Serious Violations of International Humanitarian Law 2005, UN Declaration of Basic Principles of Justice for Victims of Crime and Abuse of Power 1985.

24 Ökonomischer Verlust, z.B. infolge der Plünderung der persönlichen Gegenstände der Opfer, der Zerstörung von Haushaltsgegenständen, Nutztieren oder der Wohnung des Opfers.

25 Emotionale Schäden, die in Folge der Tötung eines Familienmitgliedes oder durch Morddrohungen aufgetreten sind. Ähnliche Schäden können bei Zeugen von äußerst gewalttätigen und schockierenden Ereignissen, wie sexuellem Missbrauch, Folter oder Verstümmelung auftreten.

26 Z.B. die Schäden, die sich aus dem Angriff auf den Körper des Opfers ergeben, etwa infolge einer Vergewaltigung oder anderen gewalttätigen Handlungen.

27 IStGH, *Prosecutor v. Lubanga*, Berufungskammer, ICC-01/04–01/06 OA 9 OA 1, Judgment on the Appeals of The Prosecutor and The Defence against Trial Chamber I's Decision on Victims' Participation of 18 January 2008, 11.07.2008, § 31 ff.

28 Vgl. ECCC, *Case of Kamg Guek Eav (Case 001)*, Berufungskammer, Appeal Judgment, Supreme Court Chamber,03. 02.2012, § 417.

29 IStGH, *Prosecutor v. Lubanga*, Verfahrenskammer, ICC-01/04–01/06–1813, Decision on Indirect Victims, 08.04.2009, § 50 ff.; vgl. mit der Entschädigung, ICC, *Prosecutor v. Katanga*, Verfahrenskammer, ICC-01/04–01/07–3728-tENG, Order for Reparations pursuant to Article 75 of the Statute, 24.03.2017, §§ 227–239; *Moffett*, Justice for Victims Before the International Criminal Court (2014), 164.

gelt, dass Personen als Opfer angesehen werden können[30] unabhängig davon, ob die Identität des Täters festgestellt, dieser festgenommen, strafrechtlich verfolgt oder verurteilt worden ist. Zwar gilt die Erklärung auch als Maßstab hinsichtlich der Opferrechte am IStGH,[31] jedoch spielen dort die Identität des Täters und die Anklagepunkte für die Teilnahme der Opfer im Völkerstrafrechtsverfahren eine wichtige Rolle. Wie bereits erwähnt, unterscheidet der IStGH zwischen den Verfahren zu einer Situation und solchen zu einem Fall (case).

Die Teilnahme der Opfer bestimmt sich nach ihrer Kategorisierung, die sich an fünf Etappen orientiert. In der ersten, d.h. in der sogenannten „Vor-Situation-Etappe", handelt es sich um potentielle Opfer von möglicherweise begangenen Verbrechen. Solange die zeitlichen und territorialen Voraussetzungen (*ratione temporis*, *ratione loci*) noch nicht erfüllt oder festgestellt wurden, handelt es sich daher nur um mögliche Opfer[32] des Verbrechens.[33] Diese Opfer haben zwar noch keine juristische Stellung vor dem IStGH, aber sie können mit dem Ankläger nach Artikel 15 RS bezüglich der mutmaßlich begangenen Verbrechen interagieren bzw. kommunizieren. Sobald sich zeitliche und geographische Grenzen der Straftaten ziehen lassen und diese vom IStGH bestätigt werden, beginnt für die Opfer die zweite Stufe, die der Situation. In dieser Etappe werden alle Ermittlungsmaßnahmen ergriffen,[34] um mutmaßliche Täter zu identifizieren. In den ersten Jahren der Tätigkeit des IStGH wurden zwar Opfer in dieser Phase zugelassen,[35] jedoch hob die Berufungskammer diese Entscheidungen über die Opferbeteiligung im Verfahrensstadium der Situation wieder auf. Dies wurde damit begründet, dass die durchgeführten Ermittlungen nicht vor Gericht stattfänden. Die Ermittlungsphase sei nicht der geeignete Verfahrensabschnitt für eine Einstufung gemäß Artikel 68(3) RS. Die per-

30 Vgl. auch mit dem Art. 9 of the Basic Principles and Guidelines on the Right to a Remedy and Reparation for Victims of Gross Violations of International Human Rights Law and Serious Violations of International Humanitarian Law.

31 Vgl. *Bock*, Das Opfer vor dem Internationalen Strafgerichtshof (2010), 178 ff.

32 Siehe *Funk*, Victims' Rights and Advocacy at the International Criminal Court (2015), 119 ff.; *Peters*, Beyond Human Rights, 271.

33 *Groome*, in: Mylonaki u.a. (Hrsg.), Criminological Approaches to International Criminal Law (2014), 117 f.

34 In dieser Phase ist die Beteiligung der Opfer für die Identifizierung des Angeklagten wichtig, siehe *Liesbeth*, in: Stephens u.a. (Hrsg.), Reparations for Victims of Genocide, War Crimes and Crimes Against Humanity (2009), 375.

35 IStGH, *Situation in Uganda*, Vorverfahrenskammer, ICC-02/04, Decision on Victim's Participation in Proceedings Related to the Situation in Uganda, 09.03.2012, § 12.

sönlichen Interessen der Opfer müssten sich auf den Haftbefehl beziehen, was in dieser Etappe nicht der Fall sei.[36] Nach der Identifizierung des Angeklagten (*ratione personae*) beschäftigt sich der IStGH mit dem konkreten Fall (case). Dementsprechend gehen Opfer, die mit dem Beschuldigten verknüpft sind, in die dritte Etappe. Sie werden zu sogenannte Case-Opfern. Theoretisch kommen hier auch solche Opfer in Betracht, die wegen Handlungen des Angeklagten geschädigt wurden, welche nicht im Vorwurf des Anklägers enthalten sind (vierte Etappe). Der Gerichtshof verzichtete aber bislang auf die Zulassung solcher Opfer im Verfahren.[37] Nur in der fünften Etappe ist es möglich, Opfer in das Verfahren mit einzubeziehen und sie so daran teilhaben zu lassen. Dies steht in engem Zusammenhang mit der Identifizierung der Anklagepunkte bzw. der Verbrechen, die dem konkreten Beschuldigten vorgeworfen werden (*ratione materiae*). Dementsprechend können also nur diejenigen Opfer am Verfahren zugelassen werden, die infolge des Verbrechens geschädigt wurden, das dem Angeklagten vorgeworfen wurde.

1. Etappe	„Vor"-Situation Opfer
2. Etappe	Opfer in Bezug auf die Situation
3. Etappe	Opfer in Bezug auf den Fall (case)
4. Etappe	Opfer in Bezug auf die Tat
5. Etappe	Opfer in Bezug auf die angeklagte Tat

36 IStGH, *Prosecutor v. Lubanga*, Berufungskammer, ICC-01/04–01/06–1432, Judgment on the Appeals of The Prosecutor and The Defence against Trial Chamber I's Decision on Victims' Participation of 18 January 2008, 17.07.2008, §§ 62, 65–66; siehe auch *Kelly*, in: Bonacker u.a. (Hrsg.), Victims of International Crimes (2013), 51 ff.

37 IStGH, *Prosecutor v. Lubanga*, Berufungskammer, ICC-01/04–01/06–1432, Judgment on the Appeals of The Prosecutor and The Defence against Trial Chamber I's Decision on Victims' Participation of 18 January 2008, 17.07.2008, § 65; IStGH, *Prosecutor* v. *Muthaura et al.*, Vorverfahrenskammer, ICC-01/09–02/11–267, Decision on Victims' Participation at the Confirmation of Charges Hearing and in the Related Proceedings, 29.08.2011, § 60; *Eckelmans* (Fn. 36), 201.

E. Opferbeteiligung

Artikel 68(3) RS ermöglicht zwei Arten der Opferbeteiligung am Strafverfahren: einerseits die selten praktizierte direkte Beteiligung der Opfer am Verfahren und anderseits die mittelbare Beteiligung entweder durch einen individuellen Rechtsbeistand (*legal representative for victims*), durch einen gemeinsamen Rechtsbeistand (*common legal representative for victims*) oder durch die Kanzlei des Gerichtshofes,[38] wenn kein Vertreter bestimmt wurde.

Die unmittelbare Beteiligung ist der physische oder entfernte Auftritt des Opfers vor dem Gerichtshof, der ausschließlich dazu dient, seine Ansichten und Bedenken darzulegen, aber nicht mit der Stellung als Zeuge gleichzusetzen ist.[39] Die Gewährung von Verfahrensrechten ist nicht gleichbedeutend damit, dass das Opfer seine Anliegen und Auffassungen unmittelbar vor dem Gericht vortragen kann. Die direkte Opferbeteiligung spielt natürlich eine wichtige Rolle für die Wahrheitsfindung,[40] jedoch erhöht die Zulassung mehrerer Opfer die Dauer des Verfahrens und verletzt so möglicherweise die Rechte der Angeklagten. Die Vertretung durch Opferkollektive erscheint aus diesem Grund oft zweckmäßiger.[41] Durch die Beteiligung von Opfervertretern werden die Opfer selbst nicht zentrale Akteure im Verfahren, sondern sind vielmehr passive Beobachter.[42] Opfer können ihren Rechtsbeistand zwar grundsätzlich frei wählen, jedoch kann der Gerichtshof aus Gründen der Effektivität des Verfahrens verlangen, dass Opfergruppen einen gemeinsamen Opfervertreter benennen.[43] Der Rechtsbeistand muss die Opfer informieren, möglicherweise auftauchende Fragen beantworten, Anweisungen der Opfer berücksichtigen, die Akten der Opfer verwahren, qualifizierte Unterstützung leisten und vertrauliche ihm/ihr zugänglich gemachte Materialien aufbewahren

38 Office of Public Council for Victims, OPCV.

39 IStGH, *Prosecutor v. Bemba*, Verfahrenskammer, ICC-01/05-01/08-2138, Decision on the supplemented applications by the legal representatives of victims to present evidence and the views and concerns of victims, 22.02.2012, § 13; IStGH, *Prosecutor v. Ntaganda*, Verfahrenskammer, ICC-01/04-02/06, Decision on victims' participation in trial proceedings, 06.02.2015, § 39.

40 *Garbett*, The International Criminal Court and Restorative Justice (2017), 198 ff.

41 Im Verfahren gegen *Bemba* durften nur drei Opfer von 5229 ihre Bedenken äußern, was per Videoverbindung geschah.

42 *Garbett* (Fn. 40), 201.

43 Regel 90 (2) VBO.

und verarbeiten.[44] Von der Professionalität des Rechtsbeistandes hängt die Effektivität der Opferbeteiligung ab, denn die Opfer bekommen nur auf Anfrage die Möglichkeit, im jeweiligen Verfahrensabschnitt ihre Anliegen den Richtern darzulegen.

Während die Rechte des Angeklagten im Römischen Statut normiert sind,[45] wird der Umfang der Verfahrensrechte der Opfer im Zuge des individuellen Verfahrens erst festgelegt. Jede Kammer bestimmt die Regeln der Opferbeteiligung nach eigenen Vorstellungen selbst. Die Verfahrensrechte der Opfer hängen somit vom jeweiligen Verfahrensabschnitt und der Zusammensetzung der Kammer ab. Aus diesem Grund ist es notwendig, die Verfahrensrechte der Opfer im Vorverfahren, im Hauptverfahren, im Berufungsverfahren und im Entschädigungsverfahren getrennt zu betrachten.

Wie bereits erwähnt, kommunizieren mögliche Opfer vor dem gerichtlichen Verfahren mit dem Ankläger über begangene Verbrechen nach Artikel 15(2) RS und Regel 50 VBO. Ist der Ankläger nicht bereit, eine Ermittlung nach Artikel 53 RS einzuleiten, sind potentielle Opfer berechtigt, eine Stellungnahme abzugeben.[46]

Im Vorverfahren, in dem es um die Bestätigung der Anklagepunkte geht (Confirmation of Charges), können die zugelassenen Opfer, sofern es ihnen erlaubt wird, ihre Ansichten äußern. Allerdings gewährt die Rechtsprechung dem Opfer im Vorverfahren weniger Verfahrensrechte als im Hauptverfahren. So haben in letzterem die Opfer die Möglichkeit, sowohl während des Verfahrens anwesend zu sein als auch Zugang zu den öffentlichen Verfahrensmaterialien zu bekommen. Außerdem können sie bei der Eröffnung und dem Abschluss der Verhandlung Stellung nehmen.[47] In bestimmten Fällen können diese Verfahrensrechte aber beschränkt werden.

---

44 Siehe IStGH, *Prosecutor v. Gbagbo*, Vorverfahrenskammer, ICC-02/11–01/11–138, Decision on Victims' Participation and Victims' Common Legal Representation at the Confirmation of Charges Hearing and in the Related Proceedings, 04.06.2012, § 38 ff.

45 Vgl. Art. 67 RS.

46 Regel 92 (2), 93 VBO; siehe z.B. IStGH, *Situation on the Registered Vessels of Comoros, Greece and Cambodia*, Vorverfahrenskammer, ICC-01/13–45-AnxAm, Decision on the Victims' Participation, 24.04.2015, §§ 10–13; IStGH, *Situation on the Registered Vessels of Comoros, Greece and Cambodia*, Vorverfahrenskammer, ICC-01/13–45-AnxAm, Observations on behalf of victims in the proceedings for the review of the Prosecutor's decision not to initiate an investigation, 23.06.2015.

47 IStGH, *Prosecutor v. Gbagbo*, Vorverfahren, Corrigendum to the Second decision on victims' participation at the confirmation of charges hearing and in the related proceedings, 06.02.2013, §§ 49–52; IStGH, *Prosecutor v. Katanga, Chui*, Vorver-

Nach der Bestätigung der Anklagepunkte haben die neuen und bereits zugelassenen Opfer die Möglichkeit, Beweise vorzubringen und Zeugen laden zu lassen. Diese beiden Optionen verfolgen das Ziel, die Schuld des Angeklagten nachzuweisen und widersprechen daher dem Sinn und Zweck der Opferbeteiligung. Der IStGH entschied jedoch, dass die Zeugen- und Beweisführung durch die Nicht-Partei für die Wahrheitsfindung eine große Rolle spiele und einen unterstützenden Charakter habe.[48] In einem anderen Fall, in dem das Zeugenführungsrecht nicht gewährt wurde, artikulierten die Richter, dass die Opfervertretung immer die Möglichkeit hat, auf notwendige Zeugen hinzuweisen.[49]

Die Beteiligung der Opfer im Berufungsverfahren hängt mit dem Berufungsinhalt und den Opferinteressen zusammen. Da jene keine Partei des Verfahrens sind, dürfen sie keine Berufung einlegen. Das Recht einer allgemeinen Beteiligung legt aber das Statut in den Artikeln 19(3), 81 und 82(1)(b)(c) RS fest.[50]

F. Entschädigung

Der Internationale Strafgerichtshof ist die einzige internationale Institution, die eine direkte Entschädigung für die Opfer von Völkerstraftaten vorsieht.[51] Artikel 75 RS legt die Grundprinzipien der Wiedergutmachung für Opfer fest, während die Regeln 95–99 VBO Opfer durch das Wiedergutmachungsverfahren leiten. Allerdings ist es nicht möglich, durch die kodifi-

---

fahren, Decision on the Set of Procedural Rights Attached to Procedural Status of Victim at the Pre-Trial Stage of the Case, 13.05.2008, §§ 127–133,140.

48 Der IStGH stellt strenge Voraussetzungen auf, unter denen die Opfer Zeugen oder Beweise führen können, siehe IStGH, *Prosecutor v. Lubanga*, Berufungskammer, Jugdement on the appeals of The Prosecutor and The Defence against Trial Chamber I's Decision on Victims' Participation of 18 January 2008, 11.07.2008, §§ 2–5, *Gosnell*, in: McDermott u.a. (Hrsg.), The Ashgate Research Companion to International Criminal Law (2016), 125; IStGH, *Prosecutor v. Ongwen*, Verfahrenskammer, Decision on the Legal Representatives for Victims Requests to Present Evidence and Views and Concerns and related requests, 06.03.2018, §§ 17–19; vgl. *Bock* (Fn. 31), 348–349.

49 IStGH, *Prosecutor v. Katanga, Chui*, Verfahrenskammer, ICC-01/04-01/07-1665-Corr, Directions for the conduct of the proceedings and testimony in accordance with rule 140, 01.12.2009, §§ 45–48.

50 ASP, Court's revised strategy in relation to victims (2012), 11; *Eckelmans* (Fn. 37), 217.

51 *Tigroudja*, Reparation before the International Criminal Court (2017), 7 ff.

zierten Bestimmungen das Gesamtbild des Wiedergutmachungsverfahrens zu erfassen und somit bleibt es dem Gericht überlassen, festzustellen, wie die Wiedergutmachung funktionieren wird. Falls der Angeklagte schuldig gesprochen wird, setzen die Richter die Grundsätze der Wiedergutmachung im individuellen Fall fest. Daneben beschäftigt sich ein unabhängiges Organ, der sogenannte Treuhandfonds des Gerichtshofes, mit dem Umsetzungsplan. Erst nach der Bestätigung des Planes wird der Treuhandfonds beauftragt (Trust Fund for Victims), die festgestellte Wiedergutmachung umzusetzen.

Wenn das Opfer in den Verfahrensstufen vor dem Internationalen Strafgerichtshof eine Rolle als Teilnehmer innehatte, erhält es die Stellung einer Partei im Wiedergutmachungsverfahren und hat somit das Recht gegen die Entscheidung Berufung einzulegen. Im ersten Wiedergutmachungsverfahren legte der Gerichtshof fest, dass die Anordnung zur Wiedergutmachung[52]

- gegen den Verurteilten erfolgen muss,
- den Verurteilten über seine Haftung informiert,
- den erlittenen Schaden bestimmt,
- die Art der Wiedergutmachung erläutert,
- die berechtigten Opfer identifiziert.

Ein wichtiger Grundsatz des Wiedergutmachungsverfahrens liegt darin, dass die Opfer nur für die Schäden entschädigt werden, für die der Angeklagte verurteilt wird.[53] Der Gerichtshof stellt die gesamte Summe der Schäden aufgrund der Nachweise der zugelassenen Opfer fest.[54] Dem IStGH sind drei Modelle der Wiedergutmachung bekannt: die individuelle, die kollektive sowie ein gemischtes Modell. Um zwischen individueller und kollektiver Reparation zu unterscheiden, verweist der IStGH darauf,

52 Redress, Ending Torture, Seeking Justice for Survivors, Moving Reparations Forward at the ICC: Recommendations, November 2016, 6–7; IStGH, *Prosecutor v. Lubanga*, Berufungskammer, ICC-01/04–01/06–3129-Anx1, Judgment on the appeals against the "Decision establishing the principles and procedures to be applied to reparations" of 7 August 2012 with Amended order for reparations (Annex A) and public annexes 1 and 2, 03.03.2015; IStGH, *Prosecutor v. Al Mahdi*, Verfahrenskammer, ICC-01/12–01/15–259-Red2, Reparations Order, 17.08.2017, § 26.

53 IStGH, *Prosecutor v. Lubanga*, Berufungskammer, ICC-01/04–01/06–3129-Anx1, Judgment on the appeals against the "Decision establishing the principles and procedures to be applied to reparations" of 7 August 2012 with Amended order for reparations (Annex A) and public annexes 1 and 2, 03.03.2015, §§ 65–67.

54 Der Gerichtshof kann auch im Wiedergutmachungsverfahren neue Opfer nach Regel 85 VBO zulassen.

dass während der Verhandlungen über das Römische Statut die Ansicht vorherrschte, dass das Gericht im Falle von wenigen Opfern leichter individuelle Schadensfeststellungen wird treffen können. Handelt es sich aber um eine Vielzahl von Opfern, könnten die Ansprüche nicht immer gesondert ermittelt werden, weshalb ein kollektives Wiedergutmachungsmodell zu präferieren sein wird. Die individuelle Wiedergutmachung stützt sich auf die jeweiligen Ansprüche der Opfer.[55] Sind die Richter von den Nachweisen[56] des einzelnen Opfers nicht überzeugt, so kann der Betroffene dennoch im Rahmen der kollektiven Wiedergutmachung entschädigt werden.[57] Die kollektive Wiedergutmachung bezeichnet die Entschädigung für eine Gruppe von Menschen, die durch die gemeinsam erlittenen Schäden und Leiden infolge der Verbrechen der verurteilten Person verbunden sind und sich als eine Gemeinschaft ansehen. Darunter fallen auch solche Opfer, die nicht unmittelbar durch das Verbrechen des Verurteilten geschädigt wurden.[58] Neben den soeben vorgestellten Modellen der Umsetzung ist auch die Form der Wiedergutmachung von entscheidender Bedeutung. Basierend auf den *Van-Boven-Prinzipien*[59] erkennt der IStGH als Formen der Wiedergutmachung Restitution, Entschädigung und Rehabilitation an.

Ebenso wie im Rahmen der Schadensfeststellung entstehen auch bei der Wiedergutmachung psychologischer Schäden juristische Schwierigkeiten, welche bei materiellen und physischen nicht vorliegen. Die gerichtliche Analyse stellte bezüglich der Wiedergutmachung bei psychologischen Schäden im *Katanga*-Verfahren fest, dass diese auf zwei Arten eintreten können. Die Entschädigung kann zugestanden werden einerseits für jene, die wegen des unmittelbaren Erlebens des Angriffs aufgetreten sind,[60] und anderseits für die, die aus dem Verlust von Verwandten resultieren.[61]

---

55 *Lewis/Friman*, in: Lee (Hrsg.), The International Criminal Court (2001), 474; *Schabas*, The International Criminal Court (2016), 1143.

56 Mildere Form der Beweise, *standard of a balance of probabilities*.

57 Der IStGH ist in der Lage, auch auf eigene Initiative eine Wiedergutmachung nach Regel 95 VBO feststellen.

58 Vgl. IStGH, *Prosecutor v. Katanga*, Verfahrenskammer, ICC-01/04-01/07-3728-tENG, Order for Reparations pursuant to Article 75 of the Statute, 24.03.2017, §§ 278–280.

59 §§ 18–25 UN General Assembly, Basic Principles and Guidelines on the Right to a Remedy and Reparation for Victims of Gross Violations of International Human Rights Law and Serious Violations of International Humanitarian Law, Adopted and proclaimed by General Assembly resolution 60/147 of 16 December 2005.

60 Entschädigungswert 2000 USD.

61 Entschädigungswert von 4000 bis 8000 USD.

Bis jetzt traf der IStGH drei Wiedergutmachungsentscheidungen. In all diesen Fällen stellte er die Zahlungsunfähigkeit der Verurteilten fest. Die festgestellten Schadenssummen variierten zwischen einer und zehn Millionen USD. Nicht alle festgestellten Schäden können bei jedem Verurteilten reguliert werden. Ist der Verurteilte nicht in der Lage, selbst für die Entschädigungsleistung aufzukommen, kommen andere Zahlungsquellen in Betracht. Dies befreit den Verurteilten jedoch nicht von seiner Pflicht, die Entschädigung selbst zu leisten.

	Wiedergutmachungsentscheidung		
	Al Mahdi	Katanga	Lubanga
Verbrechen	Zerstörung von kulturellem und religiösem Eigentum	Mord und Zerstörung von Eigentum	Zwangsverpflichtung bzw. Eingliederung von Kindern unter fünfzehn Jahren in die Streitkräfte (Kindersoldaten)
Wert	3.040.000 USD[62]	1.000.000 USD	10.000.000 USD
Opfer	139	297	425

Eine solche Quelle ist etwa nach Artikel 79 RS der Treuhandfonds des IStGH, der zwei Mandate hat. Einerseits beschäftigt sich der Treuhandfonds mit den von den Urteilen des Gerichtshofes unabhängigen Reparationen und unterstützt die Opfer der Situationen beim Wiederaufbau (*assistance mandate*). Anderseits setzt der Fonds die Wiedergutmachungsentscheidungen gegen einen konkreten Verurteilten um *(reparation mandate)*. Mit der Gründung des Organs einigten sich die Mitgliedstaaten darauf, dass die Finanzierung des Treuhandfonds durch die freiwillige Zahlung von Beiträgen aus vom Verurteilten beschlagnahmtem Eigentum und durch weitere Einnahmen erfolgen soll.[63] Nur im Fall der aus dem Vermögen vom Verurteilten requirierten finanziellen Mittel ist der Treuhandfonds verpflichtet, die Wiedergutmachung umzusetzen. In den anderen Fällen kann über die Verwendung der Einnahmen eigenständig entschieden werden.

---

62 2,700,000 Euro.

63 ICC-ASP, Resolution ICC-ASP/1/Res.6, Establishment of a fund for the benefit of victims of crimes within the jurisdiction of the Court, and of the families of such victims, Adopted at the 3rd plenary meeting, on 9 September 2002, by consensus, § 2; siehe auch Regulation 21 Regulation of Trust Fund for Victims.

G. Ist die Opferbeteiligung sinnvoll?

In der Theorie ist die Opferbeteiligung im Strafverfahren noch immer umstritten.[64] Die heutige Stellung des Opfers im „modernen" Strafverfahren konnte nur durch die Intervention von Menschenrechtsbewegungen erreicht werden.[65] Allerdings ist die Opferbeteiligung auf internationaler Ebene noch problematischer.

Die individuellen Opfer, die vom Verbrechen mittelbar oder unmittelbar betroffen waren, gehen einen langen gerichtlichen Weg innerhalb und außerhalb des IStGH. Unabhängig davon, ob die Opfer zugelassen oder nicht zugelassen wurden, haben sie viele Erwartungen in die internationale Institution und Hoffnungen. In seiner zwanzigjährigen Existenz hat der Gerichtshof bis jetzt nur drei rechtskräftige Verurteilungen gefällt, die sich jedoch immer noch in der Umsetzungsphase befinden. Bis jetzt hat der IStGH sich nur mit relativ „kleinen" Angelegenheiten auseinandergesetzt[66] und ist auf mehrere juristische und politische Probleme gestoßen. Wie schwierig würde es erst werden, wenn sich der Gerichtshof mit den Opfern eines Völkermords auseinandersetzt, wie aktuell etwa im Fall der Jesiden?[67]

Die Tatsache, dass Opfern eine Stimme gegeben wird, ist eine positive Entwicklung im Völkerrecht, allerdings bleibt fraglich, wie effizient dies im Rahmen eines Völkerstrafrechtsverfahrens umgesetzt werden kann.

Zwar wird durch die Rechtsprechung des IStGH versucht, die Beteiligung und Anzahl der möglichen Opfer sachlicher und anklagepunktebezogen zu machen und damit auch die Opferbeteiligung auf persönliche Interessen zu minimieren. Allerdings sind die Anklagepunkte in sich sehr weit und umfassen so mehrere Menschen, die von Völkerrechtsdelikten betroffen sind und persönliche Interesse am Verfahren haben können, sodass sie zu diesem zugelassen werden müssen. Es bleibt die Gefahr, dass mit einem Freispruch vor dem IStGH die Opfer keine Wiedergutma-

64 Siehe näher in *Trüg* (Fn. 10), 80 ff.: „Die Bestimmung eines möglichen Strafanspruchs des Opfers setzt eine Bestimmungvon Inhalt und ggf. Grenzen des öffentlichen Strafanspruchs und damit eine schlüssige Straftheorie voraus".

65 *Safferling*, ZStW 2003, 365.

66 Ausgenommen der Fall von *Bemba*.

67 Siehe *Musharbash*, Sie werden nicht vergessen, Zeit Online, 04.10.2018, aufrufbar unter www.zeit.de/2018/41/voelkermord-jesiden-irak-islamischer-staat-haftbefehle-bundesanwaelte-deutschland.

chungsansprüche geltend machen können, wie dies im Falle von Bemba bei über 5000 Betroffenen geschah.[68]

Die Beteiligung durch Vertreter ist ein richtiger Ansatz, dennoch bleibt die Frage offen, warum der Gerichtshof so viel Zeit mit der Identifizierung einzelner Opfer verliert, die später nur selten vor Gericht ihre Stellungnahmen abgeben können. Eine mögliche Lösung könnte sein, die Beteiligung von Opfergemeinschaften durch die Vertretung durch Nichtregierungsorganisationen (NGO) zuzulassen.

Fragen bleiben auch im Rahmen der Opferentschädigung offen. So ist etwa fraglich, wie sinnvoll das Wiedergutmachungsverfahren ist, wenn die Opfer aufgrund der Zahlungsunfähigkeit des Verurteilten für die erlittenen Schäden keine solche erhalten können. Gleichzeitig ist es auch notwendig festzustellen, dass aus Schadensersatzperspektive eine einzelne Person selten in der Lage sein wird, tausende Opfer materiell zu entschädigen. Dies kann allenfalls symbolisch passieren.

Die Aufgabe des Völkerstrafrechts ist nicht die Aufarbeitung der individuellen Konflikte zwischen zwei oder mehreren Personen, sondern bezieht sich auf die Bewältigung der kollektiven Konflikte und den Schutz der Gemeinschaft vor grausamen Straftaten.[69] Aus diesem Grund sollte auch ein Weg für Reparationsentscheidungen nationaler Gerichte geschaffen werden.

---

68 Vgl. IStGH, *Prosecutor v. Bemba*, Berufungskammer, ICC-01/05–01/08–3636-Red, Judgment on the appeal of Mr Jean-Pierre Bemba Gombo against Trial Chamber III's "Judgment pursuant to Article 74 of the Statute", 08.06.2018.

69 *Safferling*, Das Opfer Völkerrechtlicher Verbrechen (2008), 383.

Opfer, Verletzter, Zeuge: Was muss, kann und soll Opferschutz im Strafverfahren leisten?

Amina Hoppe, Jena

Zahlreiche Anpassungen des Strafprozessrechts haben in den vergangenen Jahrzehnten die Stellung des mutmaßlichen Verletzten im Strafprozess verändert, meist verbessert.[1] Zunächst unter dem Begriff des Zeugenschutzes, ging man bald dazu über, derartige Änderungen unter das Schlagwort des Opferschutzes zu fassen. Damit war die Zielrichtung deutlich, das Programm vorgegeben: Opfer sollen möglichst weitgehend geschützt, eine Sekundärviktimisierung soll verhindert werden.[2] Die Änderung ist dabei nicht nur begrifflicher Natur, sondern Ausdruck einer stärkeren Wahrnehmung von Verbrechensopfern, die gesellschaftlich und rechtspolitisch gewünscht ist[3] und auch kriminologisch nur befürwortet werden kann. Die Konzentration auf den Opferschutz bei Änderungen der Strafprozessordnung birgt jedoch Risiken einer begrifflichen Ungenauigkeit, die weitreichende Folgen haben kann. Der Strafprozessordnung ist – aus gutem Grund – der Begriff des „Opfers" unbekannt[4], während europäische Richtlinien wie auch deutsche Änderungsgesetze ihn häufig in den Mittelpunkt ihrer Ausführungen stellen.[5]

Wie sich zeigen wird, stellt gerade der gedankliche Fokus auf mögliche Opferinteressen eine mit wesentlichen Nachteilen für das Strafverfahren und die Beteiligten verbundene Verkürzung dar, weshalb im Folgenden für eine gedankliche Trennung zwischen den beiden Positionen des mutmaßlichen Opfers als Zeuge und als Verletzter argumentiert werden soll.

---

1 Zu diesem Befund auch L/R-StPO-*Ignor/Bertheau*, Bd. II, 27. Aufl. (2018), Vor § 48 Rn. 4.

2 *Ziegler*, Konfrontationsrecht vs. Opferschutz (2016), 184 m.w.N.

3 SSW-StPO-*Tsambikakis*, 3. Aufl. (2018), § 58a Rn. 5.

4 Weniger einheitlich und damit sprachlich fehlerhaft sind die Richtlinien für das Strafverfahren und das Bußgeldverfahren, vgl. etwa Nr. 135, 220 ff. RiStBV.

5 Den Mangel an theoretischer Reflexion und Systematik aufgrund der Fokussierung auf den Opferschutz beschreibt auch *Weigend*, Das Opfer als Prozesspartei?, Bemerkungen zum 2. Opferrechtsreformgesetz 2009, in: Dölling u.a. (Hrsg.), Festschrift für Heinz Schöch (2010), 947, 961.

A. Begriffliche Annäherung

Der Begriff des Opfers ist in erster Linie ein alltagssprachlicher, fachlich weniger durch die Rechtswissenschaft, sondern vielmehr durch die Kriminologie geprägt[6] und bezeichnet die Person, die durch eine Straftat oder ein sonstiges abweichendes Verhalten physisch, psychisch oder materiell geschädigt wurde.[7] Auch die Opferschutzrichtlinie 2012/29/EU definiert den Begriff des Opfers als „eine natürliche Person, die eine körperliche, geistige oder seelische Schädigung oder einen wirtschaftlichen Verlust, der direkte Folge einer Straftat war, erlitten *hat*" (Art. 2 I a, Hervorhebung durch Verf.). Auch im Regierungsentwurf zum 3. Opferrechtsreformgesetz werden die Begriffe des Opfers und Verletzten synonym verwendet, indem es heißt: „...[d]ie verfassungsmäßige Ordnung des Grundgesetzes [verpflichtet] die staatlichen Organe [...] auch dazu, sich schützend vor die *Opfer* von Straftaten zu stellen und deren Belange zu achten. In der Folge wurde die Rechtsstellung *des Verletzten* im Strafverfahren [...] kontinuierlich gestärkt."[8] Und selbst der BGH unterscheidet nicht hinreichend, indem er im Rahmen des Verfahrens nicht etwa von einem Verletzten oder Zeugen, sondern von einem Opfer spricht: „Das Gericht ist verpflichtet, bei seiner Entscheidung über den Umfang der Beweisaufnahme Opferschutzinteressen in seine Erwägungen einzubeziehen. Das bedeutet auch, das Opfer vor einer rechtsstaatswidrigen Verteidigung des Angeklagten zu schützen."[9]

Diese Gleichstellung von Opfern und Verletzten bei der Behandlung im Strafverfahren, insbesondere bei der Betrachtung und Erweiterung von Verfahrensrechten, sollte jedoch stärker als bisher hinterfragt werden, wenn den als Opfern bzw. Verletzten bezeichneten Personen besondere prozessuale Rechte zugestanden werden. Sie sollen aufgrund ihrer mutmaßlichen Opfereigenschaft im Verfahren geschützt werden. Aus viktimologischer Sicht ist dies ein befürwortenswertes Vorhaben, schließlich birgt das Strafverfahren für das Opfer stets das Risiko einer Sekundärviktimisierung bzw. Retraumatisierung und stellt häufig eine große Herausforderung dar. Die Konzentration auf den Schutz von Opfern ist gleichzeitig auch politisches Signal und zeigt eine Solidarisierung mit allen von Strafta-

---

6 *Schöch*, Das Opfer im Strafprozess, in: Egg/Minthe (Hrsg.), Opfer von Straftaten, Kriminologische, rechtliche und praktische Aspekte (2003), 19, 19.

7 *Eisenberg/Kölbel*, Kriminologie, 7. Aufl. (2017), 1269; *Neubacher*, Kriminologie, 3. Aufl. (2017), 130.

8 BT-Drs. 18/4621, 1, Hervorhebungen durch Verf.

9 BGH NJW 2005, 2791.

ten Betroffenen, wodurch auch die Anteilnahme in der Bevölkerung gefördert werden soll.[10]

Gleichzeitig liegt genau hier auch das Problem, denn die Ausrichtung auf und Solidarisierung mit dem Opfer bereits im Strafverfahren führt unmittelbar zu einer Schwächung der Stellung des Angeklagten. Mit der Anerkennung der Opfereigenschaft bereits im Verfahren ist untrennbar die Festlegung verbunden, dass eine Straftat sicher stattgefunden hat und, zumindest soweit Verfahrensrechte des Angeklagten eingeschränkt werden, auch, dass dies aus dem Grund geschieht, weil er Täter der verhandelten Tat ist. Zwar sah etwa der Gesetzgeber bei Einführung des 3. Opferrechtsreformgesetzes keinerlei Anlass, sich mit der Unschuldsvermutung auseinanderzusetzen.[11] Die in den Kategorien von Täter und Opfer verfasste Opferschutzrichtline der EU (Opferschutzrichtlinie 2012/29/EU) bestimmt in Erwägungsgrund 12 sogar explizit, dass sich der Begriff des Straftäters „[f]ür die Zwecke dieser Richtlinie [...] auch auf eine verdächtige oder angeklagte Person [bezieht], bevor ein Schuldeingeständnis oder eine Verurteilung erfolgt ist, und [...] nicht die Unschuldsvermutung [berührt]". Derartige Formulierungen führen jedoch dazu, dass gerade in Gesetzgebungsverfahren, aber auch in der öffentlichen Wahrnehmung eine deutliche Opfervermutung vorherrscht, die im Strafprozess der Unschuldsvermutung des Angeklagten diametral entgegensteht. Aber genauso wenig, wie einem mutmaßlichen Opfer zugemutet werden darf, dass seine Stellung offensiv geleugnet wird, so wenig kann und darf auf die gem. Art. 6 Abs. 2 EMRK garantierte und auch aus Art. 1 Abs. 1, 2, 20 Abs. 3 GG herleitbare[12] Vermutung der Unschuld des Angeklagten verzichtet werden.[13] Hierdurch kommt es zu Problemen, die nicht nur das Strafverfahren und den Angeklagten betreffen, sondern sich auch auf die übrigen Prozessbeteiligten, nicht zuletzt auch auf das mutmaßliche Opfer der Tat negativ auswirken.

In erster Linie berührt eine unreflektierte Opfervermutung das Strafverfahren als solches, denn aufgrund der verschiedenen, teilweise stark divergierenden Erwartungen an den Prozess droht die Kernaufgabe des Strafprozesses, die Klärung des Tatverdachts[14], aus dem Fokus zu geraten. Gleichzeitig besteht durch die Vorgabe so unterschiedlicher Ziele die Gefahr einer Überlastung. Die durch Opferschutzbemühungen steigende

---

10 *Ziegler* (Fn. 2), 179.

11 Vgl. hierzu den Gesetzentwurf der Bundesregierung, BT-Drs. 18/4621.

12 SK-EMRK-*Meyer*, Bd. X, 5. Aufl. (2019), Art. 6 Rn. 307 m.w.N.

13 *Ostendorf*, Strafprozessrecht, 3. Aufl. (2018), Rn. 25.

14 *Weigend*, Deliktsopfer und Strafverfahren (1989), 184 ff.

Tendenz, bereits mit dem Strafverfahren materielle Strafziele und Gerechtigkeit durchzusetzen, indem aus Gründen des Opferschutzes auch Beschuldigtenrechte eingeschränkt werden, führt zu einer verfassungswidrigen Funktionsverschränkung, denn Prävention und Schutz vor dem Täter treffen einen Nicht-Verurteilten und damit formell Unschuldigen.[15] Gleichzeitig muss der Beschuldigte als Adressat etwaiger zu verhängender Sanktionen und aufgrund der notwendigen Beschränkungen in seinen (Grund-)Rechten zwingend Hauptperson des Verfahrens bleiben, seine Interessen müssen Vorrang auch vor etwaigen Verletztenrechten haben.[16] Nicht zuletzt trägt eine derart vorgefestigte Rollenverteilung nichts zum Gelingen des Strafprozesses bei. Je mehr ein Strafverfahren auf das mutmaßliche Opfer konzentriert wird, indem ihm besondere Rechte und damit Fokus im Verfahren eingeräumt wird, desto eher wird sich diese Person in der Opferrolle finden, die das gesamte Rollengefüge im Prozess dahingehend verschiebt, dass der Beschuldigte mehr zum „Täter“ wird.

Mit der Etablierung expliziter Opferrechte wird jedoch nicht nur das Strafverfahren als solches beeinträchtigt, vielmehr werden aufgrund einer (nicht offen ausgesprochenen) Vorfestlegung auch Beschuldigtenrechte eingeschränkt[17]. Die dem Angeklagten zugestandene Verteidigung wird so möglicherweise unangemessen erschwert, insbesondere im Rahmen der den mutmaßlichen Opfern zustehenden Offensivrechte.[18]

Aber auch das Gericht selbst wird mit dieser starken Stellung des mutmaßlichen Opfers, dessen Schutz dem Gericht politisch und teilweise auch rechtlich aufgebürdet wird, überfordert. Dies betrifft etwa Entscheidungen über bestimmte Maßnahmen, die als Opferschutzmaßnahmen etabliert wurden. Ein Gericht kann unmöglich die Opferstellung eines Zeugen feststellen, ohne die Unschuldsvermutung zu verletzten und sich dem Verdacht der Befangenheit auszusetzen. Aber auch im Übrigen wird die über die Unschuldsvermutung begründbare Erwartung an das Gericht, neutral,

---

15 *Hassemer*, Was ist Gerechtigkeit im Strafverfahren?, in: Goldenstein (Hrsg.), Mehr Gerechtigkeit, Aufbruch zu einem besseren Strafverfahren (2011), 13, 15.

16 *Rieß*, Die Rechtsstellung des Verletzten im Strafverfahren. Gutachten C zum 55. Deutschen Juristentag (1984), Rn. 71; *Ostendorf* (Fn. 13), Rn. 25; *Weigend* (Fn. 14), 425.

17 *Weigend* (Fn. 14), 427; L/R-StPO-*Ignor/Bertheau* (Fn. 1), Vor § 48 Rn. 5, anders *Böttcher*, Wie viel Opferschutz verträgt der rechtsstaatliche Strafprozess?, in: Dölling u.a. (Hrsg.), Festschrift für Heinz Schöch (2010), 929, 939.

18 *Frommel*, Opferschutz ohne Konzept, in: Goldenstein (Hrsg.), Mehr Gerechtigkeit, Aufbruch zu einem besseren Strafverfahren (2011), 105, 112 f. Vgl. zu den einzelnen Rechten Abschnitt IV.

sachbezogen und möglichst frei von Emotionen zu bleiben[19], auf diese Weise rein tatsächlich erschwert.

Zuletzt kann ein solcher, eigentlich gut gemeinter Opferschutz unter diesen Bedingungen sogar für das Opfer nicht im vorgestellten Maße gelingen: „Je mehr den Betroffenen vermittelt wird, das Strafverfahren sei ein geeigneter Ort, ihre Interessen durchzusetzen, desto größer muss die Enttäuschung sein, wenn dies – aus rechtsstaatlichen Gründen – nicht gelingt."[20] Gerade wenn im Sinne des Opferschutzes Regelungen getroffen werden, die dem Opfer eine starke Position versprechen, ist es kontraproduktiv, wenn die so geschürten Erwartungen enttäuscht werden müssen. Darüber hinaus sind einige Regelungen von sehr konkreten Vorstellungen über die Bedürfnisse und Wünsche des Opfers geprägt, obwohl ungewiss ist, ob dies von dem konkreten Opfer gewünscht wird, sodass eine Rolle gefestigt wird, die das Opfer möglicherweise nicht einnehmen will.

Somit zeigt sich, dass sich der Ausgangspunkt des Opferschutzes nicht für strafprozessuale Erwägungen eignet, so sehr auch gesellschaftliche wie viktimologische Gründe dafür sprächen. Die Kategorie des Opferschutzes ist mit den Grundsätzen des Strafverfahrens schlichtweg nicht vereinbar. Aus diesem Grund sollte streng vermieden werden, im professionellen Kontext im Rahmen des Strafverfahrens vom „Opfer" zu sprechen, maximal sollte der Terminus des „mutmaßlichen Opfers" genutzt werden, wenn keine andere Formulierung möglich ist.[21]

Es gibt jedoch zwei andere Begriffe, die besser geeignet sind, das mutmaßliche Opfer auch im Strafverfahren zu erfassen. Zumeist ist es als *Zeuge* wesentlich in die Wahrheitsfindung einbezogen, darüber hinaus sieht die Strafprozessordnung auch weitergehende Rechte für den *Verletzten* vor.

Der Zeugenbegriff ist dabei in der Strafprozessordnung streng geregelt. Formal ist der Zeuge eine Beweisperson, die in einem nicht gegen sie gerichteten Strafverfahren Auskunft über die Wahrnehmung von Tatsachen gibt.[22] Aufgrund seiner Wahrnehmung soll der Zeuge dazu beitragen, die Wahrheitsfindung zu unterstützen. Grundsätzlich unterscheidet die Strafprozessordnung – im Sinne des obenstehenden Befundes nur korrekt – nicht zwischen Opferzeugen und anderen Zeugen. Dennoch gibt es Rege-

---

19 *Meyer* (Fn. 12), Rn. 324.

20 L/R-StPO-*Ignor/Bertheau* (Fn. 1), Vor § 48 Rn. 5.

21 *Ziegler* (Fn. 2), 180, geht sogar so weit, in der Benennung als Opfer eine Entkopplung von der Tat zu sehen, indem er die Verletzteneigenschaft auf die Straftat bezieht, die Opfereigenschaft aber als Eigenschaft der Person begreift.

22 Meyer-Goßner-StPO-*Schmitt*, 60. Aufl. (2017), Vor § 48 Rn. 1 m.w.N.

lungen, die die spezielle Situation von besonders schützenswerten Zeugen, wozu auch das mutmaßliche Opfer gehört, im Blick haben.

Alle Verfahrenspositionen, die sich nicht aus der Zeugenrolle ergeben, sollten hingegen als Rechte des Verletzten bezeichnet werden, wie es auch in der Strafprozessordnung weitgehend geschieht.[23] Die Strafprozessordnung verzichtet dabei jedoch bewusst auf eine Definition des Verletztenbegriffs, dieser soll laut Gesetzgeber vielmehr nach Sinn und Zweck der jeweiligen Vorschrift bestimmt werden.[24] Grundsätzlich ist jedoch der Verletzter, dessen Rechte bzw. Individualrechtsgüter durch die behauptete Straftat, sofern die Begehung unterstellt wird, unmittelbar beeinträchtigt sind.[25] Genau wie der Zeugenbegriff ist aber auch der Verletztenbegriff mit dem Opferbegriff nicht gleichzusetzen, da er zum einen enger gefasst ist[26], zum anderen aber auch den Fokus von der persönlichen Eigenschaft eines „Opfers" hin zur verhandelten (mutmaßlichen) Rechtsgutsverletzung verschiebt.

Somit wird deutlich, dass begriffliche Präzision erforderlich ist, wenn über Opferschutz im Strafverfahren gesprochen werden soll, denn derartige Überlegungen verlangen den Umweg über Zeugen- und Verletztenstellung. Im Folgenden soll daher beides unabhängig voneinander betrachtet werden, um Unterschiede deutlich zu machen und die Möglichkeiten des Opferschutzes im Strafverfahren in geeigneter Systematik zu untersuchen.

B. Die möglichen Interessen des Opfers

Auch wenn der Begriff des Opfers nun aber im Strafverfahren keinen Raum hat, bedeutet dies keineswegs, dass der Opferschutz vollständig vernachlässigt werden kann. Vielmehr ist es notwendig, die Gedanken, die den Opferschutz tragen, auf die beiden Positionen des Opfers als Zeuge

23 Anders *Ziegler* (Fn. 2), 180, der die Begriffe des „Opfers" und des „Verletzten" synonym verwenden will, was aus den genannten Gründen nicht überzeugt. Ähnlich scheint sich auch der Gesetzgeber des Unterschieds nicht hinreichend klar zu sein, vgl. Gesetzentwurf der Bundesregierung, BT-Drs. 18/4621, 9.

24 SSW-StPO-*Schöch* (Fn. 3), Vor §§ 406d ff. Rn. 3; BVerfG NStZ 1988, 89, 90; Meyer-Goßner-StPO-*Schmitt* (Fn. 22), Vor § 406d Rn. 2; Gesetzentwurf der Bundesregierung, BT-Drs. 18/4621, 9.

25 SSW-StPO-*Schöch* (Fn. 3), Vor §§ 406d ff. Rn. 4; *Ziegler* (Fn. 2), 179.

26 So sind etwa Opfer von Straftaten, die nicht Gegenstand des konkreten Verfahrens sind, ebenso vom Opferschutz in der Zeugenstellung zu erfassen. Zudem wird die Verletztenstellung teilweise enger gefasst und auf bestimmte Delikte begrenzt, etwa im Rahmen der Nebenklage.

und als Verletzter zu übertragen, um anhand der strukturellen Unterschiede auch die Möglichkeiten und Grenzen des Opferschutzes im Strafverfahren zu erkennen. Hierfür ist es hilfreich, zunächst die möglichen Interessen der Opfer zu beleuchten. Es zeigt sich schnell eine breite Variation, die sich aus den Persönlichkeiten der Opfer, den ihnen widerfahrenen Taten und den konkreten Umständen, möglicherweise nicht zuletzt aus dem Umgang mit der Tat durch die Strafverfolgungsbehörden, ergeben kann. Die in der Gesetzgebung und Politik vorherrschende Vorstellung, dass das Opfer durch die Tat stark belastet ist und durch jede Handlung im Rahmen des Strafverfahrens stärker belastet wird, hilft dabei allein, die obere Grenze des Opferschutzes zu bestimmen. Ein umfassender Opferschutz als solcher sollte sich jedoch nicht auf bestimmte Straftaten (häufig werden hier Straftaten gegen die sexuelle Selbstbestimmung und häusliche Gewalt genannt) oder Opfergruppen (insbesondere Kinder) fokussieren,[27] sondern vielmehr die Verschiedenartigkeit der Opfer, Taten und Interessen im Blick haben.

Generell ist das Interesse des Opfers nur selten auf das Strafverfahren zentriert.[28] Im Prozess kann es dem (tatsächlichen) Opfer dabei zum einen darum gehen, dass die Schuld des Täters festgestellt und er verurteilt wird, was als eine Form der Genugtuung angesehen werden kann[29]. Neben dieser auch vom Opfer gewünschten Durchsetzung des materiellen Rechts und der damit verbundenen Wiederherstellung des Rechtsfriedens[30] ist auch das Interesse an der Wahrheitsfindung ein übergreifendes Interesse aller am Prozess Beteiligten.[31] Es ist zudem davon auszugehen, dass sich jedes Opfer, unabhängig von seinen sonstigen Erwartungen an das Strafverfahren, einen angemessenen Umgang und möglichst weitgehende Informationen über alle Abläufe wünscht, um autonom über seine Möglichkeiten entscheiden zu können.

Darüber hinaus kann es den Interessen eines Opfers entsprechen, möglichst aktiv am Verfahren beteiligt zu werden. Hierzu gehört etwa auch eine Chance, die Tat, ihre Folgen und auch die persönliche Bedeutung aus seiner Sicht darzustellen. Ebenso kann eine Rehabilitierung und Wiederherstellung der Selbstachtung durch das Verfahren im Interesse des Opfers

---

27 Dass diese Gruppen besonders schützenswert sind, wird sich jedoch möglicherweise an ihrer Schutzbedürftigkeit in der Zeugenfunktion zeigen.

28 *Weigend* (Fn. 14), 19; *Kilchling*, Opferinteressen und Strafverfolgung (1995), 284.

29 L/R-StPO-*Ignor/Bertheau* (Fn. 1), Vor § 48 Rn. 6.

30 *Weigend* (Fn. 14), 191 ff.

31 *Weigend* (Fn. 14), 377; L/R-StPO-*Ignor/Bertheau* (Fn. 1), Vor § 48 Rn. 6.

liegen.[32] Auch Rache und Genugtuung sind Gründe für eine Beteiligung am Verfahren.[33] Darüber hinaus wünschen sich einige Opfer auch Mitgefühl und eine Aufklärung der Tat über die strafrechtlich relevanten Informationen hinaus.

Während einige Opfer damit im Strafverfahren möglichst präsent sein und in hohem Umfang beteiligt werden möchten, um die Tat durch die aktive Teilnahme am Prozess zu verarbeiten, wünschen sich andere eher, möglichst wenig mit dem Geschehenen konfrontiert und dem Verfahren in der Öffentlichkeit ausgesetzt zu werden.[34]

Somit zeigt sich bereits eine große Spanne potenzieller Opferinteressen, die im Strafverfahren relevant werden können. Wie diese unter Beachtung der Verfahrensgarantien wirksam werden können, soll im Folgenden unter Beachtung der Unterscheidung zwischen (erzwungener) Zeugenstellung und (in der konkreten Ausgestalt frei bestimmbarer) Verfahrensstellung als Verletzter untersucht werden.

C. Der Schutz mutmaßlicher Opfer in der Position des Zeugen

Zunächst soll daher untersucht werden, wie der Schutz des Opfers in seiner Position als Zeuge funktionieren kann.

Die Position des mutmaßlichen Opfers in seiner Zeugenstellung ist in der Strafprozessordnung klar geregelt. Als Zeuge ist das mutmaßliche Opfer Beweismittel und damit grundsätzlich verpflichtet, an der Wahrheitsfindung mitzuwirken, zu Vernehmungen zu erscheinen, wahrheitsgemäß auszusagen, sich dabei auch konfrontativen und hartnäckigen Befragungen zu stellen sowie Gegenüberstellungen und sogar körperliche Untersuchungen zu dulden (§§ 58 Abs. 2, 81 c StPO).[35] Er kann dieser Pflicht grundsätzlich (mit Ausnahme etwa der §§ 52 ff. StPO[36] oder durch Nichtstellung einer Strafanzeige oder eines -antrags und damit der Verhinderung des gesamten Verfahrens) nicht entkommen. Bei Verweigerung des Zeugnisses

---

32 *Ziegler* (Fn. 2), 223 f. m.w.N.

33 Dass das Genugtuungspotenzial des Strafprozesses sehr gering ist, zeigt jedoch die Untersuchung von *Kilchling* (Fn. 28), 285.

34 *Ziegler* (Fn. 2), 223 f. m.w.N.; *Kilchling* (Fn. 28), 284.

35 Meyer-Goßner-StPO-*Schmitt* (Fn. 22), Vor § 48 Rn. 5. Vgl. auch *Ziegler* (Fn. 2), 223 f. m.w.N.

36 Hinzu kommen noch die weniger relevanten Fälle von Beratungsgeheimnissen, Wahlgeheimnissen und die Aussageverweigerungsrechte von Abgeordneten.

ohne rechtlichen Grund können ihm sogar die hieraus entstehenden Kosten auferlegt oder Ordnungsgelder verhängt werden (§ 70 Abs. 1 StPO).

Diese erzwungene, passive Stellung des Zeugen, die sich auch aus der (in der Strafprozessordnung angelegten) ständigen Überprüfung seines Aussageinhalts ergibt, führt dazu, dass Strafverfolgungsbehörden und Gerichte besondere Schutzpflichten gegenüber Zeugen haben.[37] Diese gelten selbstredend für alle Zeugen, unabhängig von den Aussageinhalten. Gleichwohl sind es unter anderem insbesondere mutmaßliche Opfer, denen ein besonderer Schutz zuteil werden muss, da die Inhalte der Aussagen dieser Zeugen, ihre Stellung zum Angeklagten und ihre spezifische Prozesssituation sie in ihrer Position besonders schutzbedürftig machen können. Insofern darf sich ein ernstgemeinter Opferschutz im Bereich der Zeugenrechte auch nicht nur auf konkrete mutmaßliche Opfer der verhandelten Straftat beziehen, sondern muss konsequenterweise für alle Zeugen gelten, die mutmaßlich über Opfererfahrung berichten. In diesem Sinne sollte jedoch nicht die Person des mutmaßlichen Opfers, sondern die Sensibilität des Aussageinhalts des Zeugen im Vordergrund stehen. Der so verstandene Schutz ist also nicht an eine (unklare) Opferstellung anzuknüpfen, sondern (in diesem Sinne gerade bei den typischerweise im Opferschutz herangezogenen Beispielen) an die unumgängliche Pflicht des Zeugen, über intime, tiefgreifende und emotionale Erfahrungen zu sprechen, unabhängig von dem später zu würdigenden Beweiswert.

Macht man sich die Eigenheiten der Zeugenstellung der mutmaßlichen Opfer im Verfahren bewusst, können hieran anknüpfend auch Maßnahmen des Opferschutzes analysiert und diskutiert werden.

So kann bereits die erzwungene Beteiligung eines mutmaßlichen Opfers dessen Interessen diametral entgegenstehen. Sie birgt die Gefahr, dass durch die mit der Beschränkung auf die Wahrheitsfindung verbundene, passive Stellung des mutmaßlichen Opfers, das im Strafverfahren (mehrfach) geladen, befragt und dessen Aussage überprüft wird, ein Gefühl des Ausgeliefertseins und der Ohnmacht entsteht.

Bisher ist es jenseits der normierten Aussage- und Auskunftsverweigerungsrechte und der praktisch häufigen Lösung, durch ein Geständnis des Angeklagten eine Vernehmung des mutmaßlichen Opfers zu verhindern, grundsätzlich nicht möglich, diese Situation im Sinne des Opferschutzes zu lösen. Dabei hat das BVerfG bereits in sehr engen Grenzen eine Einschränkung der Aussagepflicht wegen der Eigenarten des Beweisthemas anerkannt, wenn durch die Vernehmung in den grundrechtlich geschütz-

37 Meyer-Goßner-StPO-*Schmitt* (Fn. 22), Vor § 48 Rn. 10; *Ziegler* (Fn. 2), 241.

ten Bereich der privaten Lebensgestaltung eingegriffen würde[38]. In Anbetracht der möglicherweise drohenden psychischen Beeinträchtigungen, die mit einer Retraumatisierung durch die Teilnahme am Prozess verbunden sein können, könnte, sofern andere Schutzmaßnahmen nicht ausreichend erscheinen, auch eine Ausweitung dieses Gedankens überlegt werden.[39] Dies würde jedoch voraussetzen, dass das mutmaßliche Opfer über die Folgen seiner Aussageverweigerung, insbesondere bei sonst schwieriger Beweislage, hinreichend belehrt und möglichst auch über Alternativen zu einer klassischen Vernehmung beraten wird.

Aktuell ist eine solche umfassende Aussageverweigerungsmöglichkeit nicht anerkannt und der Zeuge damit grundsätzlich zur Aussage verpflichtet. Dennoch sieht die Strafprozessordnung auch hier Schutzmaßnahmen vor.

So besteht zunächst die generelle Fürsorgepflicht im Umgang mit allen Zeugen, die durch die notwendige neutrale Einstellung, die mit der Vermutung der Unschuld des Angeklagten einhergeht und zumindest das Gericht betreffen muss, begrenzt wird. Der Zeuge sollte daher über seine Aufgaben, die sonstigen Rollenverteilungen und die zu erwartenden Angriffe möglichst vorab neutral informiert werden. Zu starke Empathie oder die Anerkennung von Betroffenheit sind hierbei zumindest im Kontext der Hauptverhandlung zu vermeiden.[40] Dies ist nicht nur für die notwendige Unvoreingenommenheit hinsichtlich der Schuld des Angeklagten unabdingbar, sondern wäre anderenfalls auch psychologisch für die Urteilsfindung kontraproduktiv. Doch auch die Staatsanwaltschaft sollte dem Zeugen mit der notwendigen Unvoreingenommenheit entgegentreten. Ein Sitzungsvertreter, der sich früh mit dem Zeugen solidarisiert, wird seiner Aufgabe und Profession nur schwer Genüge tun können, wenn später Zweifel an der Aussage entstehen. Gleichzeitig darf der Zeuge nicht als bloßes Objekt der Wahrheitsfindung betrachtet, möglicherweise sogar, etwa durch bestimmtes Verteidigerverhalten, bloßgestellt werden, da er sonst in seiner Menschenwürde und auch dem Recht auf informationelle Selbstbestimmung betroffen ist.[41]

---

38 Vgl. etwa BVerfGE 33, 367.

39 Nach einer Untersuchung von *Kilchling* (Fn. 28), 305 würden 60 % der Opfer eine derartige „Prozessverhinderungsmacht" befürworten.

40 Anders *Weigend* (Fn. 14), 504.

41 *Schöch*, Opferschutz im Strafverfahren, in: Dölling/Jehle (Hrsg.), Täter, Taten, Opfer, Grundlagenfragen und aktuelle Probleme der Kriminalität und ihrer Kontrolle (2013), 217, 231.

Auch wenn jedoch Gericht und Staatsanwaltschaft in ihrer objektiven Rolle verbleiben, bedeutet das keineswegs, dass der Zeuge, auch das mutmaßliche Opfer, auf sich gestellt wäre. Insbesondere ergibt sich aus § 68b StPO das Recht eines jeden Zeugen auf einen (anwaltlichen) Zeugenbeistand. Dieser kann bei den einzelnen Vernehmungen anwesend sein und entsprechend rechtlich beratend tätig werden. Die Subsidiarität gegenüber Hinweispflichten[42] sollte dabei eng gefasst werden, um dem Zeugen zu jedem Zeitpunkt des Verfahrens Unsicherheiten nehmen zu können. Zudem ist der Zeugenbeistand nicht, wie das Gericht, zur Neutralität verpflichtet. Gem. § 68b Abs. 2 StPO ist im Bedarfsfall, aus Gründen der Person oder des Falls, auch eine Beiordnung möglich.

Dem Verletzten, der sich gem. § 406f StGB ebenfalls eines anwaltlichen Verletztenbeistandes bedienen kann, steht darüber hinaus aber auf Antrag auch die Anwesenheit einer Vertrauensperson bei den Vernehmungen zu (§ 406f Abs. 2 StPO). Dies soll eine psychologische Begleitung durch eine dem Verletzten nahestehende Person ermöglichen.[43] Hier stellt sich die Frage, ob dies nicht ebenfalls als Zeugenrecht ausgestaltet sein müsste. Neben dem mutmaßlichen Verletzten im konkreten Verfahren kann sich, möglicherweise sogar auch im Sinne des Opferschutzes, ein solcher Bedarf auch bei anderen Zeugen ergeben. Ein solcher Beistand wird häufig auch hilfreicher sein als eine rein rechtliche Beratung durch einen Anwalt. Es ist daher zu überlegen, unter geeigneten Bedingungen diesen Beistand durch eine Vertrauensperson allen Zeugen zu ermöglichen.

Daneben sorgen spezielle Regelungen hinsichtlich des Umfangs und der Umstände der Zeugenaussage für einen Schutz in dieser sensiblen Situation.

So besteht zum einen die Möglichkeit, die Aussagehäufigkeit im Laufe des Verfahrens zu verringern, § 24 Abs. 1 S. 1 Nr. 3 Fall 1 GVG. Die Vorschrift knüpft dabei – begrifflich verwirrend – an die besondere Schutzwürdigkeit von „Verletzten, die als Zeugen in Betracht kommen" an und begründet in solchen Fällen die Zuständigkeit der Strafkammer am Landgericht. So soll eine zweite Tatsacheninstanz mit erneuter Beweiserhebung verhindert werden.[44] Dies stellt jedoch eine maßgebliche Verkürzung der Verteidigungsrechte des Angeklagten dar, die das Konfrontationsrecht und damit auch die Wahrheitsfindung stark beeinträchtigt.[45]

---

42 SSW-StPO-*Franke* (Fn. 3), § 68b Rn. 11.

43 Meyer-Goßner-StPO-*Schmitt* (Fn. 22), § 406f Rn. 4.

44 *Ziegler* (Fn. 2), 297.

45 *Ziegler* (Fn. 2), 301. Kritisch auch *Heghmanns*, DRiZ 2005, 288, 291.

Für die einzelne Aussage kommt der Zeugenschutz hingegen insbesondere in § 48 Abs. 3 StPO zum Ausdruck, der symbolisch auf verschiedene Schutzmöglichkeiten verweist.[46] Hier zeigt sich wiederum die mit der Neueinfügung der Norm im Zuge des Dritten Opferrechtsreformgesetzes verbundene Zielsetzung, das Opfer (nach dem Gesetzgeber gleichgesetzt mit dem Verletzten) zu schützen[47]: Obwohl § 48 Abs. 3 StPO selbst von Verletztenrechten spricht, sind die genannten Normen durchweg auf alle Zeugen, mithin gerade nicht ausschließlich auf mutmaßliche Opfer, anwendbar. Die Norm erscheint dabei symptomatisch für den Befund, dass Zeugen- und Verletztenrolle nicht hinreichend getrennt werden.

So bestimmen die §§ 168e, 247a Abs. 1 StPO, dass Zeugen dann von Anwesenheitsberechtigten bzw. in der Hauptverhandlung Anwesenden bei der Vernehmung räumlich getrennt sein können, wenn schwerwiegende Nachteile für das Wohl des Zeugen drohen. Zudem kann während der Vernehmung des Zeugen gem. § 171b GVG die Öffentlichkeit ausgeschlossen werden, wenn dies zu seinem Schutz notwendig ist. Darüber hinaus kann in der Hauptverhandlung gem. § 247 S. 1 StPO die Abwesenheit des Angeklagten bei Vernehmung eines Zeugen angeordnet werden. Auch die Beschränkung des Fragerechts, das solche Fragen ausschließt, die dem Zeugen zur Unehre gereichen können (§ 68a Abs. 1 StPO), gilt für sämtliche Zeugen und nicht ausschließlich für das mutmaßliche Opfer. Derartige Fragen und solche, die ungeeignet sind oder nicht zur Sache gehören, können gem. § 241 StPO durch das Gericht zurückgewiesen werden. Minderjährige Zeugen werden zusätzlich nur durch den Vorsitzenden vernommen (§ 241a Abs. 1 StPO), dem Angeklagten steht also nur ein durch das Gericht vermitteltes Fragerecht zu. Weiterhin sieht § 255a Abs. 2 StPO vor, dass eine erneute Vernehmung von Zeugen unter 18 Jahren in der Hauptverhandlung unterbleiben kann, wenn die polizeiliche Vernehmung gem. § 58a StPO audiovisuell aufgezeichnet wurde und vorgespielt werden kann. Dies gilt jedoch nur unter sehr engen Voraussetzungen, insbesondere müssen der Angeklagte und sein Verteidiger die Möglichkeit gehabt haben, an der Videoaufzeichnung mitzuwirken.

In all diesen Fällen kollidieren die Notwendigkeit der Wahrheitsfindung und die Verteidigungsrechte des Angeklagten mit den (variierenden) Interessen des mutmaßlichen Opfers in seiner Zeugenposition. Nicht selten kann es vorkommen, dass dem Zeugen die Aussage schwer fällt oder

46 *Ferber*, NJW 2016, 279; L/R-StPO-*Ignor/Bertheau* (Fn. 1), § 48 Rn. 22.

47 Im Gesetzentwurf wird dazu explizit auf die Notwendigkeit einer solchen Schutznorm aufgrund der Opferschutzrichtline der EU verwiesen, BT-Drs. 18/4621, 2.

durch intensive Befragung und auch Angriffe der Verteidigung im Sinne von Konstanzanalysen, kritischen Nachfragen und Vorhalten ein Ohnmachtsgefühl entsteht, wovor die genannten Rechte den Zeugen schützen sollen. Eine solche Konfrontation ist jedoch gem. Art. 6 III lit. d. EMRK rechtsstaatlich garantiert.[48] Die Möglichkeit der Befragung dient gerade der Prüfung der Glaubhaftigkeit des Zeugen,[49] die aus rechtsstaatlichen Gründen geboten ist.[50] Im Falle des mutmaßlichen Opfers kann nur so garantiert werden, dass das Wissen aller Beteiligten über die zu verhandelnde, nicht feststehende Tat unbeeinträchtigt in den Prozess eingeführt wird. Hier liegt es an den Strafverfolgungsbehörden und Gerichten, im Einzelfall einen verhältnismäßigen Ausgleich zu finden, der im Sinne der Wahrheitsfindung sowohl den Zeugenschutz gewährleistet als auch die Verteidigungsrechte nicht mehr als nötig einschränkt. Als Prüfungsmaßstab hat der Europäische Gerichtshof für Menschenrechte ein dreistufiges Modell entwickelt. Einschränkungen des Konfrontationsrechts sind danach nur aus sachlich anerkannten Gründen möglich, zu denen auch der Zeugen- bzw. Opferschutz gehört.[51] Gleichzeitig muss versucht werden, einen Ausgleich für die Beschränkung des Konfrontationsrechts zu finden. In einem dritten Schritt muss die Einschränkung im Rahmen der Beweiswürdigung mit beachtet werden. Je schwerer in das Konfrontationsrecht eingegriffen wird, desto sorgfältiger muss daher die Bewertung der Zeugenaussage erfolgen.[52] Der BGH hat sich dem mit der sog. „Beweiswürdigungslösung" angeschlossen.[53]

Insgesamt zeigt sich, dass das mutmaßliche Opfer als Zeuge nicht nur besonderen Schutzes bedarf, sondern durch die geltenden Regelungen auch geschützt werden kann. Auch wenn der Zeuge nach dem geltenden Recht grundsätzlich zur Aussage verpflichtet ist, gibt es zahlreiche Möglichkeiten, auch schwierige Aussagesituationen, wie sie insbesondere bei mutmaßlichen Opfern vorkommen können, weniger belastend auszugestalten. Dabei kann durch die Regelungen der Strafprozessordnung eine

48 Vgl. auch BGHSt 51, 150.

49 SK-EMRK-*Meyer* (Fn. 12), Art. 6 Rn. 469 m.w.N.; *Ziegler* (Fn. 2), 9, 68 f. jeweils m.w.N.

50 So schreibt HK-StPO-*Seebode*, 4. Aufl. (2017), § 241 Rn. 11, dass der Schuldspruch auf Beweisen beruhen müsse, die „gründlich und nötigenfalls schmerzhaft geprüft wurden".

51 SK-EMRK-*Meyer* (Fn. 12), Art. 6 Rn. 479, 485 m.w.N.

52 SK-EMRK-*Meyer* (Fn. 12), Art. 6 Rn. 479; *Ziegler* (Fn. 2), 124 m.w.N.

53 BGH NStZ 2017, 602; BGH NStZ 2009, 581; BGH NStZ 2018, 51.

Ausgleichsmöglichkeit für den konkreten Einzelfall gefunden werden, die Verfahrensmaximen und Zeugenschutz gleichermaßen gerecht wird.

D. Der Schutz mutmaßlicher Opfer in der Position des Verletzten

Die Beteiligung des mutmaßlichen Opfers muss sich aber, wie bereits dargestellt, nicht auf die Zeugenposition beschränken. Vielmehr wird nach den geltenden Regelungen eine weitere, insbesondere auch aktivere Stellung des mutmaßlichen Opfers durch besondere Verletztenrechte möglich. Hierbei ist zu beachten, dass diese Rolle, die über die Zeugenstellung hinausgeht, im Verfahren freiwillig eingegangen wird. Der Verletzte entscheidet selbst, ob, welche und in welchem Umfang er Rechte wahrnehmen möchte. Damit dienen die Verletztenrechte der Durchsetzung der besonderen Interessen des mutmaßlichen Opfers, die über die Allgemeininteressen des Strafverfahrens hinausgehen. Gleichzeitig ist diese Rolle als wesentlich stärker einzuschätzen als die Zeugenrolle, da sie im Laufe des Prozesses wesentlich weniger hinterfragt wird. Während der Zeuge in seiner Funktion als Beweismittel mit seiner Aussage einer umfassenden Würdigung und Prüfung sowohl durch den Angeklagten als auch durch das Gericht unterliegt, wird die Verletztenstellung, die im Grunde nicht mehr als eine Feststellung einer *mutmaßlichen* Verletzung sein kann, im weiteren Prozess nicht erneut geprüft. Die Vorfestlegung, es handele sich um einen „Verletzten“, ist damit noch mehr als eine misslungene sprachliche Verkürzung, denn sie widerspricht deutlich der Vermutung der Unschuld des Angeklagten.

Zumindest im Bereich geringerer Straftaten wird dem mutmaßlichen Verletzten mit dem Strafantragsrecht ein weitreichendes Mittel an die Hand gegebenen, sein Interesse am Prozess zu Gehör zu bringen. Durch die Antragstellung kann ein Ermittlungsverfahren aktiv eingeleitet werden, es besteht aber gleichzeitig die Möglichkeit, auf ein möglicherweise belastendes Verfahren gänzlich zu verzichten. Damit ist das Antragsrecht in erster Linie als Schutzrecht zu begreifen, das ein mutmaßliches Opfer vor Überforderung schützen kann.[54] Trotz der Bedenken hinsichtlich der Gefahr der eingeschränkten Verfolgung von Delikten aus Angst oder Scham des mutmaßlichen Opfers ist das Strafantragsrecht daher im Sinne des Opferschutzes als positiv zu bewerten, denn es vermittelt dem mutmaßlichen Opfer eine Handhabe über das Stattfinden des Verfahrens.

---

54 *Weigend* (Fn. 14), 444 ff.

Entscheidet sich der Verletzte, aktiv am Verfahren zu partizipieren, wird er bestimmte Interessen an Ablauf und Resultat des Strafprozesses haben, die jedoch mit der Konzeption des rechtsstaatlichen Strafverfahrens nicht immer in Einklang gebracht werden können. Bei der Frage der Reichweite dieser Rechte ist maßgeblich zwischen verschiedenen Arten von Verletztenrechten zu unterscheiden.

So können insbesondere die weitergehenden Informationsrechte dem Verletzten in seiner Situation helfen, ohne dass maßgeblich auf den Prozess Einfluss genommen wird. Hier wurden insbesondere in § 406d StPO verschiedene Informationsrechte installiert, die den Verletzten in seiner besonderen (mutmaßlichen) Betroffenheit anerkennen, Unsicherheiten abbauen und damit seine Autonomie im Verfahren stärken können.[55] Elementar ist dabei eine entsprechende Beratung des Verletzten, um die Vielzahl an Regelungen und Möglichkeiten adäquat erfassen zu können. Gleichzeitig sollte im Sinne eines umfassenden Opferschutzes immer das Recht des Verletzten gewahrt sein, auf Informationen zu verzichten. Auch das Recht auf Anwesenheit in einer nichtöffentlichen Verhandlung gem. § 175 Abs. 2 S. 2 GVG kann als Informationsrecht begriffen werden.

Das Akteneinsichtsrecht des Verletzten gem. § 406e StPO ist hingegen mehr als ein Informationsrecht und sollte kritisch betrachtet werden. Aufgrund des Mündlichkeitsprinzips ist davon auszugehen, dass der Verletzte die verfahrensrelevanten Inhalte der Akte auch im Prozess selbst aufnehmen kann. Gleichzeitig widersprechen sich hier Verletzten- und Zeugenstellung. Dass der Zeuge, der als Verletzter sein Akteneinsichtsrecht wahrnimmt, sein Aussageverhalten entsprechend vorab planen kann, führt zu einer erheblichen Beschneidung der Verteidigungsrechte des Angeklagten, die nicht ohne weiteres ausgeglichen werden können.[56] Das Akteneinsichtsrecht ist daher mehr als ein Informationsrecht, denn es kann sowohl der Vorbereitung und Entwicklung von Aussagestrategien als auch der Vorbereitung zivilrechtlicher Klagen dienen und ist daher als dysfunktional einzustufen.[57]

Die bloße Information über das Verfahrensgeschehen kann jedoch im Sinne des Opferschutzes nicht ausreichen, vielmehr ist auch eine weitergehende Teilhabe und Unterstützung des mutmaßlichen Opfers im Verfahren zu befürworten. Zu begrüßen sind daher Unterstützungsmaßnahmen,

---

55 *Weigend* (Fn. 14), 504; SSW-StPO-*Schöch* (Fn. 3), Vor §§ 406d ff. Rn. 2.

56 Ähnlich kritisch *von Galen*, Der Verletzte als Hindernis für Gerechtigkeit?, in: Goldenstein (Hrsg.), Mehr Gerechtigkeit, Aufbruch zu einem besseren Strafverfahren (2011), 49, 59 f.

57 *Weigend* (Fn. 14), 506 f.

wie etwa die Anzeigehilfe gem. § 158 Abs. 4 StPO. Auch die bereits erwähnten Möglichkeiten, einen Verletztenbeistand (§ 406f Abs. 1 StPO) oder eine Vertrauensperson (§ 406f Abs. 2 StPO) hinzuzuziehen, sind positiv im Sinne des Opferschutzes zu bewerten, sofern gewährleistet ist, dass diese keinen negativen Einfluss auf das Verfahren oder die Zeugenaussage des Opferzeugen haben. Als besonders günstig kann hier auch die Möglichkeit einer psychosozialen Prozessbegleitung gem. § 406g StPO angesehen werden.[58] Diese kann dem mutmaßlichen Opfer weit über die rechtlichen und tatsächlichen Fragen des Prozesses hinaus weiterhelfen und bis zur Urteilsverkündung unterstützend tätig sein, aber auch Erwartungshaltungen dämpfen. Fraglich ist allerdings, ob diese Tätigkeit aus den Regelungen der Strafprozessordnung ausgegliedert und etwa sozialrechtlich verankert werden sollte, um die Hilfe und Unterstützung nicht länger auf den Prozess zu beschränken und die Anknüpfung an die Opfereigenschaft zu betonen. Gleichzeitig sollte auch über ein Zeugnisverweigerungsrecht nachgedacht werden, das ähnlichen Berufsgruppen bereits zusteht und für eine gelungene Betreuung nur förderlich sein kann.

Während Informations- und Unterstützungsrechte das Verfahren nur gering beeinflussen, ist insbesondere die Möglichkeit der aktiven Teilnahme zu hinterfragen. So entsprechen insbesondere Rechte, die eine solche Teilhabe ermöglichen, den möglichen Opferinteressen auf Schuldfeststellung, aber auch der eigenen Darstellung der Tat aus Opferperspektive, auf Rache und (möglicherweise überzogene) Bestrafung. Dies kann jedoch den Prozessgarantien, insbesondere dem Offizialprinzip, dem Legalitätsprinzip, dem Beschleunigungsgebot, aber auch der Aufgabe der Wahrheitsfindung entgegenstehen. Der Verletzte sollte auch nicht als Prozesspartei begriffen werden[59], denn dies würde den gesamten Strafprozess maßgeblich erschweren.[60] Nicht zuletzt ist der Verletzte als Privatperson trotz aller aktiven Rechte nicht an die grundgesetzlichen Garantien und die Verfahrensgarantien der EMRK gebunden.[61] Aus diesem Grund sind insbesondere derartige Teilnahmerechte kritisch zu sehen, in denen der Verletzte als zweiter (An-)Kläger auftritt, weniger hingegen solche, bei denen ihm eine weitere Überprüfung des hoheitlichen Handelns gestattet ist.

Eine derartige Kontrolle staatlicher Entscheidungen ist etwa beim sog. Klageerzwingungsverfahren der Fall, das eine erneute Überprüfung der

---

58 Vgl. hierzu genauer, im Ergebnis aber kritisch *Neuhaus*, StV 2017, 55.

59 *Weigend* (Fn. 14), 19.

60 SK-EMRK-*Meyer* (Fn. 12), Art. 1 Rn. 41 f.

61 Ebd.

Entscheidung der Staatsanwaltschaft zur Folge hat, ohne dass der Verletzte die Rolle der Behörde selbst einnimmt. Auch die beschränkten Rechtsmittel des Nebenklägers sind in diese Kategorie der Kontrollrechte einzuordnen. All diese Möglichkeiten einer objektiven Überprüfung von Entscheidungen können, trotz der damit verbundenen längeren Ungewissheit des Beschuldigten, als rechtsstaatlich zumutbar angesehen werden.[62]

Sehr weitgehende Befugnisse hat der Verletzte hingegen im Rahmen der Privatklage. Dabei nimmt er eine der Staatsanwaltschaft ähnliche Stellung ein. Insbesondere in Hinblick auf die dem Strafverfahren widerstrebenden Interessen eines mutmaßlichen Opfers, der Diskrepanz zum Legalitätsprinzip und Offizialprinzip und der fehlenden Bindung des Verletzten an Grund- und Menschenrechte ist eine derart weitreichende Privatisierung des Strafverfahrens als unnötig zu beschreiben.

Aus den gleichen Gründen ist auch das Adhäsionsverfahren (§§ 403 ff. StPO) als tendenziell opferschützend, rechtsstaatlich aber zweifelhaft zu erkennen. Der Verletzte kommt so ebenfalls in eine Stellung als „Kläger“, der der Angeklagte in gewisser Weise ausgesetzt ist. Durch die Vermischung von Straf- und Zivilverfahren ist es zudem grundsätzlich geeignet, strafrechtsfremde Erwägungen im Prozess zuzulassen. Hierdurch kann es zu einer Überfrachtung kommen, bei dem sonst völlig unberücksichtigt bleibende, zivilrechtliche Aspekte von einem im Strafrecht tätigen Richter zu entscheiden sind. Es erscheint daher nur folgerichtig, dass die Möglichkeiten der Adhäsion in der Strafprozessordnung stark begrenzt sind.[63]

Ähnliches gilt im noch höheren Maße für die Nebenklage, §§ 395 ff. StPO. Hier tritt der Verletzte neben der Staatsanwaltschaft als zweiter Ankläger auf. Dies wird ihm gestattet, um Angriffe abzuwehren und ihn in seiner besonderen Position zu schützen.[64] Die Notwendigkeit hierfür wird aus seiner höchstpersönlichen Betroffenheit geschlussfolgert.[65] Dies ist wiederum bereits deshalb problematisch, weil er, im Gegensatz zur objektiv handelnden Behörde, nicht zur Neutralität verpflichtet ist.[66] So besteht eine erhebliche Gefahr, dass strafrechtsfremde Erwägungen Einzug in den Prozess finden.

---

62 Für das Klageerzwingungsverfahren zustimmend, hinsichtlich des Rechtsmittelrechts hingegen ablehnend *Weigend*, Echte Verfahrensrechte für angebliche Opfer?, in: Neubacher/Kubink (Hrsg.), Gedächtnisschrift für Michael Walter (2014), 243, 252, 256.

63 Ähnlich kritisch auch *Weigend* (Fn. 62), 243, 250.

64 *Schöch* (Fn. 41), 226.

65 *Weigend* (Fn. 14), 164.

66 *Weigend* (Fn. 14), 428.

Es ist jedoch fraglich, ob die Nebenklage tatsächlich geeignet ist, hier dem Schutz eines mutmaßlichen Opfers zu dienen. Einige Rechte, die dem Nebenkläger zustehen, können auch ohne diese Eigenschaft von einem Verletzten geltend gemacht werden. So kann sich jeder Verletzte eines Rechtsanwalts bedienen (§ 406f Abs. 1 StPO) und Akteneinsicht beantragen (§ 406e StPO). Auch das Anwesenheitsrecht während des Großteils der Hauptverhandlung ist für alle Verletzten vorgesehen (§ 175 Abs. 2 S. 2 GVG). Die dem Verletzen bei Einlegung der Nebenklage zustehenden Rechte reichen jedoch noch weiter. Dabei ist fraglich, ob etwa das Recht, Richter und Sachverständige abzulehnen, Erklärungen abzugeben, die Erhebung bestimmter Beweise zu beantragen, selbst Fragen an den Angeklagten und Zeugen zu richten oder einen Schlussvortrag zu halten (vgl. §§ 397 Abs. 2 StPO), mit den Verfahrensgrundsätzen vereinbar sind. Auch wenn in letzter Zeit häufiger ein Missbrauch der Nebenklage beklagt wird, ist dies für sich genommen kein Grund, die Nebenklage in Gänze zu kritisieren.[67] Es stellt sich jedoch die Frage, inwieweit die Rechte den Interessen des Verletzten (als mutmaßlichem Opfer) entgegenkommen können. Seine Stellung als „zweiter Ankläger" ist als sehr stark anzusehen, der Verletzte führt als Nebenkläger die Verhandlung mit. Seine Interessen werden jedoch, soweit sie mit den Zielen des Strafverfahrens übereinstimmen, bereits durch die Staatsanwaltschaft vertreten. Etwaige darüberhinausgehende Interessen an Genugtuung und Rache sind dem Strafverfahren hingegen fremd. Auch die Beantragung von Beweiserhebungen oder das Stellen bestimmter Fragen sind möglicherweise für das Opfer relevant, gehen aber häufig über das Erkenntnisinteresse des Gerichts hinaus. Hier besteht die Gefahr einer, aus Opferschutzgründen wiederum nicht gewollten, Zurückweisung des Verletzten, der seine Funktion als Nebenkläger, vielleicht aus reiner Unwissenheit, falsch einschätzt. Solche Risiken und übermäßige Beeinträchtigungen der Verfahrensgrundsätze könnten durch eine Reduktion der Verfahrensrechte auf ein Stellungnahmerecht möglicherweise verhindert werden.[68] Eine Überprüfung in Form einer eigenen Rechtsmittelbefugnis könnte die Stellung des Verletzten auch dann ausreichend stärken.

Die kurze Abhandlung zeigt, wie weitgehend mutmaßliche Opfer auch über ihre Zeugenstellung hinaus in das Strafverfahren eingebunden werden können. Während insbesondere die Informations- und Unterstützungsleistungen aus Opferschutzgesichtspunkten zu befürworten sind,

67 *Schöch* (Fn. 41), 224.

68 Vgl. zu allem auch *Weigend* (Fn. 62), 243, 254 f.

sind aktive Teilnahmerechte kritisch zu sehen, insbesondere, wenn sie nicht lediglich auf eine Überprüfung des staatlichen Handelns hinauslaufen, sondern den Strafprozess maßgeblich mitbestimmen. Daher ist eine zu große Ausweitung der Verletztenrechte zu vermeiden. Vielmehr sind die Verletztenrechte durch die Aufgabe des Strafprozesses, in einem ordnungsgemäßen Verfahren die Schuld des Angeklagten zu prüfen, und durch die grundlegenden Prozessmaximen zu begrenzen.

E. Schlussfolgerung

Gesellschaftlich, politisch und viktimologisch gesehen ist es notwendig, Opfer von Straftaten auch im Strafverfahren bestmöglich zu schützen. Die Überlegungen haben jedoch gezeigt, dass die Bemühungen um Opferschutz im Strafverfahren nicht direkt an die tatsächliche Opferrolle anknüpfen können. Stattdessen sollte der Opferschutz im Strafverfahren über die beiden Stellungen eines mutmaßlichen Opfers im Verfahren, nämlich als Zeuge und Verletzter, im Fokus stehen. Beide Positionen sind dabei aufgrund ihrer verfahrensrechtlichen Unterschiede strikt zu trennen.

Dabei ist der Zeuge, nicht aufgrund seiner Opfereigenschaft, sondern aufgrund seiner schwierigen Position, meist als stärkster Belastungszeuge, und des sensiblen Inhalts seiner Aussage, besonders schutzwürdig. Über die umfassenden Rechte ist jeder Zeuge zu belehren, ebenso über die Abläufe, die den Zeugen in seiner Aussage verunsichern können, aber in einem rechtsstaatlichen Verfahren geboten sind, wie etwa das Konfrontationsrecht des Angeklagten und die objektive, sachliche Art der Verfahrensführung.

Stärker ist der Opferschutz im Rahmen der Verletztenstellung einzuschränken. Während dem mutmaßlichen Opfer weitestgehende Unterstützung und Information zu gewähren ist, ist die aktive Rolle, die er als Verletzter im Verfahren einnehmen kann, aufgrund der auch durch die Unschuldsvermutung geprägten neutralen und objektiven Gestaltung des Verfahrens und der Verfahrensgrundsätze zu beschränken. Daher kann es dem Verletzten zwar freistehen, gewisse Entscheidungen überprüfen zu lassen, insbesondere eine Rolle als „zweiter Ankläger" schadet aufgrund der nicht neutralen Rolle des Verletzten dem Verfahren aber nahezu zwangsläufig.

Dies bedeutet aber keineswegs, dass die Idee des Opferschutzes im Strafverfahren gescheitert ist. Es ist jedoch bei allen Überlegungen und Reformbestrebungen stets genau zwischen den Stellungen mutmaßlicher Opfer als Zeuge und als Verletzter zu unterscheiden, wobei dies auch sprachlich zum Ausdruck kommen muss. Gleichzeitig stellen das Wesen des Strafverfahrens und die Prozessgarantien immanente Schranken des Opferschutzes im Strafverfahren dar. Daher sollte ein weit größerer Fokus des Opferschutzes auch jenseits des Strafverfahrens und möglicher Reformbestrebungen liegen, da der Opferschutz im Strafverfahren aus allen genannten Gründen nie zur vollen Zufriedenheit der Betroffenen, nämlich der Opfer, gelingen kann.

Akteneinsicht für den Verletzten – Theorie, Praxis und Reform

*Constantin Lauterwein, Berlin**

A. *Einführung*

Die Akteneinsicht für den Verletzten spielt in der strafrechtlichen Praxis eine herausragende Rolle. Dabei treten jedoch immer wieder Schwierigkeiten auf, die eine strukturelle Schwäche der gesetzlichen Regelungen verdeutlichen:

Häufig wird die Akteneinsicht zum Zwecke der Prüfung und Durchsetzung zivilrechtlicher Ansprüche begehrt. In diesen Fällen entsteht regelmäßig das Problem, dass potentielle Anspruchsinhaber aufgrund der Ermittlungsbefugnisse der Staatsanwaltschaft durch die Akteneinsicht Informationen erhalten würden, auf die sie nach dem Zivil- und Zivilprozessrecht keinen Zugriff hätten.

Unter welchen Voraussetzungen in diesen Fällen Akteneinsicht zu gewähren ist, hat der Gesetzgeber nicht im Einzelnen normiert. Es kommt nach § 406e StPO vielmehr auf das Ergebnis einer Interessenabwägung an. Die bei der Abwägung zu berücksichtigenden Kriterien sind jedoch gesetzlich nicht vorgegeben. Dass sie auch von der Rechtsprechung bislang nicht einheitlich festgelegt worden sind, verwundert nicht. Denn da die meisten Anträge auf Akteneinsicht im Ermittlungsverfahren gestellt werden, endet der Rechtsweg regelmäßig beim Landgericht, so dass eine einheitliche Rechtsprechung kaum entstehen kann.

Zudem zeigt sich vermehrt, dass das gesetzliche System für die Beurteilung der Frage, wann und in welchem Umfang Verletzten Akteneinsicht gewährt wird, mit der heutigen Strafrechtspraxis kaum noch vereinbar ist. Insbesondere in Wirtschaftsstrafverfahren werden durch die Staatsanwaltschaften inzwischen solche Mengen an Informationen und Daten sichergestellt, dass eine Prüfung der Voraussetzungen für die Gewährung von Akteneinsicht, also insbesondere die Interessenabwägung, in Bezug auf jede einzelne in der Akte enthaltene Information, wie sie das Gesetz nach der

---

* Für die redaktionelle Durchsicht des Textes und die hilfreichen Anmerkungen bedanke ich mich bei *Sandra Bratsch* und *Julius Bremer*.

Rechtsprechung des BVerfG verlangt, in vielen Fällen rein praktisch nicht möglich ist.

Schließlich wird in der neueren Rechtsprechung die Problematik der Akteneinsicht im Vorfeld einer Zeugenvernehmung des Verletzten hervorgehoben.

Die genannten Problemfelder sind auf Grundlage der bestehenden Gesetzeslage kaum in den Griff zu bekommen. Als Ausweg bietet sich an, das Akteneinsichtsrecht des Verletzten *de lege ferenda* an bestimmte Verfahrensentwicklungen zu knüpfen.

B. Theorie

Das in § 406e StPO geregelte Akteneinsichtsrecht für den Verletzten wurde durch das Opferschutzgesetz vom 18. Dezember 1986 in die Strafprozessordnung aufgenommen.[1] Davor enthielten die RiStBV bzw. zuvor die RiStV Regelungen über die Akteneinsicht für Privatpersonen, zu denen mangels Anerkennung einer Beteiligtenstellung im Strafverfahren auch der Geschädigte zählte.[2] Ziel der mit dem Opferschutzgesetz eingefügten Regelungen in den §§ 406d ff. StPO war es, den Verletzten, namentlich den Opfern schwerer Straftaten, erheblich verbesserte Beteiligungsbefugnisse im Strafverfahren zu gewähren.[3]

Voraussetzung für das Akteneinsichtsrecht nach § 406e Abs. 1 StPO ist, dass der Verletzte ein berechtigtes Interesse darlegt.[4] Zudem dürfen der Akteneinsicht keine überwiegenden schutzwürdigen Interessen des Beschuldigten oder anderer Personen entgegenstehen (§ 406e Abs. 2 S. 1 StPO). Weitere (fakultative) Versagungsgründe sind die Gefährdung des Untersuchungszwecks sowie eine erhebliche Verfahrensverzögerung (§ 406e Abs. 2 S. 2, 3 StPO).

Zum 1. Januar 2018 wurde § 406e Abs. 3 StPO dahingehend geändert, dass nunmehr auch der Verletzte, der nicht durch einen Rechtsanwalt ver-

1 Erstes Gesetz zur Verbesserung der Stellung des Verletzten im Strafverfahren (Opferschutzgesetz) vom 18.12.1986 (BGBl. I, 2496).

2 Vgl. zur historischen Entwicklung *Lauterwein*, Akteneinsicht und -auskünfte für den Verletzten, Privatpersonen und sonstige Stellen, §§ 406e und 475 StPO (2011), 6 ff.

3 BT-Drs. 10/6124, 12.

4 Das gilt nicht für nebenklagebefugte Verletzte. Sie müssen kein berechtigtes Interesse darlegen, § 406e Abs. 1 Satz 2 StPO.

treten wird, die Akten einsehen kann.[5] Bis dahin konnten dem Verletzten unmittelbar lediglich Auskünfte und Abschriften aus den Akten erteilt werden; Akteneinsicht war nur durch einen Rechtsanwalt möglich.[6]

Das Akteneinsichtsrecht besteht in jedem Verfahrensabschnitt: vom Ermittlungsverfahren bis zum Hauptverfahren und auch nach rechtskräftigem Abschluss des Verfahrens.[7] Die vereinzelt vertretene Auffassung, wonach Akteneinsicht, jedenfalls für zivilrechtliche Zwecke, nur nach rechtskräftiger Feststellung der Täterschaft[8] oder wenigstens erst bei Annahme eines hinreichenden Tatverdachts[9] gewährt werden dürfe, hat sich nicht durchgesetzt.[10]

Liegen die in § 406e StPO geregelten Voraussetzungen vor, hat der Verletzte einen Anspruch auf Akteneinsicht und Besichtigung amtlich verwahrter Beweisstücke[11]; ein Ermessen steht der die Akteneinsicht gewährenden Stelle nur im Hinblick auf die fakultativen Versagungsgründe zu.

Die Auslegung nahezu jeder der Voraussetzungen des § 406e StGB ist in Rechtsprechung und Literatur umstritten. Besonders deutlich erkennbar ist dies bei dem Merkmal des Verletzten.[12] Der Gesetzgeber hat den Begriff nicht definiert, sondern darauf hingewiesen, dass dieser nach dem jeweiligen Funktionszusammenhang bestimmt werden müsse.[13] Während zum Teil gefordert wird, dass der Verletztenbegriff des § 172 StPO (Klageerzwingung) auch bei § 406e StPO angewendet werden solle, sodass eine unmittelbare Beeinträchtigung in einem Rechtsgut durch die behauptete Tat

---

5 Gesetz zur Einführung der elektronischen Akte in der Justiz und zur weiteren Förderung des elektronischen Rechtsverkehrs vom 05.07.2017 (BGBl. I, 2208).

6 § 406e Abs. 5 StPO a.F.

7 MüKo-StPO-*Grau*, Bd. III/1, 1. Aufl. (2019), § 406e Rn. 5.

8 So *Kempf*, StV 1987, 215, 217; *Neuhaus*, StraFo 1996, 27, 28; *Otto*, GA 1989, 289, 305.

9 So LG Stade StV 2001, 159, 160; *Riedel/Wallau*, NStZ 2003, 393, 396 f.; andere nehmen einen Versagungsgrund an, wenn die Ermittlungen nicht zu einem hinreichenden Tatverdacht geführt haben: LG Köln StraFo 2005, 78, 79; Meyer-Goßner-StPO-*Schmitt*, StPO, 62. Aufl. (2019), § 406e Rn. 9 m.w.N. Das steht freilich im Widerspruch dazu, dass auch nach Meyer-Goßner-StPO-*Schmitt*, a.a.O., § 406e Rn. 4 die Akteneinsicht zur Prüfung einer Einstellungsbeschwerde bzw. eines Klageerzwingungsantrags gemäß § 172 StPO möglich sein soll.

10 OLG Hamburg NStZ-RR 2012, 320; LG Essen BeckRS 2015, 20897; L/R-StPO-*Hilger*, Bd. VIII, 26. Aufl. (2009), § 406e Rn. 2; MüKo-StPO-*Grau* (Fn. 7), § 406e Rn. 5; vgl. auch BVerfG ZIP 2009, 1270 (Akteneinsicht im Ermittlungsverfahren).

11 HK-StPO-*Pollähne*, 6. Aufl. (2019), § 406e Rn. 12.

12 Für eine ausführliche Darstellung vgl. *Lauterwein* (Fn. 2), 25 ff.

13 BT-Drs. 10/5305, 16.

erforderlich sei[14], wollen andere den weiten Verletztenbegriff anwenden, der im Rahmen des Adhäsionsverfahrens in § 403 StPO zu Grunde gelegt wird.[15] Danach sollen solche Personen Verletzte sein, denen wegen der behaupteten Straftat – die Erhärtung des Tatverdachts unterstellt – ein vermögensrechtlicher Anspruch zusteht, auch wenn sie nicht von der verletzten Strafnorm geschützt werden.[16] Das führt dazu, dass es auch bei Tatbeständen, die nach herkömmlichem Verständnis ausschließlich oder primär Universalrechtsgüter schützen, Verletzte geben soll.[17] Andere schränken diesen Ansatz ein und fordern, dass der Schutzbereich der Norm berücksichtigt werden müsse: Voraussetzung sei die Beeinträchtigung rechtlich geschützter Interessen, soweit die verletzte Strafrechtsnorm dabei auch dem Schutz des Einzelnen diene.[18] Verbindet man diesen Gedanken mit der Rechtsgutslehre[19], um den „Schutzbereich der Norm" zu bestimmen, ist Verletzter, wer Träger eines durch die behauptete Tat im prozessualen Sinn – ihre tatsächliche Begehung unterstellt – konkret beeinträchtigten und durch den verwirklichten Straftatbestand mitgeschützten Individualrechtsguts ist.[20]

Ein wesentlicher Gesichtspunkt, der in der Diskussion häufig nicht berücksichtigt wird, ist, dass das Akteneinsichtsrecht jedem Verletzten im Sinne der Strafprozessordnung zustehen soll, so dass die Frage der Begriffsbestimmung untrennbar mit den in anderen Regelungszusammenhängen verwendeten Definitionen des Begriffs verbunden ist[21]: Verletzter im Sinne des § 406e StPO ist deshalb jede Person, die auch nach einer anderen Vorschrift der Strafprozessordnung Verletzter ist. Denn sowohl der Verletzte, der zur Klageerzwingung berechtigt ist, als auch der Verletzte, der einen Adhäsionsantrag stellen kann, soll die Möglichkeit haben, die Akten zu dem jeweiligen Zweck einzusehen. Das Akteneinsichtsrecht ist insoweit nur ein Hilfsmittel. Der Streit um die Definition des Verletztenbegriffs ist

---

14 OLG Koblenz StV 1988, 332; LG Stralsund StraFo 2006, 76.

15 Einen Überblick über den Streitstand bietet BVerfG ZIP 2009, 1270, 1271 f.

16 OLG Hamburg BeckRS 2012, 15124; LG Berlin WM 2008, 1470, 1472; bestätigt durch BVerfG ZIP 2009, 1270. Dazu, dass das Bestehen eines zivilrechtlichen Anspruchs auch im Rahmen des § 403 StPO kein geeignetes Kriterium zur Bestimmung des Verletzten ist, vgl. *Lauterwein* (Fn. 2), 36 f.

17 So zuletzt für die Umweltstraftaten auch *Schall*, in: Hecker u.a. (Hrsg.), Festschrift für Rudolf Rengier (2018), 447; zur Markmanipulation: LG Berlin WM 2008, 1470; BVerfG ZIP 2009, 1270.

18 OLG Stuttgart BeckRS 2013, 13426; LG Berlin BeckRS 2011, 9403.

19 Vgl. dazu grundlegend *Roxin*, Strafrecht Allgemeiner Teil Bd. I (2006), § 2.

20 *Lauterwein* (Fn. 2), 56.

21 Vgl. *Lauterwein* (Fn. 2), 34 f.

daher bei § 406e StPO falsch verortet und betrifft vielmehr die Regelungen über die sonstigen Verletztenrechte.

Ungeachtet der unterschiedlichen dogmatischen Ansätze besteht auch bei der Beurteilung von Einzelfällen keine Einigkeit. So wird etwa die traditionelle Rechtsprechung, wonach Personengesellschaften mangels eigener Rechtspersönlichkeit nicht Verletzte (etwa einer Untreue) sein können[22], unter Hinweis auf die zivilrechtliche Entwicklung zunehmend in Frage gestellt.[23] Zudem ist etwa umstritten, ob ein Insolvenzverwalter Verletzter ist bzw. ob er die Rechte des Verletzten geltend machen kann, wenn die Straftat zum Nachteil des Insolvenzschuldners begangen wurde.[24]

Auch die Reichweite der zweiten Voraussetzung für das Akteneinsichtsrecht, die Darlegung eines berechtigten Interesses, ist nicht abschließend geklärt. Während inzwischen immerhin Einigkeit darüber besteht, dass eine Darlegung keine Glaubhaftmachung erfordert[25], sondern lediglich einen schlüssigen Tatsachenvortrag, ist die Bedeutung des Merkmals „berechtigtes Interesse" weiterhin umstritten. Gegenstand der Auseinandersetzung ist insbesondere die Frage, inwieweit die Prüfung, Geltendmachung oder Abwehr zivilrechtlicher Ansprüche, die mit der Tat in Zusammenhang stehen, ein berechtigtes Interesse begründen. Das Meinungsspektrum reicht von der vollständigen Ablehnung[26], über die Forderung, die

22 Vgl. etwa BGH NStZ 2013, 38, 39.

23 Vgl. *Radtke*, NStZ 2016, 639; *Schmidt*, JZ 2014, 878; *Bittmann/Richter*, wistra 2005, 51.

24 Dafür LG Hildesheim NJW 2009, 3799, 3801; *Lauterwein* (Fn. 2), 46 f.; L/R-StPO-*Graalmann-Scheerer*, Bd. V/2, 27. Aufl. (2018), § 172 Rn. 45, 89; L/R-StPO-*Hilger* (Fn. 10), § 403 Rn. 4, Vor § 406d Rn. 8; *ders.*, JR 1998, 84; *Schäfer*, wistra 1988, 216, 220; *Schork*, wistra 2008, 198, 199 f.; vgl. auch BGH NJW 1990, 510, 512; offen gelassen in LG Hamburg NZI 2019, 137; dagegen: OLG Koblenz NStZ 1988, 89, 90; OLG Hamm NStZ-RR 1996, 10, 11; OLG Frankfurt a.M. NJW 1996, 1484; LG Frankfurt a.M. StV 2003, 495; LG Mühlhausen wistra 2006, 76, 77 ff. mit zustimmender Anmerkung *Frye*; KK-StPO-*Gieg*, 8. Aufl. (2019), § 475 Rn. 1c; HK-StPO-*Pollähne* (Fn. 11), § 406d Rn. 3; Meyer-Goßner-StPO-*Schmitt* (Fn. 9), Vor § 406d Rn. 2; AnwKomm-StPO-*Pananis*, 2. Aufl. (2010), § 475 Rn. 1; Graf-StPO-*Weiner*, 3. Aufl. (2018), § 406d Rn. 4.

25 Meyer-Goßner-StPO-*Schmitt* (Fn. 9), § 406e Rn. 3 m.w.N.; anders noch KK-StPO-*Engelhardt*, 6. Aufl. (2008), § 406e Rn. 2; *Riedel/Wallau*, NStZ 2003, 393, 395.

26 *Abdallah*, JurPC Web-Dok. 149/2006, Abs. 21 („verfassungswidrig"); kritisch auch *Steffens*, StraFo 2006, 60, 61 ff.

zivilrechtlichen bzw. zivilprozessualen Maßstäbe anzuwenden[27], bis hin zu der Auffassung, dass diese zivilrechtlichen Zwecke grundsätzlich ein berechtigtes Interesse begründen[28], die mit den Versagungsinteressen Betroffener abzuwägen sind.

Unstreitig ist, dass das Akteneinsichtsrecht nur *soweit* besteht, wie das berechtigte Interesse dargelegt worden ist. Vielfach ist deshalb nur eine Teilakteneinsicht gerechtfertigt, weil das berechtigte Interesse – etwa die Prüfung von Ansprüchen – nicht die Kenntnis von allen in der Akte enthaltenen Informationen erfordert und rechtfertigt.

Sodann ist das (dargelegte) berechtigte Interesse gegen schutzwürdige Versagungsinteressen solcher Personen abzuwägen, die von der Akteneinsicht betroffen wären. Wenn deren Interessen überwiegen, ist die Akteneinsicht zu versagen, § 406e Abs. 2 S. 1 StPO. Dabei ist im konkreten Fall zunächst zu bewerten, ob das Versagungsinteresse *schutzwürdig* ist. Insoweit kommen etwa das Recht auf informationelle Selbstbestimmung, der Schutz von Geschäftsgeheimnissen oder das Steuergeheimnis in Betracht. Sodann ist das Einsichtsinteresse gegen das Versagungsinteresse abzuwägen – und zwar in Bezug auf jede in der Akte enthaltene Information. Ein Faktor, der dabei relevant sein kann, ist etwa die Rolle des von der Akteneinsicht Betroffenen: So kann das Interesse eines Beschuldigten weniger gewichtig sein als das Interesse eines Dritten, der keinen Anlass dafür gegeben hat, dass die ihn betreffende Information Inhalt der Akte geworden ist. Ebenso können die Art der Information, ihre Grundrechtsrelevanz und das Vorliegen eines Zusammenhangs mit dem Tatvorwurf relevant sein. Der Grad des Tatverdachts und der Verfahrensstand sind ebenfalls an dieser Stelle zu berücksichtigen.[29] Soweit die Akteneinsicht im Zusammenhang mit zivilrechtlichen Ansprüchen begehrt wird, können zudem die Erfolgsaussichten des angeblichen Anspruchs in die Abwägung einbezogen werden. Zwar ist es nicht Aufgabe der Strafverfolgungsbehörden und Strafgerichte, entsprechende Ansprüche in diesem Rahmen abschließend zu prüfen. Besteht ein Anspruch aber offensichtlich nicht oder ist er im Gegenteil klar berechtigt, kann dies berücksichtigt werden. Insoweit können auch bereits ergangene zivilgerichtliche Entscheidungen zu derselben

---

27 Keine Akteneinsicht bei Ausforschung des Beschuldigten oder bei unzulässiger Beweisgewinnung: Meyer-Goßner-StPO-*Schmitt* (Fn. 9), § 406e Rn. 4; SSW-StPO-*Schöch*, 3. Aufl. (2018), § 406e Rn. 7; *Otto*, GA 1989, 289, 304 f.

28 BVerfG NJW 2007, 1052, 1053; OLG Hamm NJW 1985, 2040, 2041; *Lauterwein* (Fn. 2), 69 f. m.w.N.

29 So auch KG NStZ 2019, 110, 111.

Sache herangezogen werden. Schließlich kann relevant werden, ob bzw. inwieweit die Akteneinsicht für den angegebenen Zweck erforderlich ist.[30]

Wie immer bei Abwägungsentscheidungen kommt es hier auf die konkreten Gegebenheiten des Einzelfalls an. Bei einem Interessengleichgewicht ist die Akteneinsicht vorbehaltlich anderer Versagungsgründe zu gewähren. Das verdeutlicht die Gewichtung der Position des Verletzten, dessen berechtigte Interessen hier vom Gesetzgeber als vorrangig gegenüber gleichgewichtigen Versagungsinteressen Betroffener angesehen worden sind.[31]

Im Gegensatz zu überwiegenden schutzwürdigen Versagungsinteressen, die eine Akteneinsicht ausschließen, sind die beiden weiteren Versagungsgründe fakultativ: Die Akteneinsicht kann versagt werden, soweit der Untersuchungszweck, auch in einem anderen Strafverfahren, gefährdet erscheint oder wenn durch sie das Verfahren erheblich verzögert würde[32] (§ 406e Abs. 2 S. 2, 3 StPO). Hinsichtlich der Gefährdung des Untersuchungszwecks ist insbesondere umstritten, inwieweit die Möglichkeit, dass die Kenntnis des Verletzten vom Akteninhalt den Wahrheitsgehalt einer von ihm noch zu erwartenden Zeugenaussage beeinträchtigt, eine Versagung der Akteneinsicht rechtfertigt. Das OLG Hamburg hat im Zusammenhang mit Aussage-gegen-Aussage-Konstellationen zuletzt entschieden, dass umfassende Akteneinsicht des Verletzten in aller Regel zu versagen bzw. zu beschränken ist, wenn seine Angaben von der Einlassung des Angeklagten abweichen oder wenn dieser schweigt.[33]

Fälle erheblicher Verfahrensverzögerungen durch die Gewährung von Akteneinsicht sind selten – insbesondere aufgrund in Großverfahren heute üblicher Aktendoppel bzw. digitaler Aktenkopien. Durch die Einführung

30 Vgl. zum Ganzen *Lauterwein* (Fn. 2), 93 ff.

31 Darin liegt einer der wesentlichen Unterschiede zum Akteneinsichtsrecht für Privatpersonen und sonstige Stellen nach § 475 StPO: Während auch bei § 475 StPO eine Abwägung des dargelegten berechtigten Einsichtsinteresses mit den Versagungsinteressen zu erfolgen hat und die Begriffe nahezu vollständig identisch ausgelegt werden können, ist die Akteneinsicht für Privatpersonen und sonstige Stellen bereits dann zu versagen, wenn gleichgewichtige schutzwürdige Interessen entgegenstehen. Auf ein Überwiegen kommt es nicht an. Auch das war allerdings lange Zeit umstritten, vgl. dazu *Lauterwein* (Fn. 2), 79 ff. m.w.N.

32 Es sei denn, dass die Staatsanwaltschaft in den in § 395 StPO genannten Fällen den Abschluss der Ermittlungen in den Akten vermerkt hat.

33 OLG Hamburg BeckRS 2018, 28084; BeckRS 2016, 7544; NStZ 2015, 105, 107; vgl. auch *Baumhöfener/Daber/Wenske*, NStZ 2017, 562; Meyer-Goßner-StPO-*Schmitt* (Fn. 9), § 406e Rn. 12; vgl. aber auch KG NStZ 2019, 110.

der elektronischen Akte dürfte dieser Versagungsgrund noch seltener Anwendung finden.[34]

Zuständig für die Entscheidung über die Gewährung von Akteneinsicht ist im Ermittlungsverfahren und nach rechtskräftigem Abschluss die Staatsanwaltschaft, im Übrigen der Vorsitzende des mit der Sache befassten Gerichts (§ 406e Abs. 4 S. 1 StPO). Nach der Rechtsprechung des BVerfG sind Betroffene vor der Entscheidung in der Regel anzuhören, wenn mit der Akteneinsicht ein Eingriff in ihre Grundrechtspositionen verbunden ist.[35] Da in jeder Übermittlung personenbezogener Daten ein Eingriff in das Recht auf informationelle Selbstbestimmung des Betroffenen liegt[36], ist die Anhörung Betroffener immer erforderlich.

Gegen Entscheidungen der Staatsanwaltschaft kann gerichtliche Entscheidung durch das nach § 162 StPO zuständige Gericht beantragt werden. Zuständig ist daher im Regelfall der Ermittlungsrichter des Amtsgerichts. Da das Gericht nicht an die Feststellungen der Staatsanwaltschaft – etwa zum Grad des Tatverdachts – gebunden ist, hat es eine eigenständige Prüfung durchzuführen. Die gerichtliche Entscheidung ist bis zum Abschluss der Ermittlungen unanfechtbar – danach ist die Beschwerde gemäß §§ 304 ff. StPO statthaft. Hat der Vorsitzende des mit der Sache befassten Gerichts über die Akteneinsicht entschieden, ist die Beschwerde stets statthaft.[37]

Da jede Gewährung von Akteneinsicht in das Recht auf informationelle Selbstbestimmung des Betroffenen eingreift (sofern personenbezogene Da-

---

34 Kritisch *Wenske*, StV 2012, 570, 572, der auf den insbesondere in Großverfahren erheblichen zeitlichen und organisatorischen Aufwand hinweist, jedes Blatt der Akte daraufhin zu prüfen, ob es von dem berechtigten Einsichtsinteresse umfasst ist und kein überwiegendes schutzwürdiges Versagungsinteresse besteht. Nach dem eindeutigen Wortlaut des § 406e Abs. 2 S. 3 StPO greift der Versagungsgrund jedoch nur, wenn das Verfahren „durch sie [die Akteneinsicht] erheblich verzögert würde“. Der von *Wenske* zutreffend hervorgehobene große Aufwand entsteht jedoch nicht durch die Akteneinsicht, sondern durch die Prüfung ihrer Voraussetzungen. Zudem würde die Anwendung des Versagungsgrundes auf diese Fälle dazu führen, dass in Verfahren ab einer gewissen Größenordnung regelmäßig keine Akteneinsicht mehr gewährt werden würde, weil der mit einer ordnungsgemäß durchgeführten Prüfung der Voraussetzungen verbundene Aufwand vielfach zur Folge haben dürfte, dass sich das Verfahren erheblich verzögert.

35 BVerfG NStZ-RR 2005, 242.

36 BVerfG NJW 2007, 1052, 1053; NJW 2009, 2876; ZIP 2009, 1270, 1271; BerlVerfGH NJW 2019, 2014.

37 BVerfG NJW 2015, 3503; *Lauterwein*, StV 2014, 279, 280.

ten betroffen sind), sind Entscheidungen nach § 406e StPO häufig auch Gegenstand von Verfassungsbeschwerden.[38]

Die *Verwendung* von durch die Akteneinsicht erlangten Informationen ist zum 1. Januar 2018 neu geregelt worden. Zunächst ist die nicht unproblematische Rechtsprechung des BVerfG, die Rechtsanwälte als Organe der Rechtspflege in der Pflicht sah, ihren Mandanten nur solche Informationen aus der Akteneinsicht zukommen zu lassen, die zur Verfolgung zivilrechtlicher Ansprüche dringend erforderlich sind,[39] jedenfalls überholt.[40] Da der nicht anwaltlich vertretene Verletzte seit dem 1. Januar 2018 ein eigenes Akteneinsichtsrecht hat, würde die vom BVerfG angenommene Filterfunktion des Rechtsanwalts dazu führen, dass Verletzte ohne Rechtsbeistand Zugang zu mehr Informationen hätten als solche mit anwaltlichem Vertreter.

Schließlich sieht § 32f Abs. 5 S. 1 StPO nunmehr vor, dass Personen, denen Akteneinsicht gewährt wird, Akten, Dokumente, Ausdrucke oder Abschriften, die ihnen im Rahmen der Akteneinsicht überlassen worden sind, weder ganz noch teilweise öffentlich verbreiten oder sie Dritten zu verfahrensfremden Zwecken übermitteln oder zugänglich machen dürfen. Die früher in § 477 Abs. 5 StPO enthaltene Zweckbindung in Bezug auf personenbezogene Daten wurde in § 32f Abs. 5 S. 2 StPO aufgenommen. Verstöße gegen diese Verwendungsbeschränkungen können zivil- und strafrechtliche Folgen haben.[41]

C. Praxis

Die Akteneinsicht für den Verletzten hat enorme praktische Relevanz. Insbesondere in Wirtschaftsstrafverfahren entsteht häufig ein „Kampf um die Akteneinsicht“[42]. Die Möglichkeit, wirtschaftlich wertvolle Informationen zu erlangen, auf die ohne staatliche Ermittlungsmaßnahmen vielfach kein Zugriff bestünde, weckt Begehrlichkeiten.

---

38 Vgl. etwa BVerfG NJW 2018, 1077; NJW 2017, 1164; BeckRS 2016, 55370; WM 2016, 155; WM 2016, 96; BeckRS 2009, 18693; NJW 2007, 1052; NStZ-RR 2005, 242; WM 2002, 2207; BerlVerfGH NJW 2019, 2014; BbgVerfG LKV 2010, 475.

39 BVerfG NJW 2007, 1052, 1053; ZIP 2009, 1270, 1272.

40 Offensichtlich übersehen von BerlVerfGH NJW 2019, 2014.

41 Meyer-Goßner-StPO-*Schmitt* (Fn. 9), § 32f Rn. 18 m.w.N.

42 *Quedenfeld*, in: Ahlbrecht u.a. (Hrsg.), Festschrift für Jürgen Wessing (2015), 189, 191; *Schall* (Fn. 17), 447.

Es ist in der Praxis nicht ungewöhnlich, dass die Auseinandersetzung über die Akteneinsicht (vermeintlich) Verletzter länger andauert als das Ermittlungs- bzw. Strafverfahren. Auch in (zwischenzeitlich) eingestellten Ermittlungsverfahren, in denen zunächst die Staatsanwaltschaft über die Akteneinsicht entscheidet, dagegen gerichtliche Entscheidung beantragt und gegen diese wiederum Beschwerde eingelegt werden kann, beschäftigt das Thema Akteneinsicht oft zahlreiche Stellen der Strafjustiz (und die Verfassungsgerichte). Hinzu kommt, dass mit dem Antrag auf Akteneinsicht regelmäßig keine und mit den Rechtsbehelfen jedenfalls im Verhältnis zu den häufig betroffenen wirtschaftlichen Interessen keine nennenswerten Gerichtskosten verbunden sind.

Der wesentliche Streitpunkt betrifft in diesen langwierigen und ressourcenbindenden Verfahren meist die Frage, ob Akteneinsicht zum Zweck der Prüfung bzw. Verfolgung zivilrechtlicher Ansprüche gewährt wird. Die Staatsanwaltschaften und die Rechtsprechung sind dabei überwiegend großzügig. Begründet wird das häufig mit der Intention des Gesetzgebers, dem Verletzten zur leichteren Durchsetzung von Schadensersatzansprüchen verhelfen zu wollen.[43] Dass der Gesetzgeber dabei Fälle von Gewalt- und Sexualdelikten im Blick hatte[44], tritt vielfach in den Hintergrund. Dabei bestehen erhebliche Unterschiede: In Wirtschaftsstrafverfahren ist mit der Gewährung von Akteneinsicht fast zwingend die Offenlegung von Geschäftsgeheimnissen und anderen wertvollen Informationen an Wettbewerber, Kunden oder Lieferanten verbunden. Diese Offenlegung kann bei den Betroffenen zu erheblichen Nachteilen führen – völlig unabhängig davon, ob sich der Tatverdacht bestätigt oder nicht, ja sogar unabhängig davon, ob sich der Tatverdacht überhaupt gegen Mitarbeiter des Unternehmens oder nur gegen Dritte richtet. Dieses Ausforschungsrisiko ist mit der Akteneinsicht in Fällen von Gewaltkriminalität regelmäßig nicht verbunden.[45]

Wie schon angesprochen wurde, betreffen die Unsicherheiten in der Praxis nahezu jede Voraussetzung des Akteneinsichtsrechts; die Bestimmung des Verletztenbegriffs erfolgt sowohl durch die Staatsanwaltschaften

---

43 Vgl. BVerfG NJW 2007, 1052, 1053.

44 BT-Drs. 10/5305, 8; vgl. *Lauterwein* (Fn. 2), 67 ff.

45 Auch in Verfahren, die Sexual- und Gewaltdelikte betreffen, spielt § 406e StPO eine große Rolle und es stellen sich Fragen, die den Ausgleich der Interessen von Geschädigten und Beschuldigten betreffen. Ein Beispiel sind die bereits angesprochenen Aussage-gegen-Aussage-Konstellationen. Das hier beschriebene Ausforschungsrisiko ist jedoch primär ein Problem in Verfahren mit wirtschaftlichem Hintergrund.

als auch die Amtsgerichte und Landgerichte, die üblicherweise mit der Frage befasst sind, nicht einheitlich. Während viele Ermittlungsbehörden und Gerichte Akteneinsicht gewähren, wenn der potentiell Geschädigte lediglich angibt, seine Ansprüche prüfen zu wollen, verlangen andere eine substantiierte Darlegung der möglichen Anspruchsvoraussetzungen.[46] In Bezug auf die schutzwürdigen Versagungsinteressen werden teilweise von Beginn eines Verfahrens an Unterlagen mit Geschäftsgeheimnissen in Sonderbänden abgelegt. Andererseits sind die Fälle nicht selten, in denen vollumfängliche Akteneinsicht sogar ohne Anhörung Betroffener gewährt wird. Das ist auch nicht verwunderlich, wenn man die Arbeitsbelastung der Staatsanwaltschaften und Strafgerichte bedenkt und in Rechnung stellt, dass mit der Prüfung („Blatt für Blatt, Wort für Wort") gerade in umfangreichen Verfahren ein ganz erheblicher Aufwand verbunden ist, zumal das Vorliegen von überwiegenden schutzwürdigen Versagungsgründen von Amts wegen ermittelt werden muss.[47]

Mit der heutigen Strafrechtspraxis ist diese Anforderung häufig nur schwer vereinbar. Insbesondere in Wirtschaftsstrafverfahren stellen die Ermittlungsbehörden solche Mengen an Daten sicher, dass eine Prüfung der Voraussetzungen für die Gewährung von Akteneinsicht, also insbesondere die Interessenabwägung, in Bezug auf jede einzelne in der Akte enthaltene Information, in vielen Fällen rein praktisch nicht möglich ist.[48]

Zudem werden die Entscheidungen in aller Regel angegriffen. Dass gerichtliche Entscheidungen der Ermittlungsrichter in diesem Bereich oft dadurch geprägt sind, dass sie sich der Auffassung und Begründung der Staatsanwaltschaft ohne größere eigene Stellungnahme anschließen, verwundert aus den dargestellten Gründen ebenfalls nicht. Anders als etwa bei Entscheidungen über von der Staatsanwaltschaft beantragte Ermittlungsmaßnahmen muss der Ermittlungsrichter in diesen Fällen eine eigenständige Prüfung (einschließlich Interessenabwägung) im Hinblick auf jede einzelne in der Akte enthaltene Information vornehmen – was mit einem ganz erheblichen Aufwand verbunden ist, zumal das Gericht mit dem Gegenstand des Verfahrens in der Regel noch nicht vertraut ist.

Für die Praxis hat das zur Folge, dass die Erfolgsaussichten eines Antrags auf Akteneinsicht kaum vorhersehbar sind. Die Rechtsprechung zu den Voraussetzungen des § 406e StPO ist sehr uneinheitlich und es ist nicht absehbar, welcher Ansicht die zuständige Stelle folgen und wie die konkrete

46 Zuletzt LG Hamburg NZI 2019, 137, 137 f.

47 MüKo-StPO-*Grau* (Fn. 7), § 406e Rn. 8.

48 Vgl. bereits OLG Stuttgart NStZ-RR 2000, 349; *Wenske*, StV 2012, 570, 572.

Interessenabwägung ausfallen wird. Dem steht gegenüber, dass mit der Akteneinsicht schwerwiegende und irreversible Eingriffe in Rechte der Betroffenen verbunden sein können. Der Verletzte erhält Zugriff auf Erkenntnisse, die durch staatliche Ermittlungsmaßnahmen zum Zwecke der Strafverfolgung gewonnen wurden, obwohl noch nicht feststeht, ob der Beschuldigte sich strafbar gemacht hat. Wurden die Informationen einmal weitergegeben, kann deren Verwendung – rein praktisch – im Nachhinein nicht mehr wirksam beschränkt werden, selbst wenn sich in dem Strafverfahren herausstellen sollte, dass keine Straftat begangen worden ist. Schließlich kann sich die Rechtsunsicherheit auch auf andere Verfahren auswirken. Nach vereinzelt vertretener Auffassung kann etwa der Beiziehung von Strafakten im Zivilprozess nach § 273 Abs. 2 Nr. 2 ZPO entgegenstehen, dass der Antragsteller ein eigenes Akteneinsichtsrecht z.B. aus § 406e StPO hat.[49]

D. Reform

Die Bestandsaufnahme hat gezeigt, dass an vielen Stellen gesetzgeberisches Verbesserungspotential besteht. Von der Rechtsprechung ist eine hinreichende Klärung nicht zu erwarten, weil aufgrund der Zuständigkeitsregelungen obergerichtliche und höchstrichterliche Entscheidungen selten sind.

Eine Forderung, die schon früher von Teilen der Literatur (aufgrund der klaren Rechtslage vergeblich[50]) in Bezug auf die Anwendung von § 406e StPO erhoben wurde, erscheint dabei *de lege ferenda* besonders geeignet, mehrere der dargestellten Schwierigkeiten zu beheben.

Die Regelung sollte nach dem Verdachtsgrad differenzieren und grundsätzlich auf eine Interessenabwägung verzichten:

- Im *Ermittlungsverfahren* sollte Verletzten grundsätzlich keine Akteneinsicht gewährt werden.
- Nach Annahme eines *hinreichenden Tatverdachts* durch ein Gericht sollte Verletzten grundsätzlich Akteneinsicht gewährt werden.

---

49 So OLG Hamm NJW-RR 2002, 504.
50 Vgl. dazu *Lauterwein* (Fn. 2), 97 ff.

Ausnahmeregelungen von der grundsätzlichen Versagung bei fehlender gerichtlicher Annahme eines hinreichenden Tatverdachts wären etwa bei drohendem Rechtsverlust (z.B. Verjährung) und für die Durchführung eines Klageerzwingungsverfahrens oder einer Dienstaufsichtsbeschwerde nach Verfahrenseinstellung geboten. In diesen Fällen wäre eine Interessenabwägung durchzuführen. Weitere spezifische Ausnahmen wären denkbar.

Auch sollten umgekehrt für die grundsätzliche Gewährung von Akteneinsicht nach gerichtlicher Annahme eines hinreichenden Tatverdachts Ausnahmen gelten – etwa für Aussage-gegen-Aussage-Konstellationen (Gefährdung des Untersuchungszwecks) sowie den Schutz besonders sensibler Informationen – insbesondere solcher, die an dem Verfahren nicht beteiligte Dritte betreffen.[51]

Eine entsprechende Änderung verspräche folgende Vorteile:

1. Erhöhte Rechtssicherheit: Die Erfolgsaussichten für Antragsteller und Betroffene wären aufgrund klarer Regelungen wesentlich besser abzuschätzen.
2. Entlastung der Justiz: Ermittlungsverfahren würden nicht mehr mit der aufwändigen Prüfung von Akteneinsichtsrechten belastet. Die Durchführung einer umfangreichen Interessenabwägung wäre im Regelfall nicht mehr erforderlich.
3. Verkürzung des (Straf-)Verfahrens und Vermeidung langwieriger Rechtsbehelfsverfahren.
4. Vermeidung irreversibler Grundrechtseingriffe in Fällen, in denen sich der Tatverdacht nicht erhärtet.
5. Begrenzung der Problematik der Beeinflussung von Zeugenaussagen: Vor einer Vernehmung im Ermittlungsverfahren würde grundsätzlich keine Akteneinsicht gewährt.

---

51 Um Widersprüche zu vermeiden, müsste bei der Akteneinsicht für Privatpersonen und sonstige Stellen gemäß § 475 StPO entsprechend differenziert werden. Allerdings mit dem Unterschied, dass es auch bei hinreichendem Tatverdacht auf die schon heute erforderliche Interessenabwägung ankommen sollte. Denn Dritte dürfen auch bei hinreichendem Tatverdacht nur Akteneinsicht erhalten, wenn ihr Interesse das der Betroffenen überwiegt. Im Übrigen, insbesondere im Ermittlungsverfahren, wäre aber unabhängig davon nur in eng begrenzten Ausnahmefällen Akteneinsicht zu gewähren, sodass eine Interessenabwägung in diesen Fällen grundsätzlich entbehrlich ist.

Eine übermäßige Einschränkung der Verletztenrechte wäre damit nicht verbunden:

1. Im Stadium des Ermittlungsverfahrens besteht regelmäßig kein gewichtiger Grund für eine umfassende Informationsübermittlung an den Verletzten.
2. Für besondere Konstellationen würden Ausnahmeregelungen geschaffen.
3. Es ist auch im Sinne eines Ausgleichs zwischen Beschuldigten- und Verletztenrechten sinnvoll, die Verletztenrechte – sofern sie mit Eingriffen in Rechte Dritter verbunden sind – an den Grad des Tatverdachts zu knüpfen. Denn die niedrige Schwelle des Anfangsverdachts gestattet zum Zwecke der Strafverfolgung zwar die Durchführung von Ermittlungsmaßnahmen zur Erhebung von Informationen, die die Betroffenen außerhalb eines Ermittlungsverfahrens nicht preisgeben müssten. Das ist zur Durchführung des Strafverfahrens geboten. Der Schutz des Verletzten verlangt aber in der Regel nicht, dass dieser in diesem Verdachtsstadium ebenfalls Zugang zu den erhobenen Informationen erhält. Das gilt insbesondere für das vom Gesetzgeber angesprochene und in Rechtsprechung und Literatur häufig angeführte Interesse des Verletzten an der Durchsetzung zivilrechtlicher Ansprüche.

Eine Detailfrage, die sich bei einer entsprechenden Regelung stellen würde, betrifft Einstellungen nach § 153 StPO. Während § 153a StPO die Annahme eines hinreichenden Tatverdachts und im Regelfall die Zustimmung eines Gerichts voraussetzt, ist für eine Einstellung nach § 153 StPO kein hinreichender Tatverdacht erforderlich. Das bedeutet, dass nach der beschriebenen Differenzierung Akteneinsicht grundsätzlich nicht zu gewähren wäre. Das kann zu unbefriedigenden Ergebnissen führen, weil die Kriterien für eine Einstellung nach § 153 StPO nur bedingt etwas mit den Interessen eines Verletzten an der Kenntnis vom Akteninhalt zu tun haben. Auch für diesen Fall wären daher Ausnahmeregelungen vorzusehen, die nach Maßgabe einer Interessenabwägung eine Einsichtnahme trotz Einstellung des Verfahrens ohne Annahme eines hinreichenden Tatverdachts ermöglichen.

Die dargestellte Regelung würde die bestehenden Probleme nicht vollständig beseitigen. Insbesondere die Definition des Verletztenbegriffs wäre weiterhin umstritten. Eine entsprechende Differenzierung würde aber den „Kampf um die Akteneinsicht" – der nach den derzeitigen Regelungen erhebliche Kapazitäten der Justizbehörden bindet, die an anderer Stelle dringender benötigt werden – auf besondere Konstellationen begrenzen und für den Regelfall die gerichtliche Annahme eines hinreichenden Tatverdachts als interessengerechtes Entscheidungskriterium heranziehen.

Die Beteiligung des Verletzten bei (verfahrensbeendenden) Absprachen – „Gleicher unter Gleichen“ oder „Fremdkörper im Fremdkörper“? –

Oliver Harry Gerson, Passau

Die „Verständigung zwischen Gericht und Verfahrensbeteiligten“[1] nach § 257c StPO und die „Erörterung des Verfahrensstands“ nach den §§ 160b, 202a, 212, 257b StPO gehören zu den polarisierendsten Instituten des Strafverfahrensrechts.[2] Kritische Stimmen sehen sie als Fremdkörper anglo-amerikanischer Provenienz,[3] die die Amtsaufklärungspflicht aushöhlen,[4] den Strafprozess „desavouieren“[5] und in der Sache mittels „Aussageerpressung“[6] und einer „Unterwerfung unter die Ergebnisse des Ermittlungsverfahrens“[7] die gerechte Entscheidung verhindern. Gleichwohl sind Absprachen aus der täglichen Arbeit der Justiz nicht mehr wegzudenken.[8] Gesellt man den umstrittensten Akteur des Strafverfahrens[9] – das Opfer / den Verletzten[10] – hinzu und stellt die Gretchenfrage nach dessen Rolle im

---

1 „Gesetz zur Regelung der Verständigung im Strafverfahren“ (BGBl. I 2009, 2353); hierzu auch BVerfGE 133, 168 ff.

2 Nachweise der kritischen Stimmen zum VerstG bei SSW-StPO-*Ignor/Wegner*, 4. Aufl. (2019), § 257c Rn. 9 und *Sauer/Münkel*, Absprachen im Strafprozess (2014), Rn. 2 und 22.

3 *Schünemann*, ZIS 2009, 484, 490 ff.; *Weßlau*, in: Hefendehl u.a. (Hrsg.), Festschrift für Bernd Schünemann (2015), 995 ff.

4 *Kühne*, GA 2008, 361, 365; *Herzog*, GA 2014, 688, 691 ff.

5 SK-StPO-*Wohlers*, Bd. I, 5. Aufl. (2018), Einleitung Rn. 141 ff.

6 *Kotsoglou*, ZIS 2015, 175, 178 ff.

7 *Roxin/Schünemann*, Strafverfahrensrecht (2017), § 17 Rn. 27.

8 Vgl. auch die Erhebungen von *Altenhain/Dietmeier/May*, Die Praxis der Absprachen im Strafverfahren (2013), 56 ff.: Für mehr als drei Viertel der Richter und Staatsanwälte sind Absprachen unverzichtbare Elemente zur Bewältigung des Arbeitsanfalls.

9 Vgl. nur *Bung*, StV 2009, 430 ff.: „Opferrechtsreform als politischer Dauerzustand“; *Safferling*, ZStW 2010, 87: „Zeitalter des Opfers“; *Barton*, in: Pollähne u.a. (Hrsg.), Opfer im Blickpunkt – Angeklagte im Abseits (2012), 2[illegible] ff.

10 Zur – weitgehend synonymen – Terminologie *Schroth/Schroth*, Die Rechte des Verletzten im Strafprozess (2018), Rn. 49 und *Daimagüler*, Der Verletzte im Strafverfahren (2016), Rn. 64 f.

Kräftefeld der durch das Verständigungsgesetz installierten „offenen Kommunikationsformen",[11] sind Konflikte vorprogrammiert.

Die Präsenz des Verletzten in strafprozessualen Absprachen ist – anders als man angesichts seines „moralischen Empowerments"[12] über die letzten Jahrzehnte[13] erwarten würde – sehr reduziert. Die Regelungen schließen allein den nebenklageberechtigten Verletzten als „Verfahrensbeteiligten" ein; der „einfache" Verletzte bleibt außen vor. Die Funktion des Verletzten in Absprachen wirkt „unklar". [14] Inmitten der „Königsnorm"[15] der Absprachen, der Verständigung nach § 257c StPO, steckt zugleich eine klare Absage an echte Partizipation: In der Dramaturgie der an den Verständigungsgesprächen „Beteiligten" i.S.d. § 257c Abs. 1 S. 1 StPO wird der Nebenkläger nur als Statist erfasst. Er wird zwar gehört (§ 257c Abs. 3 S. 3 StPO), kann eine verfahrensbeendende Absprache aber – wie sich aus dem Umkehrschluss zu § 257c Abs. 3 S. 4 StPO ergibt – weder erwirken noch verhindern. Sein „Veto" verhallt ohne (rechtliche) Folgen.[16] Es handelt sich dabei um eine bewusste Entscheidung des Gesetzgebers.[17]

Im Folgenden ist zu klären, ob dieser Zustand der Reform bedarf. Dafür werden einige Gedanken zur „atmosphärischen" Wirkung von Absprachen sowie der Verletztenpartizipation auf das Strafverfahrensrecht formuliert (A.) und die Rechtslage zur Beteiligung des Verletzten bei Absprachen *de lege lata* aufgezeigt (B.) Im Anschluss sind Modifikationen *de lege ferenda* zu diskutieren (C.).

---

11 BT-Drs. 16/12310, 2.

12 *Kölbel*, StV 2014, 698, 701; *Bung*, StV 2009, 430, 432. *Rieß*, ZIS 2009, 466, 476, konstatiert, dass „eher der Verletzte als der Beschuldigte als die Zentralfigur des Strafverfahrens [erscheint]."

13 Überblick bei *Bock*, ZIS 2013, 201 ff. und *Haverkamp*, ZRP 2015, 53 ff.

14 *Polläbne*, MAH Strafverteidigung (2014), § 56 Rn. 81.

15 *Harms*, zitiert nach *Jahn/Müller*, NJW 2009, 2625, 2628.

16 MüKo-StPO-*Jahn/Kudlich*, Bd. II (2016), § 257c Rn. 8.

17 Vgl. BT-Drs. 16/12310, 14; MüKo-StPO-*Jahn/Kudlich* (Fn. 16), § 257c Rn. 78. *Stuckenberg*, ZIS 2013, 212 hält dem Gesetzesentwurf vor, dass der Gesetzgeber das VerstG „erstaunlich rasch und mit einer beschämend sachblinden Begründung, die nicht einmal ein ansatzweises Bewusstsein für die Tragweite der Änderung, die den schwersten Eingriff in das Gefüge der StPO seit 1877 darstellt, erkennen lässt […]", geschaffen habe.

A. *„Atmosphärisches" zur Wirkung von Absprachen und zur Ausweitung von Verletztenrechten*

Absprachen einerseits und die Stärkung von Verletztenrechten andererseits greifen an unterschiedlichen Stellen in das Gefüge der Strafprozessordnung ein; in ihrer „Sprengkraft"[18] sind sie ebenbürtig. Das Unbehagen und die „schlechte Stimmung",[19] die sie in Wissenschaft und Praxis hervorrufen, liegen auch in dem Umstand begründet, dass die Institute dem ursprünglichen Modell der Strafprozessordnung als „reformiert-inquisitorisches"[20] Verfahren unbekannt sind.[21] In dessen urtümlicher Konzeption wird „die" Wahrheit durch das Gericht ermittelt, § 244 Abs. 2 StPO.[22] Dieses fällt eine Entscheidung über die angeklagte Tat, § 264 StPO, die es aus dem „Inbegriff der Verhandlung" geschöpft hat, § 261 StPO.

Die Etablierung von Absprachen und Erörterungen – d.h. von Gesprächen über den Verfahrens*gang* bzw. *-ausgang* – operiert am offenen Herzen der Stellung des Gerichts im Allgemeinen und der Offizialmaxime im Besonderen. Kompromisse über die Entscheidung oder konsensuale Streitschlichtungsmechanismen[23] stehen mit der Amtsaufklärungspflicht des § 244 Abs. 2 StPO und anderen Grundsätzen des Strafverfahrens in Widerstreit.[24] Absprachen schwächen die in der Strafprozessordnung verankerte

---

18 Plakativ *Roxin/Schünemann* (Fn. 7), § 17 D.

19 Vgl. nur die „Untergangsstimmung" bei *Schünemann*, Wetterzeichen vom Untergang der deutschen Rechtskultur: Die Urteilsabsprachen im Strafprozess als Abgesang auf die Gesetzesbindung der Justiz und den Beruf unserer Zeit zur Gesetzgebung (2005); *Sauer/Münkel* (Fn. 2), Rn. 2 und 22 („Dimension eines Glaubenskriegs annehmende Diskussion"); massive Kritik an der Ausweitung der Verletztenrechte u.a. bei *Bung*, StV 2009, 430 ff.

20 *Roxin/Schünemann* (Fn. 7), § 17 Rn. 5; SK-StPO-*Wohlers* (Fn. 5), Einleitung Rn. 117 ff. und 123 ff.; *Trüg*, StV 2010, 528, 530; SSW-StPO-*Ignor/Wegner* (Fn. 2), § 257b Rn. 2; zur Entstehungsgeschichte *Koch*, ZIS 2009, 542 ff.

21 *Roxin/Schünemann* (Fn. 7), § 17 Rn. 7 bezeichnen den durch die Verständigung / sonstige Absprachen etablierten Prozesstypus als „illegal". Ein geschichtlicher Abriss zur Opferbeteiligung bei *Hubig*, in: Fastie (Hrsg.), Opferschutz im Strafverfahren (2017), 67 ff.

22 Ob die „Opferwahrheit" tatsächlich hilfreich ist, ist umstr., vgl. *Gerson*, Das Recht auf Beschuldigung (2016), 292 ff. m.w.N.; a.A. *Böttcher*, in: Dölling u.a. (Hrsg.), Festschrift für Heinz Schöch (2010), 929, 941.

23 Welche nach dem Willen des Gesetzgebers gerade nicht eingeführt werden sollten, vgl. BT-Drs. 16/12310, 8; unklar aber S. 9: „[…] dass Basis des Urteils der ‚Konsens' der an einer Verständigung Beteiligten sei".

24 BT-Drs. 16/12310, 1; *Jahn/Müller*, NJW 2009, 177, 183; *Murmann*, ZIS 2009, 526, 534; *Fischer*, StraFo 2009, 177, 181.

– gleichsam (über-)dimensionierte – Deutungsmacht des Gerichts,[25] indem sie eine Form abgespeckter Dispositionsbefugnis über „die Sache" auf Staatsanwaltschaft und Beschuldigten verteilen. Nicht aber, weil konsensuale Modelle die Wahrheitssuche torpedieren,[26] „stören" sie die tradierten Abläufe, sondern weil sie proto-kontraktuale und reziproke Rechtsfindung einfordern,[27] wo sich aus der Systematik lediglich zwangskommunikative Subordination ablesen lässt.[28]

Als „Verfahrensbeteiligte" sind die Staatsanwaltschaft, der Beschuldigte und dessen Verteidigung gesetzt, da diese eine aktive Prozessrolle ausüben und gesetzlich mit eigenen (zum Teil subjektiven) Rechten ausgestattet sind, um durch Willenserklärungen gestaltend auf das Verfahren einzuwirken.[29] Die Beteiligung weiterer (Haupt-)Akteure ist dem ursprünglichen Modell wesensfremd. Ganz besonders deutlich wird dies, wenn neben dem Beschuldigten als „Subjekt des Verfahrens"[30] ein weiteres Subjekt[31] in Form des Verletzten mit Rechten „auf Augenhöhe" installiert wird,[32] das genuin „Zeuge" ist und damit strukturell „auf der anderen Seite" (nämlich der des *Beweises* und nicht der des *Beweiswürdigenden*) steht. Je mehr Raum dem Geschädigten im Strafverfahren zugestanden wird, desto unvermeidlicher ist das „Ob und Wie der Strafe" von seinen Interessen und seinem

---

25 Treffend MüKo-StPO-*Jahn/Kudlich* (Fn. 16), § 257c Rn. 7: „tiefgreifende Legitimationskrise des richterzentriert organisierten und korrespondenztheoretisch orientierten Strafprozessrechts von 1877."

26 Der Paradigmenwechsel einer echten „Konsensmaxime" läge darin, dass die Verständigung selbst – und nicht mehr die Überzeugung des Gerichts – den Schuldspruch rechtfertigt. Das ist angesichts der Anwendbarkeit des § 261 StPO trotz Einschlägigkeit des § 257c StPO jedoch (wohl) nicht gewollt; anders freilich MüKo-StPO-*Jahn/Kudlich* (Fn. 16), § 257c Rn. 43.

27 So z.B. BVerfG, Beschl. v. 21.04.2016 – 2 BvR 1422/15, Rn. 21 = NStZ 2016, 422 ff.: „synallagmatische Verknüpfung der Handlungsbeiträge der Beteiligten"; BGH NStZ 2015, 535, 537; a.A. *Sauer/Münkel* (Fn. 2), Rn. 49.

28 Dazu *Gerson* (Fn. 22), 423 ff. m.w.N.; ähnliche Überlegungen bei *Bung*, in: Lüderssen u.a. (Hrsg.), Festschrift für Wolf Schiller (2014), 103, 105 ff.

29 Zur Definition vgl. Meyer-Goßner-StPO-*Schmitt*, 62. Aufl. (2019), Einleitung Rn. 71; zur Schwierigkeit der Abgrenzung der Verfahrensbeteiligten SK-StPO-*Wohlers* (Fn. 5), Einleitung Rn. 11.

30 Vgl. nur BVerfGE 26, 66, 71; 46, 202, 210; 63, 380, 390.

31 BT-Drs. 10/5305, 16.

32 Auch wenn die „im System des Strafverfahrens grundsätzlich angelegte Rollenverteilung dabei unberührt bleiben" sollte, vgl. BR-Drs. 178/09, 8; *Weigend* (Fn. 22), 947, 958 erkennt einen Paradigmenwechsel in der Nebenklage von „Verteidigung" auf „Angriff".

Willen abhängig.[33] Dennoch ist der Nebenkläger (als „qualifizierter Verletzter“) nach allgemeiner Auffassung „Verfahrensbeteiligter“.[34]

Bleibt man im Bild des Strafverfahrens als *Wetterlage*,[35] besorgen Absprachen und Verletzten-Empowerment aufgrund der ihnen innewohnenden Schwingkräfte nachhaltige atmosphärische Störungen, die sich in Entrüstungsstürmen Luft verschaffen (müssen).

Gleichzeitig drängt sich auf, dass die tradierte Ablehnung von Absprachen und Opferbeteiligung – trotz der disparaten Ursprünge der Kritik – auch dazu dient, eine (bedingt) notwendige Verfestigung des *status quo* zu bewirken. Abgrenzungsrhetorik sorgt in sozialen Gefügen für die Sichtbarmachung von Teil- und Schnittmengen. Das als „fremd“ Erkannte[36] stellt die betroffene (Anschauungs-)Gemeinschaft als „Störfaktor“ vor die Wahl: Einbeziehung oder Ausschluss?[37] „Fremdkörper“ werden stigmatisiert;[38] als Kehrseite entfaltet die „Fremdheit“ binnen-stabilisierende Funktionen.[39] Sie dient der Unterscheidung des Bekannten vom Unbekannten, des Gewünschten vom Geschmähten, des „Innen“ vom „Außen“, des „wir“ vom „ihr“. Im (An-)Erkennen des Fremden werden die Konturen des Eigenen spürbar.[40]

Dem Gesetzgeber ist es nicht verwehrt, den Strafprozess an die Entwicklungen der Zeit anzupassen und zu reformieren. Er ist aufgrund seines Gestaltungsauftrages sogar dazu verpflichtet.[41] Insoweit sind die Diskussionen um die Existenzberechtigung von „Absprachen“ und der fortschreiten-

---

33 *Sauer/Münkel* (Fn. 2), Rn. 61.

34 Vgl. nur BT-Drs. 10/5305, 13 f.; Meyer-Goßner-StPO-*Schmitt* (Fn. 29), Einleitung Rn. 71, 89; Vor § 395 Rn. 2.

35 Erneut *Schünemann* (Fn. 19).

36 Ausdrücklich für § 257c HK-GS-StPO-*König/Harrendorf*, 4. Aufl (2017), § 257c Rn. 3; MüKo-StPO-*Jahn/Kudlich* (Fn. 16), § 257c Rn. 1: Verfahren „eigener Art“; explizit für die Nebenklage *Barton* (Fn. 9), 21, 22; *Barton*, JA 2009, 753, 758.

37 Sog. „Ethnozentrismus“: Gebräuche und Sitten der „eigenen“ Gruppe werden grundsätzlich als normal und „richtig“, Handlungsweisen anderer Gruppen als anormal und „falsch“ empfunden.

38 Instruktiv *Goffman*: Stigma. Über Techniken der Bewältigung beschädigter Identität (1967); *Sauer/Münkel* (Fn. 2), Rn. 41 „befremdet die wissenschaftliche Diskussion, wie sie seit 2009 [zum VerstG geführt] wird.“

39 Das ist zugleich Kehrseite des Stigmas, vgl. *Hohmeier*, in: Brusten u.a. (Hrsg.), Stigmatisierung I, Zur Produktion gesellschaftlicher Randgruppen (1975), 5 ff. Stigmata sind Identitätsstrategien und dienen der Stabilisierung von Normalitätserwartungen sowie der sozialen Kontrolle.

40 Wegweisend *Simmel*, Soziologie (1908), 509 ff.

41 Zutreffend BT-Drs. 16/12310, 8.

den Stärkung der Rolle des „Verletzten" prädestiniert, um die umkämpften Konturen des Strafverfahrensrechts auszuloten.

B. *Die Beteiligung des Verletzten bei Erörterungen und Absprachen* de lege lata

Sowohl „Absprache"[42] als auch „Verletzter" bedürfen der terminologischen Präzisierung:

In die „Familie" der Absprachen fallen die §§ 160b, 202a, 212, 257b und 257c StPO,[43] die erstgenannten vier[44] als „Erörterungen", der § 257c StPO als „Verständigung". Erörterungen bezeichnen Gespräche über den bisherigen und zukünftigen Verfahrens*ablauf*, die das Verfahren „fördern" sollen[45] und die nur unter Zuhilfenahme diversioneller Vorschriften (u.a. §§ 153 ff. StPO) zu einer Verfahrensbeendigung führen. Die Verständigung nach § 257c StPO umfasst Gespräche über den Verfahrens*ausgang*. Daher beschreibt nur § 257c StPO eine *echte verfahrensbeendende* Absprache.[46]

Unter dem Überbegriff „Verletzter" sind zu unterscheiden der „einfache" Verletzte (Geschädigter ohne Nebenklageberechtigung),[47] der „poten-

---

42 Der Gesetzgeber entschied sich gegen diesen Begriff, um Analogien zu quasi-vertraglichen Bindungen zu vermeiden, BT-Drs. 16/12310, 8.

43 Zudem §§ 154 und 154a StPO. Nicht näher behandelt werden §§ 153a Abs. 1 S. 2 Nr. 5, 153b (i.V.m. § 46a StGB) und 155a StPO. Nach diesen Regelungen wird das Verfahren zwar auch „abgekürzt" bzw. „beendet", wenn eine Interaktion mit dem Verletzten erfolgt. Es handelt sich jedoch nicht um Absprachen i.e.S., sondern um einen Teil der Verhandlungsmasse, die in Absprachen „auf den Tisch" kommen kann, vgl. SSW-StPO-*Ignor/Wegner* (Fn. 2), § 160b Rn. 7.

44 § 243 Abs. 4 S. 1 StPO nennt bei der Pflicht des Gerichts zur Mitteilung über stattgefundene Erörterungen den § 160b StPO nicht.

45 „Allseitige Aussprache zwischen Gericht und Verfahrensbeteiligten in rechtlicher und tatsächlicher Beziehung", vgl. SSW-StPO-*Ignor/Wegner* (Fn. 2), § 202a Rn. 13 unter Verweis auf § 139 Abs. 1 ZPO. Nach dieser Definition fiele § 160b StPO aus den „Erörterungen" heraus, was sich wiederum mit § 243 Abs. 4 S. 1 StPO deckt (vgl. Fn. 44); anders BT-Drs. 16/12310, 9.

46 „Absprache" meint alle Vereinbarungen zwischen Verfahrensbeteiligten, die entweder den Verfahrensfortgang oder das Verfahrensergebnis betreffen, vgl. SK-StPO-*Velten*, Bd. V, 5. Aufl. (2016), Vor §§ 257b-257c ff. Rn. 9; s.a. BGH Beschl. v. 15.04.2014 – 5 StR 9/15, Rn. 14–17 = NStZ 2015, 535 ff.; Beschl. v. 25.06.2015 – 1 StR 579/14, Rn. 22 = NStZ 2015, 657 f.: „Erörterungen" für Gespräche über den Verfahrensgang, „Verständigung" für Gespräche über die einvernehmliche Verfahrenserledigung.

47 Nach *Schroth/Schroth* (Fn. 10), Rn. 142: „allgemeiner" Verletzter.

tiell" Nebenklageberechtigte (d.h. der Nebenklageberechtigte *vor* dem wirksamen Anschluss nach § 396 Abs. 1 S. 2 StPO) und der Nebenkläger.

I. Die Beteiligung des Verletzten bei Erörterungen nach § 160b StPO

Die Vorschrift des § 160b StPO, die im Abschnitt über das „Vorverfahren" und systematisch vor der Erhebung der öffentlichen Klage nach § 170 Abs. 1 StPO zu finden ist, will es der Staatsanwaltschaft ermöglichen, mit „den Verfahrensbeteiligten" den Verfahrensstand zu eruieren.[48] Der § 160b StPO soll – wie auch §§ 202a, 212 und 257b StPO – die Kommunikation der Beteiligten fördern,[49] nicht nur auf den aktuellen Stand des Verfahrens, sondern auch auf dessen weiteren Verlauf bezogen.[50] Ziel ist regelmäßig das Strukturieren und „Abschichten" von Ermittlungsbestandteilen,[51] um – unter Etablierung eines „offenen Verhandlungsstils"[52] – (Teil-)Einstellungen nach § 170 Abs. 2 StPO oder §§ 153 ff. StPO den Boden zu bereiten.[53]

Unter „Verfahrensbeteiligte" sind bei § 160b StPO der Beschuldigte und sein Verteidiger zu fassen. Ob der „Verletzte" an diesen Erörterungen teilnehmen kann, erfordert eine differenzierte Betrachtung: Regelmäßig als „Verfahrensbeteiligter" zu verstehen ist der „echte" Nebenkläger nach § 395 StPO.[54] Problematisch ist, dass der Nebenklageberechtigte *vor* Erhebung der öffentlichen Klage zwar seinen Anschluss erklären kann; wirksam wird dieser jedoch erst mit Klageerhebung, § 396 Abs. 1 S. 2 StPO. Gleichwohl solle „Verfahrensbeteiligte" an dieser Stelle nicht „technisch",

48 BT-Drs. 16/12310, 9, 11, wobei die Initiative nicht zwingend von dieser ausgehen muss, s. SSW-StPO-*Ignor/Wegner* (Fn. 2), § 160b Rn. 5. Ein vergleichbarer Vorschlag war in BT-Drs. 15/2536, 7 f. enthalten.

49 BT-Drs. 16/12310, 2; ebenso SSW-StPO-*Ignor/Wegner* (Fn. 2), § 160b Rn. 3.

50 BT-Drs. 16/12310, 12.

51 Z.B. Auswahl von Sachverständigen nach Nr. 70 RiStBV, Übergang ins Strafbefehlsverfahren, Verfahrensabtrennung /-verbindung etc.

52 BT-Drs. 16/12310, 11; SSW-StPO-*Ignor/Wegner* (Fn. 2), § 160b Rn. 3; vgl. auch BVerfGE 133, 168; genauso für den zeitgleich eingefügten § 257b StPO, s. SK-StPO-*Velten* (Fn. 46), § 257b Rn. 1; HK-GS-StPO-*König/Harrendorf* (Fn. 36), § 257b Rn. 1 und § 257c Rn. 11.

53 BT-Drs. 16/12310, 12.

54 BT-Drs. 10/5305, 13 f.

sondern „funktional“[55] zu verstehen sein, so dass auch der *potentielle* Nebenkläger in die Erörterungen einzubeziehen sei.[56]

Die verletzte Person *ohne* Nebenklageberechtigung ist kein „Verfahrensbeteiligter“. Die dem „einfachen“ Verletzten nach den §§ 406d-h StPO zugedachten Rechte sind nicht als prozessuale Gestaltungsrechte, sondern als Informations- und Schutzrechte zu qualifizieren.[57] Der „einfache“ Verletzte ist „Zeuge“ und Beweismittel.

II. Beteiligung des Verletzten bei Erörterungen nach den §§ 202a, 212 StPO

Die §§ 202a, 212 StPO sind in verschiedenen Verfahrensstadien verortet:

Der § 202a StPO findet sich bei den Vorschriften des „Zwischenverfahrens“. Somit ist es nicht mehr die Staatsanwaltschaft, die die Gespräche leitet. Sie wird dem Beschuldigten und seinem Verteidiger als „Verfahrensbeteiligter“ zugeschlagen,[58] während das Gericht das Ruder übernimmt.[59] Da die Gespräche außerhalb der Hauptverhandlung stattfinden, sind die Schöffen nicht beteiligt, §§ 30 Abs. 2, 76 Abs. 1 S. 2 GVG.[60] Identisch ist die Konstellation bei § 212 StPO, der im Abschnitt „Vorbereitung der Hauptverhandlung“ steht und damit zum „Hauptverfahren“ gehört.

Auch bei den §§ 202a und 212 StPO ist die Frage nach der Beteiligung des Verletzten gespalten zu beantworten: Erneut privilegiert ist der Nebenkläger, jedoch nicht in gleichem Maß wie bei § 160b StPO. Da die Anklage zum Zeitpunkt der Gespräche nach den §§ 202a, 212 StPO bereits erhoben ist, genügt die *potentielle* Nebenklageberechtigung nicht. Indes muss der Nebenklageberechtigte seinen Anschluss nach § 396 Abs. 1 S. 1 StPO nun tatsächlich erklärt haben.[61] Der „einfache“ Verletzte ist nicht involviert.

---

55 Dies hat er mit dem Verletztenbegriff gemeint, BT-Drs. 10/5305, 16.

56 BT-Drs. 16/12310, 11; *Schroth/Schroth* (Fn. 10), Rn. 172; *Daimagüler* (Fn. 10), Rn. 276. SSW-StPO-*Ignor/Wegner* (Fn. 2), § 160b Rn. 4a meinen, dass die praktische Bedeutung des Streits, wer „Verfahrensbeteiligter“ sei, nicht überschätzt werden dürfe. Auch mit Nicht-Verfahrensbeteiligten sei Kommunikation möglich.

57 BT-Drs. 16/12310, 11, 13; a.A. SSW-StPO-*Ignor/Wegner* (Fn. 2), § 160b Rn. 4.

58 BT-Drs. 16/12310, 11.

59 Die Initiative darf auch von den anderen Beteiligten ausgehen, vgl. SSW-StPO-*Ignor/Wegner* (Fn. 2), § 202a Rn. 6.

60 SSW-StPO-*Ignor/Wegner* (Fn. 2), § 202a Rn. 4.

61 BT-Drs. 16/12310, 11; *Jahn/Müller*, NJW 2009, 2625, 2627.

III. Die Beteiligung des Verletzten bei Erörterungen des § 257b StPO

Zur „offenen Kommunikation" *in* der Hauptverhandlung[62] ist das Gericht berufen.[63] Auch die Schöffen sind beizuziehen.[64] Für den Nebenkläger gilt das zu §§ 202a, 212 StPO Ausgeführte entsprechend; er ist „Verfahrensbeteiligter". Der „einfache" Verletzte bleibt außen vor.

IV. Die Beteiligung des Verletzten bei der Verständigung nach § 257c StPO

In der „Königsnorm" der Absprachen wird die Rolle des Verletzten benannt, bleibt in ihrer Gestaltungsmacht jedoch gering.

1. Ablauf des § 257c StPO in Bezug auf die Beteiligung des Verletzten

Das Gericht (mit den Schöffen) kann sich in „geeigneten Fällen"[65] mit „den Verfahrensbeteiligten" über den weiteren Fortgang des Verfahrens „verständigen", § 257c Abs. 1 S. 1 StPO. Kommt es zu Gesprächen, gibt das Gericht im Anschluss bekannt, welchen Inhalt die Verständigung haben könnte, § 257c Abs. 3 S. 1 StPO. Nach § 257c Abs. 3 S. 3 StPO erhalten „die Verfahrensbeteiligten" (Angeklagter, Verteidiger, Staatsanwaltschaft *und* Nebenkläger; nicht: der „einfache" Verletzte) die Möglichkeit zur Stellungnahme. Nach § 257c Abs. 3 S. 4 StPO kommt die Verständigung zu Stande, wenn Angeklagter und Staatsanwaltschaft dem Vorschlag des Gerichts zustimmen. Sogar ein ausdrücklicher Widerspruch des Nebenklägers ändert daran nichts.[66] Der Nebenkläger ist zwar „Verfahrensbeteiligter", nicht aber „Verständigungsbeteiligter".[67]

---

62 BT-Drs. 16/12310, 12; SSW-StPO/*Ignor/Wegner* (Fn. 2), § 257b Rn. 3 ff.

63 HK-GS-StPO-*König/Harrendorf* (Fn. 36), § 257b Rn. 2. Das kann als Problem der „Befangenheit" aktiviert werden, vgl. *Harrendorf/Lagler*, StV 2019, 428 ff.

64 SSW-StPO-*Ignor/Wegner* (Fn. 2), § 257b Rn. 7.

65 Die nicht „vorschnell" angenommen werden dürfen, vgl. BT-Drs. 16/12310, 13.

66 BT-Drs. 16/12310, 14, 21.

67 MüKo-StPO-*Jahn/Kudlich* (Fn. 16), § 257c Rn. 78; *Jahn/Müller*, NJW 2009, 2625, 2630; SK-StPO-*Paeffgen*, Bd. IV, 5. Aufl. (2015), § 202a Rn. 17.

2. Vorschläge im Gesetzgebungsprozess

Der nebenklageberechtigte Verletzte darf bei § 257c StPO somit „mitreden", aber nicht mitentscheiden. Dies entspricht einer bewussten Konturierung durch den Gesetzgeber.[68] Die Materialien ergeben, dass sich ausdrücklich dagegen entschieden wurde, dem Nebenkläger ein Veto- / Einspruchsrecht[69] beim Zustandekommen der Verständigung zuzugestehen.[70] Begründet wird dies aus dem Zusammenspiel der §§ 400 Abs. 1, 257 Abs. 2 StPO: Die Rechte des Nebenklägers sind im Strafprozess grundsätzlich akzessorischer Natur und knüpfen an die Anklageerhebung der Staatsanwaltschaft an.[71] Der Nebenkläger ist insbesondere nicht befugt, das Urteil wegen der Rechtsfolgen anzugreifen, § 400 Abs. 1 Hs. 1 StPO. Nach § 257c Abs. 2 S. 1 u. 3 StPO sind es aber *nur* die Rechtsfolgen (sprich: die Strafzumessung), die Gegenstand einer Verständigung sein dürfen. Damit ist dem Nebenkläger nach § 400 Abs. 1 Hs. 1 StPO im Rechtsmittel genau der Angriff verwehrt, der den Kern der Verständigung ausmacht. Da mit Schaffung des § 257c StPO keine Ausnahme von der beschränkten Rechtsmittelbefugnis des Nebenklägers beabsichtigt gewesen sei, ist der Nebenkläger somit – systematisch korrekt – von der Möglichkeit, den Abschluss der Verständigung verhindern zu können, auszuschließen.[72]

Überdies wurde auch jede andere Form der „symbolischen" Partizipation verworfen: Auf nicht übernommenen Vorschlag des Bundesrats sollte nach § 257c Abs. 3 S. 3 StPO – unter Beibehaltung des S. 4 – eingefügt werden, dass der Nebenklage, sofern sie gegen den Strafrahmen „Bedenken" erhebt, ein Anspruch auf Erklärung durch die Staatsanwaltschaft zustehen solle.[73] Ungeachtet des Einwands, dass „Bedenken" keine subsumtionstaugliche Begrifflichkeit ist und unklar bleibt, weshalb die Staatsanwaltschaft sich zu einem Vorschlag äußern soll, der vom Gericht herrührt, wäre das „Erklärungsgebot" in der Sache ohnehin nicht effektiv. Selbst wenn dem Nebenkläger ein Recht zu weiteren Erklärungen über den Inhalt der

---

68 MüKo-StPO-*Jahn/Kudlich* (Fn. 16), § 257c Rn. 78.

69 Vgl. den Antrag des Saarlands, BR-Drs. 65/3/09, 1: „Sofern Verfahrensgegenstand ein Verbrechen gegen die körperliche Unversehrtheit, die persönliche Freiheit oder die sexuelle Selbstbestimmung ist, kommt die Verständigung nur zustande, wenn auch die Nebenklage ihre Zustimmung erklärt."

70 BT-Drs. 16/12310, 21.

71 HK-GS-StPO-*König/Harrendorf* (Fn. 36), § 395 Rn. 4.

72 So insbesondere BT-Drs. 16/12310, 14; *Fischer*, StraFo 2009, 177, 182 sieht dies als unzulässigen Rückschluss, der als „bemerkenswerte Konstruktion" in hohem Maß die Anliegen von Tatgeschädigten missachte.

73 BT-Drs. 16/12310, 19.

Verständigung zuteilwird, ändert dies nichts am Fortgelten des § 400 Abs. 1 StPO. Überdies wollte auch dieser Vorschlag den § 257c Abs. 3 S. 4 StPO nicht angreifen,[74] so dass es weiterhin nur auf die Zustimmung der Trias „Gericht – Angeklagter – Staatsanwaltschaft“ ankommen sollte.

C. *Die Beteiligung des Verletzten bei Erörterungen und Absprachen* de lege ferenda

Der Überblick über die Regelungen hat gezeigt, dass der Verletzte keine echten Mitwirkungsrechte in Absprachen genießt. Der „einfache“ Verletzte gilt nicht als Verfahrensbeteiligter. Der nebenklageberechtigte Verletzte darf zwar teilnehmen und Stellungnahmen abgeben, Maßnahmen zur Verfahrensförderung oder das Zustandekommen der Verständigung nach § 257c StPO kann er jedoch nicht verhindern. Die Debatte *in* und *über* Absprachen wird somit ohne den Verletzten geführt.[75]

Kann das richtig sein? Was bleibt vom „Narrativ der gerechten Entscheidung“[76] und der „Befriedungsfunktion durch Verfahren“,[77] wenn der „echte Betroffene“ ausgeschlossen wird? Erhebungen unter Richtern und Staatsanwälten ergaben, dass der Zeugen- und Opferschutz für sie den wichtigsten Grund für Absprachen darstellt.[78] Seit über 30 Jahren werden Opferinteressen auf der kriminalpolitischen Agenda behandelt.[79] Aus welchen Gründen sollte bei Absprachen Schluss sein? Diese Kritik wurde auch am VerstG laut. In der 856. Sitzung des Bundesrats am 6. März 2009[80] äußerte der damalige niedersächsische Justizminister *Busemann*:

---

74 BT-Drs. 16/12310, 19.

75 Diese Wertung teilt auch *Niemz*, Urteilsabsprachen und Opferinteressen – in Verfahren mit Nebenklagebeteiligung (2011), 13. Die Gründe liegen – zumindest zum Erhebungszeitpunkt – vor allem im fehlenden Wissen der Betroffenen über die Absprachenpraxis im deutschen Rechtssystem, so dass die aktive Einforderung von mehr Teilhaberechten selten bleibt, 17 ff.

76 BVerfGE 133, 168 ff.: „Es ist Gericht und Staatsanwaltschaft untersagt, sich […] auf einen ‚Handel mit der Gerechtigkeit' einzulassen.“; in der Entscheidung ist 16-mal von „Gerechtigkeit“ und neunmal von „gerecht“ (Strafe, Vergeltung, Ahndung, Schuldausgleich, Prozessleitung) die Rede; zum „Gerechtigkeitsempfinden“ vert. *Gerson*, GVRZ 2020 (im Erscheinen).

77 BGHSt 18, 274, 278; instr. SK-StPO-*Wohlers* (Fn. 5), Einleitung Rn. 30 ff.

78 Vgl. die Daten bei *Altenhain/Dietmeier/May* (Fn. 8), 46 ff.

79 *Haverkamp*, ZRP 2015, 53, 56.

80 Plenarprotokoll 856 v. 06.03.2009, TOP 25 D, 70.

„Der Gesetzentwurf der Bundesregierung trägt den Belangen und Interessen des Opfers in keinerlei Hinsicht Rechnung. Die Rechte des Verletzten müssen aber gerade auch im Rahmen einer Absprache gewahrt bleiben. [...]; denn nur wenn Opferrechte ernst genommen werden, kann von einem Urteil eine befriedende Wirkung ausgehen."

Andererseits: Der Verletzte ist im reformiert-inquisitorischen Modell aus gutem Grund nicht einbezogen worden; wirkt er doch wie eine Unwucht im Ablauf,[81] die droht, den Staat als „neutrales Opfer"[82] in seiner Position zu schwächen. Schon sprachlich stellt die Aktivierung[83] des Verletzten die Unschuldsvermutung auf die Zerreißprobe, zumindest wenn von „Opfer" die Rede ist.[84] Durch die Stärkung der Opfer(-beteiligungs-)rechte wird eine Emotionalität in das Verfahren (zurück-)getragen, die mit „rationaler" Strafverfolgung nicht reibungsfrei verknüpft werden kann.[85]

Eine pauschale Antwort auf die Forderung nach „mehr Verletztenpartizipation" scheidet aus. Erneut ist nach „einfachem" Verletzten und Nebenkläger sowie Verfahrensabschnitt und Funktion der jeweiligen Absprache zu unterscheiden.

I. Vor der Klammer: Kein Raum für Analogien

Für eine generelle analoge Ausweitung der Beteiligungsvorschriften bei Absprachen für den „einfachen" Verletzten ist methodisch kein Raum: es fehlt bereits an einer planwidrigen Regelungslücke. Der Nebenkläger soll zwar „gehört" werden, vgl. auch § 397 Abs. 1 S. 3–5 StPO. Ein echtes Veto-Recht bleibt ihm jedoch verwehrt. Auch hier scheidet eine analoge Ausweitung, insbesondere des § 257c Abs. 3 S. 4 StPO, aus, denn die Verkürzung seiner Teilhabemöglichkeiten ergeht aus einer ausdrücklichen Entscheidung des Gesetzgebers.[86] Zudem deckt sich die Interessenlage bei Ab-

81 A.A. insbesondere *Böttcher* (Fn. 22), 930, 939 ff.

82 *Hassemer*, Einführung in die Grundlagen des Strafrechts (1981), 67.

83 *Haverkamp*, ZRP 2015, 53; vgl. auch den Titel der BT-Drs. 16/7004: „Opferinteressen ernst nehmen – Opferschutz stärken".

84 *Schroth/Schroth* (Fn. 10), Rn. 1 ff.; *Pollähne*, StV 2016, 675.

85 Vert. *Gerson* (Fn. 22), 281 ff.

86 Die von *Stuckenberg* kolportierte „beschämende Blindheit" des Gesetzesentwurfs (vgl. Fn. 17) lässt sich zumindest bei den Ausführungen zu den „Verfahrensbeteiligten" nicht erkennen; überdies zeigt die Beschlussempfehlung (vgl. BT-Drs. 16/13095, 8 f.) nach Anhörung der Sachverständigen (Vertreter des BGH,

sprachen mit der Rechtslage in den §§ 153 ff. StPO.[87] Auch dort kommt es nicht darauf an, ob der Verletzte / Nebenkläger der Einstellung zustimmt.[88]

II. „Mehr" Beteiligung des Verletzten bei Erörterungen nach § 160b StPO?

Der § 160b StPO nimmt durch seine Stellung im Vorverfahren eine Sonderrolle ein. Hier ist die Staatsanwaltschaft „Herrin des Verfahrens".[89] Die Einstellung nach § 170 Abs. 2 StPO steht – von § 156 StPO einmal abgesehen – als Option zur Verfügung. Gerade für Erörterungen nach § 160b StPO erscheint die Unterscheidung zwischen „einfachem" Verletzten und (potentiellem) Nebenkläger bedenklich. Zwar ist die Trennung grundsätzlich nachvollziehbar: schließlich soll nicht jeder die Nebenklage führen dürfen, da dieses Institut sich ansonsten weiter „entfesselte".[90] Andererseits ist die Beteiligung auch des „einfachen" Verletzten aus Befriedungsgründen besonders wichtig, was sich schon aus § 155a S. 3 StPO ableiten lässt.[91] Da dem Verletzten bei (endgültiger) Einstellung des Verfahrens nach § 170 Abs. 2 StPO zudem grundsätzlich[92] das Recht zur Betreibung eines Klageerzwingungsverfahrens zusteht, §§ 172 ff. StPO, könnte „ressourcenschonend" vorgegriffen werden, wenn dem Verletzten erläutert wird, ob und in welchem Umfang eine Klageerhebung durch die Staatsanwaltschaft erfolgen wird. Die unter I. angesprochenen „Unwuchten" sind dabei nicht zu befürchten: Das Gericht ist im Vorverfahren (abgesehen der §§ 153 ff. StPO) nicht als „Amtsermittler" involviert und droht daher nicht aus seiner Stellung gedrängt zu werden.

Staatsanwälte und Strafverteidiger), dass zumindest die Kritik der *Praxis* gehört wurde.

87 SK-StPO-*Velten* (Fn. 46), Vor §§ 257b-257c Rn. 8; *Barton*, in: Feltes u.a. (Hrsg.), Festschrift für Hans-Dieter Schwind (2006), 211, 215; *Schroth/Schroth* (Fn. 10), Rn. 176; a.A. *Fischer*, StraFo 2009, 177, 182.

88 Meyer-Goßner-StPO-*Schmitt* (Fn. 29), § 153 Rn. 1. Der Nebenkläger ist jedoch zuvor zu hören, §§ 397 Abs. 1 S. 4, 33 Abs. 1 u. 2 StPO; vgl. auch § 396 Abs. 3 StPO für Einstellungen nach §§ 153 Abs. 2, 153a Abs. 2, 153b Abs. 2 und § 154 Abs. 2 StPO.

89 Besonders hervorgehoben in BT-Drs. 16/12310, 12.

90 *Bung*, StV 2009, 430, 434; vgl. auch *Barton*, StraFo 2011, 161 ff.

91 So auch SSW-StPO-*Ignor/Wegner* (Fn. 2), § 160b Rn. 4.

92 Ausnahmen nach § 172 Abs. 2 S. 3 StPO: wenn die Möglichkeit zur Privatklage besteht oder von Verfolgung nach §§ 153 Abs. 1, 153a Abs. 1 S. 1, 153b Abs. 1, 153c bis 154 Abs. 1, 154b oder 154c StPO abgesehen wurde.

III. „Mehr" Beteiligung des Verletzten bei Erörterungen nach §§ 202a, 212 StPO?

Anders als bei § 160b StPO ist die Unterscheidung zwischen „einfachem" Verletzten und Nebenkläger bei den §§ 202a, 212 StPO berechtigt. § 202a StPO dient der Beschleunigung der Abläufe unter Ermöglichung eines „offenen Rechtsgesprächs" nach Erhebung der Anklage aber noch vor Eröffnung des Hauptverfahrens.[93] Es würde das Institut der Nebenklage, die bewusst nur auf „qualifizierte" Verletzte beschränkt ist, § 395 Abs. 1–3 StPO, und die Regelungen über den Zeugen *als Beweismittel* unterlaufen, wenn der „einfache" Verletzte bei Erörterungen über die Eröffnung des Hauptverfahrens mitwirken dürfte.

Dem Nebenkläger steht bereits ein „Vetorecht" bei Nichteröffnung des Hauptverfahrens (§ 204 StPO) zu, § 400 Abs. 2 StPO[94] – zumindest für die Tat, die ihn zum Anschluss berechtigt. Der Beschuldigte, der durch den Eröffnungsbeschluss nach § 203 StPO stets beschwert ist, hat hingegen kein Rechtsmittel, § 210 Abs. 1 StPO. Eine noch weitergehende Besserstellung des Nebenklägers gegenüber dem Beschuldigten im Rahmen des § 202a StPO in diesem als „Filter" etablierten Verfahrensstadium[95] ist daher nicht angezeigt.

Die Erörterung nach § 212 StPO dient der „logistischen Koordination", d.h. der Konsentierung geplanter Termine, der Vorankündigung von Beweisanträgen, der Reihenfolge der Beweiserhebungen u.ä.[96] Eine Partizipation des „einfachen" Verletzten *als Beweismittel* ist an dieser Stelle – parallel zu § 202 StPO – nicht sinnvoll.

Einer Beteiligung des Nebenklägers steht indes nichts entgegen. Es bleibt jedoch kein Raum für einen „Widerspruch" gegen die vom Gericht getroffenen Maßnahmen zur Vorbereitung der Hauptverhandlung. Das dem Nebenkläger stets positiv zugestandene Recht, sich mit der Ankündigung von Anträgen u.ä. einzubringen und informiert zu werden, § 397 Abs. 1 S. 3 bis 5 StPO, wahrt seine Rechte in ausreichendem Maße.

---

93 BT-Drs. 16/12310, 2, 12.

94 Vgl. auch § 408 Abs. 2 S. 2 StPO für den Strafbefehl.

95 *Roxin/Schünemann* (Fn. 7), § 39 Rn. 1: „Aussiebung".

96 SSW-StPO-*Ignor/Wegner* (Fn. 2), § 212 Rn. 5.

IV. „Mehr" Beteiligung des Verletzten bei Erörterungen nach § 257b StPO?

Sofern unter „Verfahrensförderung" i.S.d. § 257b StPO auch die weitere Gestaltung des Verfahrens und eine vorläufige Bewertung der Beweisaufnahme fallen,[97] ist eine Beteiligung des „einfachen" Verletzten nicht geboten. Ein „Mitspracherecht" über Beweisfragen wäre nicht nur systemwidrig, sondern kontraproduktiv in Hinblick auf die spätere Beweiswürdigung.

Der Nebenkläger hingegen wird durch eine Beteiligung nicht weiter in seinem „Beweiswert" geschwächt, wie er dies nicht ohnehin durch die Möglichkeit zur Anwesenheit nach § 397 Abs. 1 S. 2 StPO bereits ist. Dieses „Risiko" ist eingepreist, was sich im Vorrang des Anwesenheitsrechts des Nebenklageberechtigten zu den teilnahmeausschließenden Vernehmungsregelungen der §§ 58 Abs. 1, 243 Abs. 2 S. 1 StPO zeigt.[98]

V. „Mehr" Beteiligung des Verletzten bei der Verständigung nach § 257c StPO?

Der rigide Ausschluss nicht nur des „einfachen" Verletzten, sondern auch der echten Mitwirkung des Nebenklägers, liegt in der Tektonik der Verständigung i.S.d. § 257c StPO begründet. Die Verständigung dient als einzige Absprache ausschließlich der einvernehmlichen Verfahrens*beendigung*. Ohne „streitige" Verhandlung wird über die Schuldfrage nur „verkürzt"[99] gesprochen. Die „Überzeugungsbildung" des Gerichts nach § 261 StPO ist daher besonders heikel.

Der Beitrag des „einfachen" Verletzten zur Urteilsfindung nach einer Verständigung findet bereits reflexhaft Widerhall: als Initiation der Ermittlungen,[100] die in der öffentlichen Klage mündeten, als Aussageinhalt (als Zeuge) in der Akte – der i.d.R. mündlich wiederholt werden muss, § 250 S. 1 StPO – und als „mittelbarer" Bestandteil des Geständnisses des Angeklagten[101] (sofern erfolgt, § 257c Abs. 2 S. 2 StPO). Nicht vergessen werden

97 BT-Drs. 16/12313, 13; SK-StPO-*Velten* (Fn. 46), § 257b Rn. 4; HK-GS-StPO-*König/Harrendorf* (Fn. 36), § 257b Rn. 5.

98 HK-GS-StPO-*Rössner*, 4. Aufl (2017), § 395 Rn. 6. Der § 406h Abs. 1 S. 2 StPO gewährt allerdings auch dem „potentiellen" Nebenkläger ein Anwesenheitsrecht in der Hauptverhandlung.

99 SSW-StPO-*Ignor/Wegner* (Fn. 2), § 257c Rn. 26; SK-StPO-*Velten* (Fn. 46), § 257c Rn. 5, 7; MüKo-StPO-*Jahn/Kudlich* (Fn. 16), § 257c Rn. 46.

100 Regelmäßig über § 158 StPO.

101 BT-Drs. 16/12310, 14.

sollte, dass der Verletzte bzw. „Opfer-Zeuge" Vorteile aus einer konsensualen Verfahrensabsprache zieht, wenn sich die psychische Belastung durch die Sorge über den Verfahrensausgang verringert und die Aussage im Verfahren erübrigt.[102]

Einer Implementierung des Nebenklägers über § 257c Abs. 3 S. 3 StPO hinaus in die Zustimmungsregelung nach S. 4 bedarf es nicht: Zur Wahrung seiner Rechte ist die Beteiligung schon angesichts seiner eingeschränkten Rechtsmittelbefugnis nach § 400 Abs. 1 Hs. 1 StPO nicht geboten.[103] Es wäre wenig einleuchtend, wenn der Verletzte bei konsensualer Erledigung mehr Teilhabe erfahren sollte als in der „reinen" Inquisition.[104] Es gibt jedoch noch weitere Gründe:

Der Verletzte ist gerade nicht „Gleicher unter Gleichen": Als (mutmaßlich) unmittelbar durch die Tat Betroffener wäre das Erfordernis seiner Zustimmung für ein Zustandekommen der Verständigung ein viel zu scharfes Schwert: Er könnte den „Preis" der Absprache zu Lasten des Angeklagten – sogar gegen den Willen des Gerichts und der Staatsanwaltschaft – in die Höhe treiben. Weshalb sollte der rationalisierte Strafprozess diese Möglichkeit zur emotionalen Geiselnahme zubilligen?

Mehr noch: Käme es tatsächlich auf die Zustimmung des Nebenklägers an, würde wahrscheinlich keine Verständigung mehr zu Stande kommen.[105] Das Verfahren wäre gelähmt und zur tradierten „inquisitorischen" Form verdammt, bei der – ironischerweise – der Verletzte noch weniger Einfluss auf die Entscheidung des Gerichts bzw. den Strafrahmen nehmen kann.

Das kann – angesichts aller Bestrebungen des Empowerment und der Opferrechte-Optimierung – nicht gewollt sein. Denn selbst wenn die Rede davon ist, dass die Verständigung auch aus Opferschutzgesichtspunkten legitimiert werden kann,[106] lässt sich daraus nicht deduzieren, dass Opfer*schutz* stets gleichbedeutend mit der Erweiterung von Opfer*rechten* zu setzen ist.[107] Zweck der Nebenklage ist es, dem Verletzten die Möglichkeit zu gewähren, sich gegen ungerechtfertigte Schuldzuweisungen und Herabwürdigungen zu wehren.[108] Dieser Zweck wird bereits durch das Recht zur Stellungnahme nach § 257c Abs. 3 S. 3 StPO und für den „einfachen"

---

102 BT-Drs. 16/12310, 14; s.a. MüKo-StPO-*Jahn/Kudlich* (Fn. 16), § 257c Rn. 8.
103 Vgl. MüKo-StPO-*Jahn/Kudlich* (Fn. 16), § 257c Rn. 8, 78.
104 MüKo-StPO-*Jahn/Kudlich* (Fn. 16), § 257c Rn. 78.
105 So BeckOK-StPO-*Eschelbach*, 34. Ed. (Stand: 01.07.2019), § 257c Rn. 19.
106 BT-Drs. 16/12310, 14.
107 *Schroth/Schroth* (Fn. 10), Rn. 6.
108 HK-GS-StPO-*Rössner* (Fn. 98), § 395 Rn. 3.

Verletzten nach § 69 Abs. 2 S. 2 StPO erfüllt.[109] Überschießende Vergeltungs- oder Racheinteressen sind weder erheblich noch schützenswert.[110]

Letztlich bleibt das Gericht der Hauptakteur der Verständigung.[111] Das Urteil ergeht – weiterhin (!) – aus dem *Inbegriff der Verhandlung*, § 261 StPO, und erfordert eine *Überzeugung des Gerichts*. Ein „Veto-Recht" innerhalb dieser Überzeugungsbildung eines anderen Verfahrensbeteiligten ergibt keinen Sinn im gerichtszentrierten Strafverfahren nach der Strafprozessordnung. Erst Recht kann ein solches nicht für den Nebenkläger eingefordert werden, der nur „Zusatzbeteiligter im Offizialverfahren",[112] nicht aber Mitkläger ist, wenngleich der Wortlaut des § 397 Abs. 1 S. 4 bis 5 StPO ihn bezüglich der Rechte zur Information und Stellungnahme der Staatsanwaltschaft partiell gleichzustellen scheint. Gleichwohl wirkt er damit – auch durch § 397 Abs. 1 S. 3 und 4 i.V.m. §§ 257 Abs. 2, 258 Abs. 1 StPO – lediglich auf den sachgerechten Verfahrensgang im Lichte des § 244 Abs. 2 StPO ein. Er soll den Verfahrensablauf jedoch weder hemmen noch verhindern können.

D. Zusammenfassung

Die Festschreibung der Absprachen in der Strafprozessordnung hat die Rechte des Verletzten nicht gestärkt. Als Nebenkläger darf er zwar an den Gesprächen teilnehmen und Stellungnahmen abgeben. Eine Veto-Befugnis steht ihm aber nicht zu. Dies liegt zum einen in den vielen Zweifelsfragen begründet, die sich weiterhin um das Institut der Absprachen ranken. Bevor diese nicht gelöst sind, wird sich die Rolle des Verletzten in diesen Gesprächen nicht endgültig klären lassen. Dennoch sei davor gewarnt, unreflektiert die Stärkung seiner Position zu fordern: Sollte die Einführung der Absprachen – wie es die Mehrheit der Akteure versteht – *kein* neues Modell von Strafverfahren etablieren (bzw. etabliert haben), muss der Verletzte weiter „wie bisher" behandelt werden. Als Nebenkläger ist er zwar zum „Verfahrensbeteiligten" aufgestiegen, hat aber weder die Rolle des Gerichts, der Staatsanwaltschaft oder gar des Beschuldigten zu übertrumpfen. Zur Einflussnahme auf die Erhebung und Gestaltung der Klage (§§ 153 ff., § 170 StPO), die Entscheidung in der Sache (§§ 244 Abs. 2, 261

109 BT-Drs. 16/12310, 21.
110 HK-GS-StPO-*Rössner* (Fn. 98), § 395 Rn. 3.
111 MüKo-StPO-*Jahn*/*Kudlich* (Fn. 16), § 257c Rn. 64.
112 *Safferling*, ZStW 2010, 87, 100.

StPO) sowie Art und Maß der Verteidigung (§§ 243 Abs. 5 S. 1, 257c Abs. 2 S. 1 a.E. und S. 2 StPO) dürfen ihm keine „Verhinderungsrechte" gewährt werden, da anderenfalls ein Ungleichgewicht des Kräftefelds drohte.[113]

Völlig losgelöst hiervon logiert die Frage, ob dem Verletzten aus *psychosozialen* und *konflikttransformatorischen Erwägungen* heraus ein echtes Mitsprache- und Verhinderungsrecht in Absprachen zustehen sollte. Ohne Anspruch auf Vollständigkeit ist zu konstatieren, dass das Strafverfahren nicht der richtige Ort ist, um den Verletzten zu heilen. Überformungen in diese Richtung verlangten dem Prozess eine Funktion ab, die sich weder rechtlich legitimieren, noch tatsächlich umsetzen lässt.

Der Verletzte bleibt im Rahmen verfahrensbeendender Absprachen ein Fremdkörper im Fremdkörper. Die Zeit, dies nachhaltig zu ändern, verrinnt. Frei nach *Kafka*: *Je länger man zögert, desto fremder wird man.*

---

113 Zum „Gerechtigkeitsempfinden" aus Sicht des „procedural justice"-Ansatzes vgl. *Gerson*, GVRZ 2020 (im Erscheinen).

FSC
www.fsc.org
MIX
Papier | Fördert gute Waldnutzung
FSC® C083411

Kolibri 360 GmbH
Ferdinand-Jühlke-Straße 7
99095 Erfurt, Deutschland
produktsicherheit@kolibri360.de